高职高专"十三五"规划教材

商务礼仪

SHANGWU LIYI

第二版

李文琦　付丽娅　主　编
白　珍　叶　茜　副主编

化学工业出版社

·北京·

本书按照高职经管类专业市场需求，以培养技术应用能力为主线，从职业分析入手，根据职业岗位所需的能力来确定教材的具体内容，以企业工作过程和项目任务驱动为依据，将课程内容划分为商务礼仪与职业形象的概念导入、商务职业形象的塑造、商务交往日常礼仪的运用、商务交往公务礼仪的运用和商务交往国际礼仪的运用五个部分，力争理论与实践相结合，知识与能力相统一，从而实现高职教育目标。本书可作为高职高专院校管理类专业的师生教学用书，也可供从事相关职业的人员参考使用。

图书在版编目（CIP）数据

商务礼仪/李文琦，付丽娅主编. —2版. —北京：化学工业出版社，2019.8（2025.2重印）
ISBN 978-7-122-34500-4

Ⅰ.①商⋯ Ⅱ.①李⋯②付⋯ Ⅲ.①商务-礼仪-教材 Ⅳ.①F718

中国版本图书馆CIP数据核字（2019）第089768号

责任编辑：王　可　甘九林　蔡洪伟　　　　　　装帧设计：刘丽华
责任校对：王鹏飞

出版发行：化学工业出版社（北京市东城区青年湖南街13号　邮政编码100011）
印　　装：北京云浩印刷有限责任公司
787mm×1092mm　1/16　印张14¼　字数369千字　2025年2月北京第2版第8次印刷

购书咨询：010-64518888　　　　　　售后服务：010-64518899
网　　址：http://www.cip.com.cn
凡购买本书，如有缺损质量问题，本社销售中心负责调换。

定　　价：38.00元　　　　　　　　　　　　　　　　　　　版权所有　违者必究

前言

讲礼重仪，是中华民族的传统美德。在市场经济高速发展的今天，企业对人才的要求越来越高，社会对商务人员的素质要求也越来越高。学礼、知礼、守礼、讲礼、行礼，早已成为现代商务人员的必修课程。有礼走遍天下，无礼寸步难行。懂礼施礼，才能展示商务人员良好的职业形象和人际沟通能力，才能增强商务人员的职业竞争力，帮助其获得成功的从业感受和愉快的生活体验，进而实现个人和所在组织的双赢。

《商务礼仪》是依据高等教育的特点，针对现代商务类专业人才的职业综合能力培养编写的。旨在切实提高高等院校学生的礼仪修养，提高其交流、沟通、组织、协调等职业能力，培养其从事商务活动的实战能力，学以致用，用以制胜。

本书内容以常见的商务活动为载体，介绍了不同商务场景中的礼仪规范和操作程序，主要包括商务礼仪与职业形象的概念导入、商务职业形象的塑造、商务交往日常礼仪的运用、商务交往公务礼仪的运用、商务交往国际礼仪的运用。全书结构上分为训练目标、学习任务、情境设计、核心知识、实训设计、知识小结、思考训练七大部分，以"案例小故事""小思考""知识小看板"栏目将零散知识系统化，重在"怎么做"。本书的编写重点突出了商务礼仪规范的实践性和可操作性，并力求深入浅出、形象生动，且简单明了，实用、够用。

与第一版相比，本次修订的新亮点在于，考虑高校教育的特点，理论内容的阐述只限于学生掌握技能的需要，实践性礼仪内容突出操作步骤，满足学生自学和参考的需要。在内容的选择上，注意反映礼仪实践中的实际问题；在形式和文字等方面努力符合高校教学改革的需要，以工作过程为导向，实现任务驱动下的项目化教学，教学内容设计成具体礼仪技能的训练任务，配用大量商务礼仪的实践图片和视频，突出表现形式上的直观性和多样性，做到"教、学、做"一体化。

本书由湖北水利水电职业技术学院李文琦、武汉工程职业技术学院付丽娅主编，湖北水利水电职业技术学院白珍、武汉工程职业技术学院叶茜担任副主编，湖北水利水电职业技术学院孔杰、鲍永晖、余晓莉参与编写。具体分工如下：任务一、任务二、任务六、任务八由李文琦编写，任务四由白珍编写，任务三、任务五由付丽娅编写，任务七由孔杰编写，任务九由鲍永晖编写，任务十由余晓莉编写。全书由李文琦负责拟写大纲、统稿、定稿。

在编写过程中，我们参考了大量礼仪方面的书籍及相关资料，与企业人员进行了座谈，也参阅了许多相关学者的有关著作和论述，在此一并向他们深表谢意。

由于水平有限，书中疏漏或不足之处在所难免，敬请各位专家和读者不吝赐教，以便今后的修订日臻完整。

编　者
2019 年 5 月

第一版前言

为真正实现高职高专教育与上岗就业零距离的目标，应增强高职院校人才培养与经济社会发展的贴近度和融入度，进一步深化人才培养模式、课程体系、教学内容和教学方法的改革，强化技能培训，熟悉岗位要求，增强学生择业就业能力。教学改革，教材先行。本教材根据《国务院关于大力发展职业教育的决定》等文件精神，按照高职经管类专业市场需求，以培养技术应用能力为主线，从职业分析入手，根据职业岗位所需的能力来确定教材的具体内容，以企业工作过程和项目任务驱动为依据将课程内容项目任务化划分，力争理论与实践相结合，知识与能力相统一，从而实现高职教育目标。

本书围绕职场交际和商务活动环境下商务人员礼仪交往的工作过程来编写，明确了如何设计个人职业形象、规范交往艺术和熟练运用商务礼仪。全书主要内容包括商务礼仪与职业形象的概念导入、商务职业形象的塑造、商务交往日常礼仪的运用、商务交往公务礼仪的运用、商务交往国际礼仪的运用。全书结构上分为情境设计、知识介绍、实训设计三大部分，以"案例小故事""小思考""知识小看板"栏目将零散知识系统化，重在"怎么做"。全书职业形象的塑造和商务礼仪的运用相辅相成，共同促成商务人员综合素质的完善——外塑形象，内强素质，增强工作能力，增强职业竞争能力。

本书由湖北水利水电职业技术学院李文琦、武汉工程职业技术学院付丽娅担任主编，武汉工程职业技术学院叶茜、湖北水利水电职业技术学院白珍、黄石职业技术学院丁祥担任副主编，湖北水利水电职业技术学院徐蕾、王中发老师参与编写。具体分工如下：任务一、任务二、任务六、任务八和任务九由李文琦编写；任务四由白珍编写；任务三、任务五由付丽娅编写；任务七、任务十由丁祥编写。全书由严军主审，李文琦负责拟写大纲、统稿、定稿，徐蕾负责文字整理，王中发负责材料收集等相关工作。

在编写过程中，我们参考了大量礼仪方面的书籍及相关资料，与企业人员进行了座谈，也参阅了许多相关学者的有关著作和论述，在此一并表示感谢。

由于编者水平有限，书中疏漏或不足之处在所难免，敬请各位专家和读者不吝赐教，以便今后的修订日臻完整。

编　者
2015 年 5 月

目录

情境一　商务礼仪与职业形象的概念导入

【训练目标】……………………………………………………… 1
任务一　商务礼仪与职业形象概述……………………………… 2
　【学习任务】…………………………………………………… 2
　【情境设计】…………………………………………………… 2
　【核心知识】…………………………………………………… 2
　　一、商务礼仪的内涵………………………………………… 2
　　二、商务人员的礼仪修养及职业形象……………………… 7
　【实训设计】…………………………………………………… 12
　【知识小结】…………………………………………………… 13
　【思考训练】…………………………………………………… 14

情境二　商务职业形象的塑造

【训练目标】……………………………………………………… 15
任务二　商务仪表礼仪形象……………………………………… 16
　【学习任务】…………………………………………………… 16
　【情境设计】…………………………………………………… 16
　【核心知识】…………………………………………………… 16
　　一、仪表礼仪形象概述……………………………………… 16
　　二、仪容修饰礼仪形象……………………………………… 18
　　三、仪态礼仪形象塑造……………………………………… 24
　【实训设计】…………………………………………………… 33
　【知识小结】…………………………………………………… 34
　【思考训练】…………………………………………………… 34
任务三　商务职业着装形象……………………………………… 37
　【学习任务】…………………………………………………… 37
　【情境设计】…………………………………………………… 37
　【核心知识】…………………………………………………… 37
　　一、服饰概述………………………………………………… 37
　　二、服饰运用的礼仪技巧…………………………………… 42

  三、饰品选择和佩戴的礼仪 …………………………………… 52
 【实训设计】 ………………………………………………………… 56
 【知识小结】 ………………………………………………………… 57
 【思考训练】 ………………………………………………………… 57

任务四 求职礼仪形象 …………………………………………… 59
 【学习任务】 ………………………………………………………… 59
 【情境设计】 ………………………………………………………… 59
 【核心知识】 ………………………………………………………… 60
  一、求职应聘准备工作 ………………………………………… 60
  二、面试礼仪 …………………………………………………… 65
  三、求职信函、求职电话和笔试礼仪 ………………………… 70
 【实训设计】 ………………………………………………………… 75
 【知识小结】 ………………………………………………………… 76
 【思考训练】 ………………………………………………………… 76

情境三 商务交往日常礼仪的运用

 【训练目标】 ………………………………………………………… 78

任务五 见面礼仪 …………………………………………………… 79
 【学习任务】 ………………………………………………………… 79
 【情境设计】 ………………………………………………………… 79
 【核心知识】 ………………………………………………………… 79
  一、见面招呼礼仪 ……………………………………………… 79
  二、见面交往礼仪 ……………………………………………… 86
 【实训设计】 ………………………………………………………… 92
 【知识小结】 ………………………………………………………… 93
 【思考训练】 ………………………………………………………… 94

任务六 商务交谈礼仪 …………………………………………… 96
 【学习任务】 ………………………………………………………… 96
 【情境设计】 ………………………………………………………… 96
 【核心知识】 ………………………………………………………… 96
  一、交谈礼仪概述 ……………………………………………… 96
  二、交谈礼仪技巧 ……………………………………………… 102
  三、电话交谈礼仪 ……………………………………………… 110
 【实训设计】 ………………………………………………………… 115
 【知识小结】 ………………………………………………………… 115
 【思考训练】 ………………………………………………………… 116

任务七 餐饮礼仪 …………………………………………………… 118

【学习任务】 …………………………………………………… 118
　　【情境设计】 …………………………………………………… 118
　　【核心知识】 …………………………………………………… 118
　　　　一、宴请礼仪 ……………………………………………… 118
　　　　二、中西餐礼仪 …………………………………………… 124
　　　　三、饮茶酒礼仪 …………………………………………… 137
　　【实训设计】 …………………………………………………… 142
　　【知识小结】 …………………………………………………… 143
　　【思考训练】 …………………………………………………… 143

情境四　商务交往公务礼仪的运用

　　【训练目标】 …………………………………………………… 145
任务八　商务接访礼仪 …………………………………………… 146
　　【学习任务】 …………………………………………………… 146
　　【情境设计】 …………………………………………………… 146
　　【核心知识】 …………………………………………………… 146
　　　　一、商务接待与拜访礼仪 ………………………………… 146
　　　　二、办公室礼仪 …………………………………………… 152
　　　　三、馈赠礼仪 ……………………………………………… 156
　　　　四、位次礼仪 ……………………………………………… 163
　　【实训设计】 …………………………………………………… 172
　　【知识小结】 …………………………………………………… 172
　　【思考训练】 …………………………………………………… 173
任务九　商务活动礼仪 …………………………………………… 175
　　【学习任务】 …………………………………………………… 175
　　【情境设计】 …………………………………………………… 175
　　【核心知识】 …………………………………………………… 175
　　　　一、商务会议礼仪 ………………………………………… 175
　　　　二、商务仪式礼仪 ………………………………………… 182
　　　　三、商务旅行礼仪 ………………………………………… 189
　　【实训设计】 …………………………………………………… 196
　　【知识小结】 …………………………………………………… 197
　　【思考训练】 …………………………………………………… 197

情境五　商务交往国际礼仪的运用

　　【训练目标】 …………………………………………………… 199

任务十　涉外商务礼仪·· 200
【学习任务】··· 200
【情境设计】··· 200
【核心知识】··· 200
　一、涉外商务礼仪的原则和要求····································· 200
　二、涉外商务一般礼仪··· 204
【实训设计】··· 212
【知识小结】··· 213
【思考训练】··· 213

附录一　自我形象检测·· 215
附录二　常用英文礼仪用语·· 215
　一、介绍客人选用称谓的礼节······································· 215
　二、英语请求用语常用表达·· 216
　三、常用招呼语·· 218
　四、常用祝贺用语·· 218

参考文献·· 220

情境一
商务礼仪与职业形象的概念导入

【训练目标】

知识目标
◎ 了解礼仪的概念、特征及发展；
◎ 掌握商务礼仪与职业形象的特征、原则及关系。

能力目标
◎ 树立礼仪意识，塑造职业形象，培养规范行为。

素质目标
◎ 培养学生将商务礼仪知识运用到实际中，提高自身素质，为塑造良好的职业形象打基础。

任务一　商务礼仪与职业形象概述

【学习任务】

（1）了解礼仪的基本内涵，认识礼仪是参与商务活动的必要条件。

（2）把握商务礼仪与职业形象的关系，自觉遵循礼仪规范、进行礼仪实践。

【情境设计】

内地某食品厂与一香港商人就合作生产一事展开洽谈，谈判进行得非常顺利，准备于2月10日签订合同。为进一步表达合作诚意，展示本厂的生产实力，2月9日下午，食品厂安排港商参观生产车间，由厂长亲自陪同。当天厂长穿着一件白衬衣，依稀可见领口、袖口泛黄，当厂长和港商握手时，港商微微皱了皱眉。而在快离开车间的时候，突然厂长咳嗽起来，来到厂房的墙角，吐了一口痰，然后用鞋底擦掉。这一幕被港商看在眼里。第二天，港商没有签字便离开了，该食品厂非常诧异。

任务

这次合作项目没有谈成的原因何在？如果你是该厂洽谈工作人员，你在洽谈前应提醒厂长什么问题？

解决问题

洽谈是一项经常性的商务活动，人们通过商谈沟通情感、达成意向。而为表示对双方的尊重，在洽谈过程中，人们尤其应注意自己的行为举止。上述情境中合作项目没有完成，就在于厂长没有注意自己的穿着和行为。首先，穿着略显破旧的衣服，显得对港商不重视；其次，作为食品厂厂长，当众吐痰并用鞋底擦掉，既不卫生，也容易让人误解为对人的轻蔑。

作为洽谈工作人员，不仅要做好专业资料、接待等准备，同时也要提醒上司了解洽谈过程中的相关礼仪规范，为上司进行形象设计，避免出现以上尴尬的局面。

【核心知识】

一、商务礼仪的内涵

（一）礼仪的基本概念

1. "礼仪"词汇源起

（1）西方的含义

"礼仪"一词，在西方源于法语的"Etiquette"，原意是法庭上的通行证，上面写着进入法庭的每个人必须遵守的行为规范。当"Etiquette"一词进入英文后，就有了"礼仪"的含义，意即"人际交往的通行证"。

这时它有三层含义：一是指谦恭有礼的言辞和举动，二是指教养、规矩和礼节，三是指仪式、典礼、习俗等。

（2）中国的含义

在我国，礼仪包括"礼"和"仪"两个部分。《说文·释部》中说"礼，履也。所以事神致福也"。本义为敬神，后引申为表示敬意和礼貌。后来泛指奴隶社会或封建社会贵族等级制的社会规范和道德规范。"仪"指"法度标准"，是为表示敬意而隆重举行的仪式，或社会交往中的礼貌礼节。

简单地说，礼，即礼节、礼貌；仪，即仪表、仪式、仪态、仪容等。礼仪是有形的，它存在于社会的一切交往活动中，其基本形式受物质水平、历史传统、文化心态、民族习俗等众多因素影响。

> **小思考 1-1**
>
> 在会谈中，如果交往对象想上洗手间，他往往不会直接"坦白"，而采取隐晦的手法："对不起，我去打个电话。"
> 请问大家：其中有什么问题吗？

2. 礼仪定义

所谓礼仪，就是人们在社会的各种具体交往中，受历史传统、风俗习惯、宗教信仰、时代潮流等影响，为互相尊重、建立和谐关系而在仪表、仪态、仪式、仪容、言谈举止等方面形成的共同遵守的行为规范和准则。它是一个国家社会文明程度、道德修养、审美情趣、文化品位的外在表现形式。

上述定义表达了以下要素。

（1）礼仪是约束人们行为的准则或规范，在社会实践中，它既表现为一些不成文的规矩、习惯，又可以用语言、文字加以准确描述，形成有章可循的制度性规范。

（2）礼仪是在一定社会中人们长期积累、约定俗成的，能够得到大家的广泛认同并自觉遵守。

（3）讲求礼仪是为了实现社会交往各方的互相尊重，从而达到人与人、人与社会的和谐共处。在交往过程中只有互相尊重，和谐关系才能建立。

（二）礼仪的内容

1. 礼貌

礼貌是指人们在社会交往过程中合乎一定礼仪规范的言谈举止。表现为待人接物和蔼可亲，为人平等、公正、礼让。它主要包括语言、态度和行为举止的礼貌，属于行为方面的修养。古希腊哲人赫拉克利特说："礼貌是有教养的人的第二个太阳。"礼貌体现着一个人的修养水平和文明程度。

2. 礼节

礼节是指人们在日常生活和交际过程中表示尊敬、祝颂、哀悼以及给予必要的协助与关照的惯用形式或具体规定。"礼节者，仁之貌也"，它是礼貌的具体表达方式，是人际关系的润滑剂，是交际中的行为、举止、仪表、语言的规范，如鞠躬、握手、献花圈或鸣礼炮等。

3. 仪式

仪式是交际活动中按礼宾要求，用特定的程序、方式表达的礼仪过程。它是礼仪的具体表现形式。仪式多数是以组织形式出现的典礼形式，如开业、升旗、剪彩、签字等。

4. 仪表

仪表是指人的外表，包括仪容、服饰、体态等。仪表属于美的外在因素，反映人的精神状态。端庄的仪表既是对他人的一种尊重，也是自尊、自重、自爱的一种表现。

5. 礼俗

礼俗即民俗礼仪，它是指各种风俗习惯，是礼仪的一种特殊形式。礼俗是在历史发展过程中，在一定环境下重复出现的行为方式。不同国家、不同民族、不同地区在长期的社会实践中形成了各自的风俗习惯。许多民族保存至今的一些古老风俗和节事仪式，如藏族人民见面时敬献哈达、傣族人民的泼水节等，都可称为该民族特有的礼俗。

（三）礼仪的特点

1. 规范性

礼仪是人们在社会实践中，特别是人际交往的实践中所形成的待人接物的惯常行为规范。这种规范性约束着人们在一切交际场合的言谈话语、行为举止，使之合乎礼仪；是衡量他人、判断自己是否自律、敬人的一种尺度。任何人要想在交际场合表现得合乎礼仪、彬彬有礼，都必须遵守礼仪。

2. 差异性

各民族在文化传统、宗教信仰等方面存在的差异，导致了礼仪规范的差异。所谓"十里不同风，百里不同俗"，任何国家民族的礼仪都有其独特性。

首先，同一礼仪形式在不同民族或不同地域有着不同的意义。在日本，鞠躬礼被广泛使用，是尊敬对方的表示；而在有些国家，鞠躬是屈辱的象征。

其次，礼仪表现形式具有差异性。同样意义的礼仪在不同的民族、不同的地区可能有不同的表现形式。如朋友相见，为表示欢迎和友好，有的握手，有的拥抱，有的亲吻，有的击掌。

最后，礼仪的差异性表现在限定性上。不同的场合礼仪不同，并非放之四海而皆准。必须明确所处场合不同、所具身份不同时，所要应用的礼仪往往会不同。一般而言，主要有初次交往、因公交往、对外交往等三种交际场合。

3. 发展性

从本质上说，礼仪是一种社会历史发展的产物，具有鲜明的时代特点。随着社会发展、历史的进步，要求礼仪有所变化，以适应新形势下的新要求。与此同时随着各地区、民族之间的交往日益密切，礼仪也相互影响，不断发展。如中国的见面礼节由最初的叩拜、作揖，到现在遵循国际化的握手，就是中西文化交流的结果。

4. 传承性

任何国家的礼仪都具有鲜明的民族特色，任何国家的当代礼仪都是在本国古代礼仪的基础上继承、发展而来的。礼仪作为人类文明的积累，将人们在交往过程中的习惯做法固定下来，并逐渐形成自己的民族特色，不会因为社会制度的更替而消失。如中国饮食礼仪、节日礼仪等就是几千年的积淀，不会一夜之间消亡。对于既往礼仪及外来礼仪的态度应该是有继承、更有发展。

5. 社会性

当今世界，各国尽管社会制度不同，但都倡导文明礼貌。在人际交往中，都以不同方式，注重礼仪，讲究礼节。毫无疑问，这在很大程度上已成为一个国家或民族文明程度的重要标志，也是衡量人们有无教养和道德水准高低的尺度。

现代社会，越是竞争激烈，越是要靠礼仪来协调关系。企业要正常运行和获取最大利润，必须与社会各方面建立良好的人际关系和业缘关系，力争外部环境的和谐和内部的统一。人与人之间要建立相互尊重、平等友爱、相互合作的正常关系，就需要人人遵循礼仪规范。

（四）礼仪的职能

1. 协调人际关系

孔子说："博学于文，约之以礼。"从一定意义上说，礼仪是人际关系和谐发展的调节器。人们在交往时按礼仪规范去做，有助于加强人们之间互相尊重、友好合作的关系。人们在交往中要懂得恰当运用礼仪手段表示致谢。比如某公司新经理上任，接到另一合作公司经理的祝贺信，既是一种礼仪的表现，更是一种寻求合作与沟通的表示，两公司可能走向新一轮的合作。

2. 提高个人修养

在人际交往中，礼仪展现施礼者和还礼者的内在品格和素养，反映着一个人的交际技巧与应变能力，而且还反映着一个人的气质风度、阅历见识、道德情操、精神风貌。在这个意义上说，礼仪即教养，而有道德才能高尚，有教养才能文明。也就是说，我们的品格都通过礼仪表现出来。不美丽但是礼仪教养良好的人往往让人如沐春风；美丽但粗俗的人却往往让人鄙视。

3. 成就个人绩效

案例小故事 1-1

小赵是某职院营销专业毕业生，一次和一位同学到一家知名企业应聘。小赵一贯注重个人修养，从他整洁的衣服、干净的指甲、整齐的头发上就给人一种精明、干练的感觉。来到企业人事部，临进门前，小赵自觉地擦了擦鞋底，待进入室内后随手将门轻轻关上。人事部经理询问他时，尽管有别人谈话的干扰，他也能注意力集中地倾听并准确迅速地予以回答。同人说话时，他神情专注，目不旁视，从容交谈，这一切，都被来查看情况的总经理看在眼里。第二天，小赵就被该企业录用了。

小思考 1-2

请你想想为什么小赵能迅速获得总经理的青睐？

讲究礼仪对个人成功至关重要，因为关系到个人形象。卡耐基曾说："一个人事业成功，只有15%是专业技术，而85%是靠人际关系和为人处世能力。"运用礼仪有益于人们更好地、更规范地设计个人形象，展示个人良好教养与优雅的风度，也能维护良好的感情，和谐关系，展示对人的尊重。

4. 塑造组织形象

良好的组织形象是所有组织都会追求的目标，组织形象的塑造处处都需要礼仪。组织形象是公众对组织内在精神和外在特征的总体评价。整洁优雅的环境、宽敞明亮的办公室、独具个性的价值观、色彩柔和的服饰、彬彬有礼的员工等都会给公众留下强烈的印象。礼仪通过组织员工的个人形象及各种仪式表现出来。具有完美礼仪员工的企业具有完美的企业形象，能因此在很大程度上获得良好的社会效益。

案例小故事 1-2

硅谷的天才们

某家著名的晚报上曾发表过这样一条消息，题目是《硅谷天才学礼仪》："美国硅谷的电脑天才们虽然个个聪明过人，但多数天才即使成为百万富翁后，在餐桌和宴会上的吃相仍让人不敢恭维。他们舔刀叉、含着满嘴饭菜说话等不文明的餐桌习惯，惹怒过很多客商，导致他们失掉大笔生意。此外，他们还不时闹出诸如将餐巾当围裙的笑话。因此，当英国专业礼仪老师讲课的消息传出后，电脑精英们踊跃报名，准备接受培训。"

小思考 1-3

硅谷的天才们为什么要学习礼仪呢？

5. 稳定社会，教化民众

古人说："礼义廉耻，国之四维。"礼仪是社会文明发展程度的反映和标志，同时对社会文明有持久和深刻的影响。讲究礼仪的人越多，社会便会越和谐安定。孔子说"修己以安人，修己以安百姓"，将礼仪作为奠定社会的基础。

礼仪通过评价、劝阻、示范等教育形式纠正人们不正确的行为习惯，倡导人们按礼仪规范的要求协调人际关系，维护社会正常生活。

（五）礼仪的原则

在不同的交往场合，对不同的交往对象，人们所采用的礼仪都有所不同。但人们的各种交际活动自始至终都有一些具有普遍性、共同性、指导性的规律可循，这就是礼仪的原则。

1. 尊重他人

交往中讲究礼仪，是为了保持和谐的人际关系，表达对别人的尊重，尊重是礼仪的情感基础。人们都有满足物质生活的需要，但更有获得尊重的期望，对尊重自己的人有一种天然的亲切感和认同感。

所谓尊重，首先要以自尊为本，站有站相，坐有坐相，举止大方。其次是尊重他人的人格、劳动、爱好、价值和感情，不应强求他人按自己的爱好和志趣来生活、行事。古人云："敬人者，人恒敬之；爱人者，人恒爱之。"

2. 真诚平等

真诚是指与人交往时必须做到诚心待人、表里如一，它是人与人相处的基本态度，也是一个人的行为与内在道德的有机统一。真诚待人会很快得到别人的信任，能赢得友情。

平等是指在礼仪活动中人格平等和各方所执之礼大体相当。人与人交往应平等对待，没有高低之分。表现在礼仪规格和形式上是注重"礼尚往来"，比如一方对另一方表现出的礼数应有对等的反应。

3. 宽容为本

一般来说，人与人交往总存在不相容的心理状态。这种差异会在交往者之间产生思想隔膜。要求人与人之间多一分和谐，就必须抱宽容之心。宽容就是严于律己，宽以待人。自觉地按礼仪规范去做，尊信守约，以礼待人。要多理解、容忍他人，不能求全责备，斤斤计较。不能宽容他人的人，往往会得理不饶人，使人际关系恶化。

4. 规范适度

适度是指在施行礼仪的过程中，必须熟悉礼仪准则和规范，注意保持人际关系的距离，把握与特定环境相适应的人们彼此间的感情尺度、行为尺度。俗话说："礼多人不怪。"但是凡事过犹不及，人际交往因人而异，要注意技巧，合乎规范，把握分寸，认真得体。施礼过度或是不足，都是失礼的表现。

礼仪规范是为维护社会生活稳定而形成和存在的，反映了人们的共同利益要求。社会上的每个成员都要以礼仪去规范自己的一言一行、一举一动。违背了礼仪规范，会受到社会舆论的谴责，交际就难以成功。比如贸然登门拜访，就会干扰别人正常的安排；拜访他人家庭或办公室时翻看放置的物品，都是侵犯隐私。

案例小故事 1-3

苏联领导人赫鲁晓夫在一次联合国会议上为了让人们安静下来，竟然脱下鞋子，并用鞋子敲打桌子，他的不雅举止显然违背了礼仪规范，在这次会议上联合国作出决定，对苏联代表团罚款 1 万美元。可见违背交际礼仪原则是不行的。

礼仪适度就是要恰到好处、恰如其分。首先感情适度，应该从容，彬彬有礼而不低三下四,谦虚而不拘谨。其次要谈吐适度,要热忱友好,不要虚伪客套,要坦率真诚,不要言过其实。再次举止装扮适度,与人相处时,要优雅得体;衣着打扮要与个人身份、地位、环境等相适应。最后要注意把握社交距离,所谓距离产生美。

二、商务人员的礼仪修养及职业形象

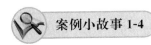

案例小故事 1-4

乞丐的遭遇

一人走进酒店点菜,吃完后发现忘了带钱,便对掌柜的说:"店家,今日忘了带钱,改日送来。"掌柜说"没关系",十分客气地将他送出了门。这件事被一个乞丐看到,他也进饭店点了饭菜,吃完后摸了一下口袋,对老板说:"我忘了带钱,改日送来。"谁知掌柜的脸一变,要带他见官。乞丐不服,说:"为什么别人能赊账,我不行?"店家说:"人家吃菜,筷子在桌上找齐,喝酒一盅盅地喝,斯斯文文,是个有德行的人,岂能赖我几个钱?你呢?筷子往胸前找齐,狼吞虎咽,吃上瘾来,脚踏上条凳,端起酒壶直往嘴里灌,分明是个居无定所、食无定餐的无赖之徒,我岂能饶你?"

礼仪举止,在人们眼中已经成为判断一个人品格优劣的标准;个人形象是一个人品德修养的外在体现。互不了解的人往往会通过对方表现的礼仪举止来判断其人格。虽然说礼仪举止并不完全可以体现出一个人的内心善良与否,可是现实中大家只能看到外在举止,无法透视人的内心,即使这是一件十分不公平的事情,也必须学会接受。

市场经济条件下,企业与企业之间的竞争已从局部的产品竞争、价格竞争等发展到企业形象的竞争,而礼仪正是塑造个人形象、企业形象的一种重要手段和工具。

(一)商务礼仪

1. 商务礼仪的含义

商务礼仪是指公司或企业的商务人员在商务活动中,为了塑造良好的个人和组织形象,对商务往来对象表示尊重和友好的行为规范。它是一般礼仪在商务交往活动中的运用和体现,并且比一般的人际交往礼仪的内容更丰富。同一般的礼仪相比较,商务礼仪有很强的规范性和可操作性,并与商务组织的经济效益密切联系。

现代市场经济条件下,商务交往越来越多,作为一名商务人员,要在竞争中立于不败之地,就必须了解、熟悉和正确运用礼仪,重视职业形象的塑造。一般而言,在商务活动中,言行合情合理,优雅大方,自然得体,按约定俗成的规则办事,按大家都能接受的礼节程序与客户相互往来,都是商务礼仪的内容。

2. 商务礼仪的本质

商务礼仪是企业在尊重、诚信、宽容、平等基础上形成的现代礼仪方式。其在商务活动中所扮演的角色,有人称之为商务人员的"社交金钥匙",有人说是商务活动中的"通行证",还有人断言商务礼仪能间接地决定商务活动的成败。换言之,从本质上而言,商务礼仪是企业形象的一种宣传形式和宣传手段。

商务礼仪是企业和商务人员在商务活动中和日常工作中所体现的礼仪,包括行为或程式礼仪。商务礼仪的主体即企业或企业的商务人员,他们应把个人职业形象融入企业形象之中,自觉遵循商务礼仪规范,维护自身形象。

(二)商务礼仪与职业形象

案例小故事 1-5

一天上午,有一家公司同时来了两位客户,他们分别是两家知名化妆品公司的销售人员。第一位销售人员无论是自我介绍还是递名片，都显得彬彬有礼，而且穿着打扮和言谈举止都显得很有涵养。第二位销售则穿着随便，言谈举止比较粗俗。最终，这家公司和第一位销售人员签订了销售合同。

> **小思考 1-4**
> 是什么原因导致两家公司结果不同呢？

1. 职业形象的含义

职业形象，是指商务人员在职场公众面前树立的职业印象，它是通过衣着打扮、言谈举止反映出个性、专业态度、技术和技能等。具体包括外在形象、品德修养、专业能力和知识结构这四大方面。

2. 职业形象的内容

首先，仪表仪态要符合行业特色、企业文化、办公环境、个人职位、个人特色等。要在衣着上尽量穿得像这个行业的成功人士；要注意衣服的整洁干净、得体大方等。

其次，言行举止符合职场规范，待人接物要有理有节；事前了解该行业和企业的文化氛围，把握好特有的办公室色彩，谈吐和举止中要流露出与企业、职业相符合的气质。

最后，职业形象塑造的核心是构建个人职业品牌，树立个人在本职与岗位上的良好口碑，成熟稳重是职业形象的关键。

知识小看板 1-1

招聘看重气质形象

著名形象设计公司英国 CMB 曾对 300 名金融公司决策人进行调查，结果显示，成功的形象塑造是获得高职位的关键。另一项调查显示，形象直接影响到收入水平，那些更有形象魅力的人收入通常比一般同事要高 14%。

某猎头公司人事助理黄丽替各大公司物色和招聘员工时，对应聘者的职业形象有着高度关注，因为她发现企业认定那些职业形象不合格、职业气质差的员工不可能在同事和客户面前获得高度认可，极有可能令工作效果打折扣。

当然，对职场新人和资深职场人来说，职业形象的表现和要求都不尽相同。"外在形象只是职业形象的一部分，一个人在一个行业做了 30 多年，他的业绩和口碑已经很好，无需外在形象的刻意包装。但对于刚步入社会的人来说，得体的衣着和谈吐包装很重要，拥有一份别具一格的简历尤其重要。"黄丽解释说。

"工作了 3 年，我才深刻地理解到，一个好的职业形象，不光是把自己打扮得多么美丽、英俊，最重要的还是要做到自身发型、服饰、气质、言谈举止与职业、场合、地位以及性格相吻合。"从事公关工作的小霞发现，职业形象需要与具体职业紧密结合，其中最重要的是要体现出你在职业领域的专业性。

"最好事先了解行业和企业的文化氛围，把握好特有的办公室色彩，谈吐和举止中要流露出与企业、职业相符合的气质，在日常工作中一定要注意表现出自身的成熟，显得果断而可靠。"职业顾问师吴晓提醒道。

3. 商务礼仪与职业形象的关系

职业形象是一个人相貌、身高、服饰、言行举止、气质风度以及文化素质的综合，这些正是商务礼仪的涵盖内容。要塑造良好的职业形象，应以商务礼仪规范自己的仪容仪表、言行举止。

首先，得体的商务礼仪可以塑造良好的第一印象。在商务交往中，根据交往的深浅程度可将人的形象分为三个层次：对只知其名未曾见面的人来说，形象与名字相关；初次相见的人，其形象主要与相貌、仪表、风度举止相关；相交甚深的人，形象更多的才是与品行、文化、才能有关。第一印象在人与人交往过程中非常重要，它起到心理中的"首因效应"，对后期信息产生指导作用。因此商务人员应以商务礼仪知识和熟练的礼仪技能与技巧作为手段，设计职业形象，给他人留下美好的第一印象。

其次，得体的商务礼仪可以充分展示商务人员良好的教养和优雅的风度。商务礼仪是衡量商务人员职业教养与风度的一种共识尺度，它要求商务人员要讲究礼貌、仪表整洁、尊老敬贤、礼让妇女、助人为乐等。如果他的一言一行与礼仪规范相吻合，人们就会对他的教养与风度称道。

最后，得体的商务礼仪可以恰当地表示对他人的尊重和友好。在商务交往活动中，尊敬他人是获得他人好感进而友好相处的重要条件。在商务活动中注意自己的个人形象就是对别人的尊重。在各种公共场合中，在待人接物活动中，不修边幅、不讲卫生，是对别人、对社会群体的不尊重。因此讲究礼仪，也是维护职业形象、尊重他人的重要手段。

（三）职业个人形象与企业形象

1. 企业形象的含义

企业形象是指企业自身行为通过传媒，在消费者及社会公众心目中所确立的综合印象，也就是消费者及社会公众对企业的全部看法和总体评价。

企业形象包括企业的内在气质和外在形象。内在气质是企业在商务活动中表现出的基本态度、价值取向以及道德水平。外在形象则是企业在商务活动过程中展示给消费者及社会公众的识别标记，如企业的知名度、技术力量等。在商务活动中，商务人员与公众、合作企业交往频繁，没有良好的个人职业形象，就没有良好的企业形象。因此，商务人员既是企业良好声誉和形象的直接创造者，也是企业形象的建立者和塑造者。

小思考 1-5

在商务交往活动中，为什么特别强调商务人员的职业形象？

2. 职业个人形象对塑造企业形象的作用

（1）个人职业形象是企业形象的代表

在社会公众面前，商务人员经常代表企业进行各项活动，如发布信息、解答疑问、洽谈等，在社会公众面前，商务人员是企业的代表，商务人员的形象代表着企业的形象。公司员工是否懂得和运用现代商务活动中的基本礼仪，不仅反映出该员工自身的素质，而且折射出该员工所在公司的企业文化水平和经营管理境界。

（2）商务人员是企业形象的主要塑造者

在现代社会中，商务交往越来越频繁，为了求得成功，商务人员在不同的交往活动中，要恰如其分地表现自己的礼仪修养，用符合礼仪的行为塑造企业的良好社会形象。从某种意义上说，先有个人形象，后有企业形象。个人形象是企业形象的基础。商务人员遵行礼仪，既是个人形象的塑造，又是企业形象的再造。由此可见，商务人员承担着企业形象塑造的重任，是企业形象的主要塑造者。

（四）商务礼仪与职业形象的塑造

案例小故事 1-6

一商贸代表团来某公司进行商务洽谈，洽谈地点设在公司会议室。为了表示公司的诚意，老总特意通知经理助小程做好接待和招待工作。第二天，小程作了精心的打扮，一身前卫的衣服、时尚的手链、造型独特的戒指、亮闪闪的项链、夸张的耳环，在端茶送水时成了全场的焦点。洽谈结束后，对方的团长对公司老总说，您的这位员工应该去做服装模特，老总听了以后很尴尬。

商务人员经常要与外界交流，进行公务洽谈、迎来送往，其职业形象的好坏将直接关系到组织形象的优劣。商务人员良好的礼仪形象的塑造，是在商务交往中，经过长期的学习、训练和积累而养成的，在这个过程中，商务人员的综合素质是至关重要的因素。

1. 提高文化素质修养

文化素质是人经过正规教育、自学和对文化知识熟练掌握后所达到的心理水准及由此产生的心态，是一个人最根本的素质。文化对人们的行为规范、生活方式也有很大影响。如果做不到博学多识，没有适应各种场合的应变能力，就无法成为优秀的商务人员。

2. 完善职业道德修养

礼仪是道德的外在表现形式，道德是礼仪的基础，决定、制约着礼仪，礼仪水平的提高，有赖于道德修养的加强。

职业道德是指在职业生活中所必须遵守的行为准则与规范。一般来说一个有道德的人往往是一个知礼、守礼、行礼的人，他必定时时处处按照一定的礼仪规范行事，同样一个人在任何时候、任何场合，针对任何对象都能体现礼仪的风范，那么他对于自己的道德要求必定十分严格。因此，商务人员以高尚的职业道德修养作为自身礼仪修养的基础。

（1）爱岗敬业

爱岗，就是热爱自己的工作岗位和本职工作。敬业，就是以极端负责的态度对待自己的工作。爱岗敬业要求立足本职，脚踏实地，尽职尽责。

（2）诚实守信

诚实守信是做人的基本准则，是立身之本。诚实就是真实无欺，既不自欺，也不欺人。守信就是信守诺言，讲信誉，不欺骗。

（3）办事公道

市场经济条件下，要求我们在进行商务礼仪活动时，处事公正、公平。这是一种较高的人格修养，要想真正做到办事公道，关键是平时要培养自己对人公平、正直、平等的品格。

（4）服务公众

社会生活中人人都是服务对象，人人都为他人服务。服务公众是一种现实的生活方式，也是职业道德要求的一个基本内容。要真正做到这一点，必须心中时时有公众，充分尊重公众的人格和尊严。

（5）奉献社会

奉献就是积极自觉地为社会做贡献。奉献社会自始至终体现在爱岗敬业、诚实守信、办事公道和服务公众的各种要求和活动之中。

小思考 1-6

有人说："礼仪品质的形成不是先天的，人天生无所谓有礼或无礼。"这种说法对吗？为什么？

3. 提高礼仪修养

（1）提高商务礼仪认识

礼仪是社会文化积淀的外在表现形式。礼仪有社会化过程和变异性特点，因此学习礼仪要不断在实践中摸索。提高对商务礼仪的认识是礼仪修养的起点，是将礼仪规范逐渐内化的过程，通过学习、评价、认同、模仿和实践过程，逐渐完善自己的礼仪规范，调整自己的交际行为和交往行为。

（2）陶冶礼仪情感

在正确认识商务礼仪的基础上，还需要得到情感上的认可，才会自觉地去遵守礼仪规范。在交际活动中，如果遇到一个对人热情诚恳的人，那么就能与其建立起一种良好的关系；相反，如果碰到一个冷漠无情或虚情假意的人，则难以产生一种融洽交流的气氛。

陶冶礼仪情感包括两个方面，一是形成与应有礼仪认识相一致的礼仪情感；二是改变与应有礼仪认识相抵触的礼仪情感。

（3）明确角色定位

礼仪的目的是要通过修养，使个人的言行在商务交往活动中与自己的身份、地位、社交角色相适应，从而被人接受。

商务活动过程中，随着主客关系和交往对象的变化，商务礼仪角色发生相应的变化。比如一个经理在公司是管理者，礼仪要求能平等待人、科学决策、说话和气；面对客户时，他可能是谈判者、推销者，要求他热忱真诚、彬彬有礼、大方得体。因此在商务活动中，每个人按其所处的身份地位为实现存在价值而完成一系列行为。

（4）锻炼遵行礼仪的意志

商务人员要以持之以恒的意志，自觉坚持礼仪基本规范，使之变成自觉行为。一个人的行为习惯是其观念、态度的下意识表现。习性一旦形成后，具有一定的稳固性。因此应从思想观念上重视、加强"礼仪意识"，有意识摒弃不合礼仪的旧习惯，养成遵从礼仪的新习俗。

（5）养成礼仪习惯

礼仪修养的最终目的是使人们养成良好的礼仪行为习惯，即使人们在交际活动中对于礼仪原则和规范的遵从变成一种习惯的行为。因此在礼仪修养过程中，可以通过礼仪行为训练，通过模仿、学习掌握调节行为的方法，养成良好的礼仪习惯。从大处着眼，小处着手，寓礼仪于细微之中，逐渐成习。

知识小看板 1-2

中国礼仪文化

中国是一个历史悠久的文明古国，素有"礼仪之邦"的美称。

礼仪起源可以追溯到原始社会。首先，人们为生存与发展逐步积累和自然约定出一系列"人伦秩序"，这是最初的礼。其次，远古时代生产力低下，人们无法解释和征服自然，于是产生"万物有灵"的观念，运用原始宗教仪式等手段来影响神灵，如祭祀、崇拜、祈祷等，以使其多赐福少降灾，原始的"礼"便产生了。

随着社会发展，礼便开始向人类生活的具体内容靠拢，逐渐形成一整套包括衣食住行在内的行为规范。西周时出现了中国历史上第一部记载"礼"的书籍——《周礼》。人们通常将《周礼》《仪礼》与其释文《礼记》这"三礼"公认为中国最早的礼制百科全书。

古代政治礼仪

① 祭天。又称郊祭，冬至之日在国都南郊圜丘举行，表明君权神授。

② 祭地。夏至是祭地之日。汉代称地神为地母，也叫社神，最早是以血祭祀。祭地礼仪还有祭山川、祭土神、谷神、社稷等。

③ 宗庙之祭。宗庙制度是祖先崇拜的产物。帝王的宗庙制是天子七庙，诸侯五庙，大夫三庙，士一庙。庶人不准设庙。宗庙的位置，天子、诸侯设于门中左侧，大夫则左而右寝。庶民则是寝室中灶膛旁设祖宗神位。庙中神主是木制的长方体，祭祀时才摆放，祭品不

能直呼其名。祭祀时行九拜礼："稽首""顿首""空首""振动""吉拜""凶拜""奇拜""褒拜""肃拜"。

④ 相见礼。下级拜见上级时要行拜见礼，官员之间行揖拜礼，公、侯、驸马相见行两拜礼。下级居西先行拜礼，上级居东答拜。平民相见，依长幼行礼，幼者施礼。外别行四拜礼，近别行揖拜礼。

⑤ 先师先圣之祭。汉魏以来，以周公为先圣，孔子为先师；唐代尊孔子为先圣，颜回为先师。唐宋以后沿用"拜奠礼"作为学礼。各地设孔庙，每年春秋两次行释奠礼。

古代生活礼仪

① 诞生礼。从妇女未孕时的求子到婴儿周岁，一切礼仪都围绕着长命主题。高禖之祭即是乞子礼仪，设坛于南郊，后妃九嫔都参加。诞生礼还包括"三朝"（婴儿降生三日后接受各方面的贺礼）、"满月"（婴儿满月时剃胎发）、"周岁"（行抓周礼，预测一生命运、事业、吉凶）。

② 成年礼。也叫冠礼，是跨入成年人行列的男子的加冠礼仪。冠礼从氏族社会盛行的男女青年发育成熟时参加的成丁礼演变而来。汉代沿袭周代冠礼制度，魏晋时开始用音乐伴奏，清代废止。

③ 飨燕饮食礼仪。飨在太庙举行，烹太牢以饮宾客，重点在礼仪往来而不在饮食；燕即宴，燕礼在寝宫举行，主宾可以开怀畅饮。节日设宴即由此影响而来，形成中国特有的节日饮食礼仪。正月十五的元宵、清明节冷饭寒食、五月端午的粽子和雄黄酒、中秋月饼、腊八粥、辞岁饺子等都是节日仪礼的饮食。

④ 宾礼。对客人的接待之礼。与客人往来的馈赠礼仪有等级差别。士相见，宾见主人要以雉为贽；士大夫相见，以雁为贽；上大夫相见，以羔为贽。

⑤ 五祀。指祭门、户、井、灶、中。周代是春祀户，夏祀灶，六月祀中室，秋祀门，冬祀井。汉魏时按季节行五祀，孟冬三月"腊五祀"，总祭一次。清康熙后，只在十二月二十三日祭灶。

【实训设计】

项目名称：我能行——自信心训练。

项目目的：通过自我肯定使学生增强自信心、避免紧张，从而在人际交往中能够做出恰当的礼仪反应。

项目要求：

人数：15人。

时间：30分钟。

项目简介：

（1）观察自信者的礼仪形象，选择你敬佩的一个或几个成功者，观察他们的外貌、服饰、发型、举止、态度、语言等，加以总结，并找出可借鉴之处。

（2）练习爽朗的笑，真正发自内心的笑能化解自己的不良情绪，使你变得更开心、更自信、更具有魅力。

（3）学会欣赏自己——照镜子。认真观察镜中的自己，自己的发型、服饰、表情、动作等，欣赏的同时要说出自己的暗示导语、优点或奋斗目标。一边说一边看自己的表情是否能与自己的言语融为一体，比如"我一定能成为一个优秀的商务人员"。说的同时加上自信的表情和动作，然后再想象成功的情境并体验成功时的心情。

（4）战胜不良礼仪习惯的训练。一个人养成良好的礼仪习惯，一辈子都用不完它的利息；形成一种坏习惯，一辈子都偿还不清它的债务。没有好习惯，成功不容易；有了好习惯，失败不可怕。

你有没有这样的习惯：你是否不等别人把话讲完，就急于打断别人谈话而自己侃侃而谈？你是否快嘴快舌爱接嘴？是不是一个不讨人喜欢的爱逞能的家伙？你每天早上是否让人唤你几遍还迟迟不起床？上课迟到，这种拖拉的习惯是否常使你尴尬？你是否总是爱随手乱放东西？这些都不是好习惯，要努力加以改正。

（5）自我形象设计。

根据教材中商务人员的形象要求以及商务人员应具备的基本素质要求进行自我形象设计。

（6）参与的同学依次发言，谈谈感受。

① 由老师发给每个人一个编号，这个编号只有老师知道，其他人只知道自己的编号，不能互相打听。

② 所有队员必须全部蒙上眼睛。蒙好眼睛后，开始播放舒缓的音乐。

③ 在老师引导下，每两人为一组分散开，互不干扰，两个人互相通报自己的编号。

④ 要求对方互相讲一件事，内容可以是自己最不知道该怎么办的、最痛苦的、最有压力的、最感动的、最难忘的事等。

⑤ 进行完以后，在老师引导下把所有组打乱，拿下面罩，解散，并要求每个人根据刚才听到的故事给对方写一封信，封好，注明几号收。

项目说明：

每个人心里都会有压力，但往往苦于无处诉说，因为难为情。

事实上，如果有一个地方可以把这些压力或者痛苦都说出来，而且可以得到对方的建议，重要的是对方还不知道你是谁，在这种情况下很多人都愿意敞开心扉，因为即使不能得到帮助，最起码也可以让心情放松放松。

（资料来源：王崇彩. 疯狂劲舞. 深圳：海天出版社，2006.）

【知识小结】

礼仪是人们在社会交往过程中形成的共同遵守的行为准则和规范。礼仪可以分为礼貌、礼节、仪表、仪式和习俗。

礼仪的目的是为了表示友好、和谐人际关系，具有协调关系、提升修养、成就个人、维护社会、教化民众的作用。

礼仪具有规范性、差异性、发展性、传承性、社会性等特征。在长期的社会实践过程中，礼仪形成独有应遵循的原则——尊重、真诚、平等、宽容、规范、适度，在此基础上构建和谐社会。

商务礼仪是指商务人员在商务活动中，用以维护企业或个人职业形象的行为规范。

商务人员通过礼仪规范塑造职业个人形象，展示自己良好的风度和教养，恰当表示对他人的尊重和友好，从而塑造并维护良好的企业形象。

商务礼仪是礼仪在商务活动中的运用与体现。礼仪修养不是天生就有的，也不是后天自发形成的，而是长期训练、培训的结果。

商务礼仪修养首先是文化知识修养和职业道德修养；其次是长期自我学习、自我磨炼的过程。这个过程包括提高礼仪认识、陶冶礼仪情感、明确角色定位、锻炼礼仪意志、养成礼仪习惯。

【思考训练】

想一想

（1）基本概念

礼仪 商务礼仪 职业形象 企业形象

（2）简述礼仪的概念及其具体含义。

（3）分析商务礼仪与职业形象的关系。

（4）为什么商务人员要讲求礼仪修养？

练一练

（1）观察你周围的人，分析他们哪些言行、举止符合礼仪要求，哪些不符合礼仪要求。举例列出表现，并分析形成原因。

（2）根据商务人员形象要求及素质，进行自我形象设计。

（3）礼仪测试。

请判断下面做法是否正确，你在日常生活中是否有以下做法。

① 路上相逢，寒暄"吃了没""上哪去"。

② 主人招呼客人"随便坐！"。

③ 政治与新闻是餐桌上的话题。

④ 女士的小皮包可以放在餐桌上。

⑤ 聚会之中遇到同乡，可以用方言交谈。

⑥ 外出时不妨与当地的出租车司机多攀谈。

⑦ 别人称赞你的时候要谦虚地说："你太过奖了，其实我哪里有那么好。"

谈一谈

一天，某自来水公司员工李某到花园小区执行检查任务。到小区后他违规停车，并随地吐痰，恰好被该小区居民王某发现，王某出面制止，李某不但不改正，还恶言侮辱王某，将王某推到地上，引来小区保安，被扭送到派出所。派出所打电话到自来水公司，公司派公关人员小张处理这件事。

思考：

（1）为什么李某会出现这种情况？作为职业商务人员应具备怎样的礼仪修养？

（2）如果你是小张应如何处理这件事情？

情境二
商务职业形象的塑造

【训练目标】

知识目标
◎ 了解和掌握仪表服饰、仪容、仪态的基本知识,把握在不同情境下的职业形象要求。

能力目标
◎ 遵循礼仪形象塑造原则,掌握职业个人形象的塑造技巧;
◎ 培养塑造职业个人形象的能力。

素质目标
◎ 使礼仪融入学生的日常行为规范中,塑造学生良好的个人形象;
◎ 培养学生树立职业意识,养成职业行为规范。

任务二　商务仪表礼仪形象

【学习任务】

（1）明确仪表的内涵，把握仪表礼仪形象的塑造。

（2）掌握站姿、坐姿、行姿、表情和手势的礼仪规范，并熟练运用其礼仪规范。掌握常用相关职业仪态规范，并熟练运用。

（3）掌握面部和发部修饰的基本要求和要点，明确化妆的原则和程序。

【情境设计】

瀚海公司销售主管小黄陪同总经理到天地公司进行商务洽谈。她穿上一套得体的深色西装短裙，搭配一条丝巾，非常精神地和总经理一起乘车前往。到达目的地后，天地公司老总前来接待，小黄赶紧打开车门，抬起右脚跨车门，匆忙之间，手提包掉在地上，小黄叉开双腿、弯下身体去捡，没想到差点"走光"。旁边的总经理皱了皱眉头。这次洽谈结束后，总经理告诉销售部经理，以后不要让小黄和他出席商务活动。

任务

小黄的问题出在哪里？如果是你，应如何做？

解决问题

在重要的商务场合，个人的职业形象代表了企业形象。小黄注重了衣着装扮，却忽视了个人的行为举止规范。上下车、拿取物品等的姿态，作为商务人士都要时刻注意，不能因小失大。因为一个小小的动作，体现的是商务人员的职业修养，影响的是企业的形象。

【核心知识】

一、仪表礼仪形象概述

（一）仪表的内涵

1. 仪表的概念

仪表，是一个综合概念。从狭义的角度来讲，仪表指一个人的外貌、外表。从广义的角度来讲，仪表是指人的外在特征和内在素质的有机统一。它既是由人的容貌、姿态、服饰打扮、言谈举止、卫生习惯等先天性和习惯性因素构成的外在特征，也是人的气质、性格特征、思想修养、道德品质、生活情调、学识才智、审美修养等内在素养的反映。

 案例小故事 2-1

松下幸之助的垂范作用

日本的著名企业家松下幸之助从前不修边幅，企业也不注重形象，因此企业发展缓慢。一天，理发时，理发师不客气地批评他不注重仪表，说："你是公司的代表，却这样不注重衣冠，别人会怎么想？连人都这样邋遢，他的公司会好吗？"从此松下幸之助一改过去的习惯，开始注意自己在公众面前的仪表仪态，生意也随之兴旺起来。现在，松下电器的各类产品享誉天下，与松下幸之助长期率先垂范，要求员工懂礼貌、讲礼节是分不开的。

小思考 2-1

为什么说在当今社会中企业的形象和员工的形象有重要的关系呢?

2. 仪表设计原则

(1) "首轮效应"原则

"首轮效应"也称第一印象效应。在社会交往和商务场合,人们留给初次见面者的第一印象至关重要,往往是由见面的第一眼所决定,一般在见面的头三秒就决定了。由第一印象所产生的看法和评价,对双方日后的交往将产生巨大影响,在日后会长久而稳定地保留下来,在心理学上叫"首轮效应"。

"首轮效应"告诉我们,在与人交往中,尤其是在初次交往中,一定要在第一时间给人留下良好的印象,为自己塑造认真、负责的职业形象。个人职业形象,即外界对职业人员的印象与评价,不仅代表了自己的职业形象,而且还代表着组织、产品、服务的形象,甚至还代表着一个地区、民族、国家的形象。

"首轮效应"必须注意两点:一是准确的角色定位问题,即所处的场合、身份;二是自己的初次亮相。

(2) 差异化的形象设计

所谓差异化是指商务人员进行仪表设计时不能千篇一律,要根据自己所从事的行业、自身的个性特征、气质类型来塑造自己的形象,不要一味地模仿别人。

(3) 仪表的协调

所谓仪表的协调,是指一个人的仪表要与他的年龄、体形、职业和所在的场合吻合,表现出一种和谐。这种和谐能给人以美感,包括面部协调、整体设计协调、身份协调、场合协调等。整体协调反映一个人的文化修养、礼仪修养、审美观。

(4) 扬长避短原则

商务人员要根据自身的特点,对仪容、仪表进行必要的修饰,扬其长,避其短,设计、塑造出美好的个人形象,在商务交往中,要依据自己的身份,懂得根据不同场合为自己塑造出不同的形象。

(二) 影响和制约仪表的因素

对职业人员而言,影响和制约社会公众对其产生的整体印象的主要因素有以下四个方面。

1. 仪态

在人际交往中,仪态由一个人的身体姿态、动作和表情构成,是一种身体语言。社会公众会很自然地根据一个人的仪态来判断其教养、文化、阅历、气质和风度。职业人员仪态端庄大方,举止优雅有度,往往会给人留下谦谦君子、风度翩翩的印象,被人们称赞和羡慕。

2. 仪容

仪容,是指一个人的外貌,主要包括个人修饰和美容化妆。职业人员干净整洁、相貌端庄,往往容易使社会公众对其产生好感、信任感。

3. 服饰

一个人的服饰,包括着装和饰物装扮两个方面。在人际交往中,职业人员的穿着打扮,不仅要求与其工作、身份一致,而且也被视为自身修养、审美品位的重要标志。

4. 语言

"言为心声",一个人的语言,不仅用于传递信息,而且可以彰显个人修养、学识、心态和见识。职业人员语言文明且谈吐不俗，社会公众往往容易接受，容易认同。

二、仪容修饰礼仪形象

案例小故事 2-2

美中不足

一天，黄先生与两位好友小聚，来到某知名酒店。接待他们的是一位五官清秀的服务员，接待服务工作做得很好，可是她面无血色，显得无精打采。黄先生一看到她就觉得心情欠佳，仔细留意才发现，这位服务员没有化工作淡妆，在餐厅昏黄的灯光下显得病态十足。上菜时，黄先生又突然看到传菜员涂的指甲油缺了一块，他的第一个反应就是"不知是不是掉我的菜里了"。但为了不惊扰其他客人用餐，黄先生没有将他的怀疑说出来。用餐结束后，黄先生唤柜台内服务员结账，而服务员却一直对着反光玻璃墙面修饰自己的妆容，丝毫没注意到客人的需要。自此以后，黄先生再也没有去过这家酒店。

小思考 2-2

请指出案例中服务员在仪容上存在的问题。

（一）修饰与仪容

仪容，即个人的容貌，主要包括头部、肢体、颈部等可视的人体肌肤、毛发和可感的体味，是个人职业形象的重要组成部分。仪容美不仅源于先天，同样也来自美容修饰、良好保养和学识修养等后天习得。

1. 仪容美要求

（1）自然美

指天生的外在美。有的人具备了，有的人没有具备。但是外在美不是永恒的，它随年龄的变化逐渐褪色。只有具备了内在美以后，才能长久保持着外在美。

（2）内在美

指商务人员自身的各种综合素质水平，包括文化素质、心理素质、人格人品、文明礼貌程度等。内在美通过外在的言语和行为体现出来。

（3）修饰美

指人工的装扮，主要是化妆修饰。商务场合，化淡妆是对别人的尊重，同时也可以提升自己的信心。

（4）健康美

强调在完善自身仪容时注重健康、内外兼修，从而真正做到表里如一、秀外慧中。要注意平衡饮食，保障充足的睡眠，养成良好的习惯，最重要的是保持平和的心态。

案例小故事 2-3

小李的口头表达能力不错，对公司产品的介绍也得体，人既朴实又勤快，在业务人员中学历又最高，老总对他抱有很大期望。可做销售代表半年多了，业绩总上不去。问题出在哪儿呢？

原来，他是一个不修边幅的人，双手拇指和食指喜欢留着长指甲，里面经常藏着很多"东西"。脖子上的白衣领经常是酱黑色，有时候手上还记着电话号码。他喜欢吃大饼卷大葱，吃完后，不知道去除异味的必要性。在大多情况下，他根本没有机会见到想见的客户。

小思考 2-3

为什么说"一个不注意自我形象的人不能适应高速发展的现代社会"？

2. 仪容修饰与职业形象塑造

良好的仪容修饰不但是商务人员自身的一项基本素质，同时它也反映了职员所在组织的管理水平和组织形象。

（1）仪容修饰是个人职业形象的重要组成部分

① 仪容修饰反映工作态度

只有热爱自己工作的人才会在工作时注重自己的仪容修饰。试想，一个对工作漠不关心的人，怎么可能关心自己的仪容修饰在职场中是否是得体的。

② 仪容修饰反映工作作风

一个头发不整、面容邋遢、满身臭味的人，无法使人联想到他的工作是有条理的、高效率的，他对工作是负责任的和值得信任的。仪容修饰反映我们的工作作风。整洁、得体的仪容修饰给人的感觉是工作有条理、认真负责、值得信赖。

③ 仪容修饰反映综合素质

职业人员的仪容修饰还反映人的综合素质。商务人员对工作、对生活的态度、品位、风度、修养和内涵都可以在仪容修饰中寻找线索。

（2）个人仪容修饰是组织形象的重要组成部分

从业人员的仪容修饰是组织形象的重要组成部分，它不仅反映了组织的管理水平、产品质量，还反映了一个组织的发展态势。

（3）个人仪容修饰反映组织的管理水平

一个管理水平不高的组织是无法对员工的行为作出约束和激励的，当然也无法对组织成员的仪容修饰作出约束。所以，员工的个人仪容修饰反映了一个组织的管理水平的高低。

（二）仪容的清洁与保养

1. 头发修饰

（1）头发护理

头发美的基础是头发健康，因此，平时要注意头发的卫生与保健，经常清洗，保持其应有的光泽和蓬松感。一般要勤于梳洗，以头发没有异味为佳；同时为使头发健康，应适当梳理头发，以每天数次为宜。

（2）发型适宜美观

① 发型应与身材搭配

女性发型设计应考虑身材，一般说来身材高挑者，在发型方面有较多的选择：直短发、披肩发、烫发等，各种发型都可以表现出她们在身材方面的优势。身材矮小者，选择长发型，往往会显得更加矮小，最好是选择短发，以便利用人们的视觉差，使自己显得高些。身材高而瘦者，不要将头发削得又少又短，或者将头发盘在头顶，这样会越见其瘦，若留长发或卷发，则可使自己显得丰盈些。身材矮胖者，一般不宜留长发，也不应将头发做得蓬松丰厚，剪短发露出双耳来，会使自己显得瘦一点。

男性的发型比较单一，对身材搭配没有要求。男士的发型发式标准就是干净整洁，要注意经常修饰、修理。头发不应该过长，前部的头发不要遮住眉毛，侧部的头发不要盖住耳朵，后部的头发不要长过西装衬衫领子的上部，头发不要过厚，鬓角不要过长。商务男士不宜留长发、不烫发、不染发。这种整洁的发型适合于任何场合。

② 发型与职业搭配

由于人们的职业不同、身份不同、工作环境不同，发型也应有所不同。比如，职业女性，发型应端庄、文雅。礼仪小姐，发型应新颖、大方，以烘托服饰及环境。参加晚宴或舞会，发型需加以修饰，应选择高雅、华丽的发式。

知识小看板 2-1

发型简介

女士发型：

"马尾巴"。是一种将头发一把扎在脑后而不编结成辫的发型。由于简单易行，所以用途极广，年龄跨度大。这种发型会使女孩子显得倍加活泼可爱，但是这种发型会使背部不直的人看上去负荷过重。

独辫子。是一种将长发在脑后编成一根辫子的发型，它给人以怀旧的感觉。

娃娃头。又称童花头，它以齐眉的刘海和齐耳的短发塑造女孩乖巧可人的形象，可使女孩看上去更年轻。

直发。是一种将齐肩或披肩的长发拉直的发型，可使女孩变得清纯靓丽。

此外还有大波浪、高发髻、反翘头和男士头等。

男士发型：

西式发型，亦称西装头。泛指现代人三七分或四六分的一种露出后颈部的短发型，是正式场合最常采用的一种发型，给人以庄重、严谨的感觉。

对分发型。是一种五五对开、额前头发比较长的发型。这种发型只适合前额宽大、脸型呈"国"字形的人，反之是橄榄头形人的大忌。

卷曲发型。给人以异国情调或自由浪漫的感觉。

板寸头，俗称平头。脑袋四周基本无发，只是头顶留有1～2厘米的短发，而且顶部呈水平面。这种发型给人以刚毅和果敢的形象。

此外，还有刺猬发型、爆炸发型和光头等。但是对于男职员来说，此类发型不适宜。

2. 面部修饰

修饰面容，以干净清爽为原则。

（1）眼睛的修饰　及时清除眼部的分泌物，适当修饰眉型。

（2）耳朵的修饰　及时清除耳孔中不洁的分泌物，修剪耳毛。

（3）鼻子的修饰　要保持鼻腔清洁，及时修剪鼻毛；不要随处吸鼻子、擤鼻涕；不要在公共场合挖鼻孔、拧鼻子。

（4）嘴的修饰　保持牙齿洁白，口腔无味，在重要应酬之前忌食蒜、葱、韭菜、腐乳之类气味刺鼻的东西。

3. 肢体修饰

（1）手部修饰

在日常生活中，从清洁、卫生、健康的角度谈，应当勤洗手。应定期修剪指甲，避免指甲过长而影响美观和卫生；最好每周修剪一次，指甲的长度以不超过手指指尖为宜。对于手部要悉心照料，不要让它常带伤残。若皮肤粗糙、红肿、皲裂，要及时护理、治疗。

在他人面前，尤其是在外人或异性面前，腋毛是不应为对方所见的。否则，视为失礼。尤其女性要特别注意这一点。在正式的社交场合，不要穿暴露腋窝的服装。就是在非正式社交场合，想穿暴露腋窝的服装，也要先脱去或剃去腋毛。

（2）腿部修饰

在正式的社交场合不允许光着脚穿鞋子。注意保持脚部卫生无异味。不要穿残破的袜子。不要在他人面前脱下鞋子、跐拉着鞋子，更不要脱下袜子抠脚丫子。脚指甲要勤于修剪，最好每周修剪一次。

不允许男人暴露腿部，即不允许其穿短裤。女人可以穿长裤、裙子，在较严肃的场合，女人的裙长应过膝部,不得在正式场合穿裙子时不穿袜子。

(三) 化妆技巧

1. 化妆的基本原则

(1) 美化原则

在化妆时要注意适度矫正,做到修饰得法,以使自己化妆后能够避短藏拙。

(2) 自然原则

化妆要求美化、生动、具有生命力,更要求真实、自然。化妆的最高境界,是没有人工修饰的痕迹,显得天然美丽。

(3) 得法原则

化妆虽讲究个性化,却也要得法。比方说,工作时宜淡妆,社交时可浓妆,香水不宜涂在衣服上和容易出汗的地方,口红与指甲油最好为一色。

(4) 协调原则

高水平的化妆,强调的是整体效果。在化妆时,应使妆面协调、全身协调、场合协调、身份协调,以体现出自己的不俗品位。

知识小看板 2-2

选用适合的化妆品

市场上化妆品种类繁多,大致可分为两大类,即基础性化妆品和修饰性化妆品。

基础性化妆品。是指保护皮肤、净化皮肤经常使用的化妆品。如:冷霜、乳液、膏霜、化妆水;香皂、洗面奶、沐浴露、洗发水、护发素等。

修饰性化妆品。即美化修饰用的。如:眉笔、口红、眼线笔、眼影、脂粉等。

选用化妆品时,要注意以下几点。

(1) 视自己的肤色选用。

(2) 视自己皮肤的性质选用。皮肤的性质大致有以下几种情况。

油性皮肤。皮肤表面油脂分泌量多,面部油亮光泽,肌纹粗,毛孔明显,易生粉刺,但不易起皱纹,这类皮肤的护理,要注意皮肤表面的清洁。

干性皮肤。皮肤外观洁白细嫩,皮肤表面油脂分泌量少,毛孔不明显,不易长粉刺,但脸部无光泽,易起小皱纹。这类皮肤应选含有保湿成分的化妆品,以保持皮肤的润泽。

中性皮肤。也称正常皮肤,油脂分泌量适中,皮肤表面柔滑滋润,富有光泽,是比较理想的皮肤。

此外,也有人是混合型皮肤,即额头、鼻子、下巴部位偏油性,其他部位偏干性。

2. 女士淡妆的基本技巧和步骤

(1) 洁面阶段

首先要清洁皮肤。洗脸水的温度不宜过高,可以早上用冷水,晚上用热水洗脸。洗脸的方向应从下往上,从内向外,长期养成习惯,可以防止肌肉下垂。

洗脸后应涂上护肤类化妆品,如乳液、护肤霜、美容霜等;涂抹时要打圈按摩。这样做的目的有两个:一是润泽皮肤;二是起隔离作用,防止带颜色的化妆品直接进入毛孔,形成色素沉淀。

(2) 彩妆阶段

① 上底色。

涂抹化妆水。将化妆水涂于面部,双手手指并拢轻拍面颊,以整理肌肤。

涂粉底。涂上一层薄薄的浅色调的粉底,统一皮肤色调。应根据自己的脸型、肤色涂粉底，突出面部的优点，修饰不足。不要用太白的底色，否则会使人感到失真。

最好是选用两种颜色的底色，在脸部的正面，用接近自己的天然肤色的颜色均匀地薄薄地涂抹。深色有后退和深陷的作用，这样做可以收到增强脸型立体感的效果。

知识小看板 2-3

化妆水产品知识基本介绍

化妆水是爽肤水、紧肤水、调理水、柔肤水、洁肤水的统称。

爽肤水：涂抹的感觉比较清爽，能补充肌肤的水分。

紧肤水（收敛水）：紧肤水的最大功效在于细致毛孔，还可以有效平衡油脂分泌；特别针对需要收缩毛孔的油性肌肤，或混合性肌肤的T字部位所设计，其他肌肤并不适合使用，因为通常含有酒精成分。

调理水：其作用是调整肌肤的酸碱值，肌肤在正常状态下是呈弱酸性，洗完脸后，用调理爽肤水将肌肤恢复到弱酸性。

柔肤水：相较其他两种"水"而言比较滋润，给予肌肤细致的呵护，可以软化角质层，增加肌肤吸收滋润护肤品的能力。

洁肤水：除了洗脸可以清洁肌肤之外，有一些爽肤水还能再次清洁脸部的残余污垢，等于是洁肤的保障。

购买的时候可以这样区分：油性皮肤使用紧肤水，健康皮肤使用爽肤水，干性皮肤使用柔肤水。对混合皮肤来说，T字部位使用紧肤水，其他部位使用柔肤水和爽肤水皆可。敏感皮肤则可以选用敏感水、修复水，而要想美白的话就可以选用美白化妆水。

② 修饰眼睛。

修剪眉毛。方法有两种，一种是将眉梳贴在眉毛上，隔着梳齿剪去过长的眉毛，宜从眉尾向眉头修剪，眉尾留得短些，眉腰和眉头留得长一些。另一种方法比较简单，用眉刷将眉毛向下刷，把超过眉下缘的部分剪去，再将眉毛向上梳，同样剪去伸出上缘的部分。

描画眉毛。眉毛的生长规律是两头淡，中间深，上面淡，下面深。标准的眉形是在眉毛的2/3处有转折。用小眉刷轻刷双眉，以除去粉剂及皮屑；用眉笔根据自己的脸形修饰接近于标准眉形；用小刷子随着眉毛生长的方向轻轻梳理，使眉毛保持自然位置。

画眼线。画眼线时，使用眼线笔紧贴睫毛由外眼角向内眼角方向描画，上眼线从外眼角向内眼角画 7/10 长，下眼线画 3/10 长。

涂眼影。涂眼影时，贴近睫毛眼角部位要重些，然后用眼影刷轻轻扫开去。

卷翘睫毛。用睫毛夹夹住睫毛卷压片刻，使睫毛向上翘立，从而扩大眼睑的弧度，使眼睛更多地受到光线照射。在卷翘的睫毛上刷染睫毛液，可以使睫毛显得浓密而漂亮。

③ 涂刷腮红。

涂腮红时应从颧骨处向四周扫匀，越来越淡，直到与底色自然相接。腮红的红心应在颧骨部位。

涂腮红可以用来矫正脸形，圆脸形的人腮红的形状应是长条形的，刷子竖扫，以减弱胖的感觉；长脸形的人应涂得宽些，刷子横扫，以增加胖的感觉

腮红的颜色。皮肤白的人，可选用淡一些、明快一些的颜色，如浅桃红；皮肤较黑的人，腮红可以深一些，暗一些。

④ 涂抹口红。

理想的唇形为唇线清楚，下唇略厚于上唇，大小与脸型相宜；嘴角微翘，富于立体感。具体程序如下：

用唇线笔或唇刷勾出理想的唇廓线,从嘴角两边向中央描,先描好上唇的唇山、唇谷轮廓;再描下唇轮廓,线条要柔美,形状要丰盈;然后用唇刷或唇笔按照从上到下,从嘴角向唇中方向涂抹,中间用色比轮廓色稍淡些,按唇纹填涂,再用纸巾轻按。根据需要涂上光亮剂,以增加透明感,涂抹唇膏必须适当,甚至只涂中央亮光就行了。

⑤ 鼻的化妆。鼻的化妆主要是描鼻影晕染。鼻影的作用在于强调妆面的立体感,通常是用棕色晕染在鼻梁两侧。在化妆时,往往也可以用暗粉底和眼影色来抹鼻彩。

⑥ 修饰指甲。简要地说,对手的修饰有两项内容:一是对手的腕、掌、指三部分进行着色,使皮肤白净红润;二是对手的指甲进行成型处理与擦指甲油,使它形美色亮。

⑦ 香水是一种烘托气氛的化妆品,适当地喷洒能给人以温馨的气息,使人增添魅力。正确使用香水的位置有两个。

一是离脉搏跳动比较近的地方,如手腕、耳根、颈侧、膝部、踝部等处。

二是既不会污损衣物,又容易扩散出香味的服装上的某些部位,如内衣、衣领、口袋、裙摆的内侧,以及西装上所用的插袋巾的下端。

(3) 卸妆阶段

所需用品:洗面奶、纸巾、润肤品。

① 局部重点卸妆:用纸巾蘸少量卸妆乳液,分别擦清眼部、眉部、唇部的化妆品。

② 妆面整体卸妆:用洗面奶涂在面部的各部位,然后按肌肉方向轻擦,使化妆品游离皮肤,融于洗面奶中。

③ 净面护肤:用纸巾擦去污物,用水洗净面部,用毛巾或纸巾擦干后抹润肤品。

(4) 护肤阶段

① 洁肤

洁肤程序	注意事项
(1) 把脸用水打湿 (2) 取适量洗面奶于手心搓至起泡 (3) 由下巴向额头,用手指轻轻按摩1~2分钟 (4) 用清水清洗 (5) 用手巾或纸巾把水分吸干	(1) 手法由上而下"推"皮肤 (2) 忌用手巾在脸上无规则乱搓

② 爽肤

爽肤程序	注意事项
(1) 取一小块护肤棉,把紧肤水(或收缩水)倒在棉花上 (2) 把棉花上的紧肤水轻擦于脸上	(1) 手法由下而上 (2) 最好使用脱脂棉花

③ 护肤

护肤程序	注意事项
(1) 取适量的护肤霜涂在脸上 (2) 用手指轻轻按摩皮肤,让护肤霜完全吸收	(1) 注意日霜与晚霜的使用 (2) 夏日户外活动可用防晒霜

④ 特殊护理

特殊护理程序	注意事项
(1) 深层清洁,使用磨砂洗面奶 (2) 涂面膜 (3) 撕洗面膜 (4) 爽肤和护肤	(1) 涂面膜手法由上而下 (2) 撕洗面膜方法由上而下 (3) 每周1~2次

知识小看板 2-4

不同脸形的化妆

① 椭圆形脸。眉毛应描画成秀丽弧形,顺着眼睛的轮廓,位置适中,眉头与内眼角齐;胭脂应敷在颊骨最高处,向后向上带开;嘴唇依唇形涂以口红或唇膏,形应自然。

② 圆形脸。描画的眉毛不可太平直,应有角度,也不太高,应呈自然弧形;胭脂应从颊骨一直涂抹到下颚部;上唇应作宽而浅的弓形细线,不能涂成圆形小嘴。

③ 方形脸。化妆时要尽量增强柔和感,脸上的线条不能太明显;胭脂的涂法应从眼部平行下降;眉毛应稍尖而微弯,不可有直角;嘴唇应涂得丰满些。

④ 长方形脸。化妆时应注意缩小脸的长度;眉毛的位置不可太高或有角度,尤其不能高翘;唇部可涂得稍微厚些。

⑤ 三角形脸。化妆时应把重点放在下颚转弯处;眉毛应保持自然;嘴唇可涂宽些,嘴角可稍向上翘。

⑥ 倒三角形脸。化妆重点在腮部;眉毛应顺着眼尾的方向画去,不可向上倾斜;胭脂涂于颊骨最高处,并向上向后带开;口唇适中,角度应柔和。

⑦ 菱形脸。化妆重点应放在额及腮部,使之上下互相照应。

3. 化妆的礼仪规范

(1) 整洁是最基本的礼貌　整洁是美容,也是一种必不可少的礼貌。它显示出自重自爱,也包含了一个人对他人的尊重。在上班或进入社交场合前,不但女性要适度妆饰,男性也应剃须修面、修整鼻毛等,蓬头垢面、须发不整是失礼的。

(2) 正式场合要施妆　进入正式场合,女士应适度化妆,让自己容光焕发、富有活力,不化妆则被视为失礼。男士也要进行适当的面容修饰,但应当注意的是,男士施妆勿露妆痕。

(3) 化妆的浓淡要视时间、场合而定　一般来说,白天是工作时间,只能化淡妆。夜晚是公认的娱乐时间,出席晚宴、舞会,浓妆比较适宜。

(4) 不能在公共场所化妆　在众目睽睽之下化妆是非常失礼的,无论是在办公室、营业厅,或是社交沙龙、宴会席间,这样做都既有碍于他人,也不尊重自己。如真有必要化妆或补妆的话,也要在化妆间或其他无人场所。

(5) 不在异性面前化妆　有些女性常常当着男同事的面化妆,这种做法很容易让别人产生错觉。

(6) 不要非议他人的妆容　由于民族、肤色和个人文化素养的差异,以及个人审美情趣的不同,每个人的妆容不可能都是一样的,不要对别人评头论足。

(7) 上班时不宜使用浓香型化妆品　女士上班时宜使用适量的清香型香水。香水使用过量,产生异常的香味,在电梯和会议室等通风不良的地方非常容易妨碍他人。

三、仪态礼仪形象塑造

(一) 仪态塑造的意义

仪态是社会公众对职业人员产生整体印象的主要影响和制约因素之一,是职业形象的重要组成部分。

1. 仪态的含义

仪态,又称体态,是指人在行为中的身体姿态和风度,通常是指人体的动作、举止和表情。姿态是身体所表现的样子,风度则是内在气质的外在表现。用优良的仪态礼仪表情达意，往往比语言更让人感到真实、生动。

2. 仪态的礼仪功能

（1）表露功能　它可以表达口语难以表达的信息，使双方免于受窘。

（2）替代功能　它可以替代口语，直接与对方交流、沟通。

（3）辅助功能　它可以辅助口语，使人"言行一致"，思想得以强化，被表达得更清楚、更深刻。

（4）适应功能　它可以适应本人的心理、生理需要。

（5）调节功能　它可以发出暗示，调节双方关系，使对方作出积极反应。

（二）职业体态礼仪形象

1. 站姿

站姿，又叫立姿、站相。指的是人在站立时所呈现出的具体姿态。一般认为：立姿是人的最基本的姿势，同时也是其他一切姿势的基础。通常，它是一种静态姿势。

（1）基本的立姿

头正、颈直，两眼平视前方，表情自然明朗，微收下颌、闭嘴。

挺胸，双肩平，微向后张，使上体自然挺拔，上身肌肉微微放松。

收腹。收腹可以使胸部突起，也可以使臀部上抬，同时大腿肌肉会出现紧张感，这样会给人以"力度感"。

收臀部，使臀部略微上翘。

两臂自然下垂。女士右手握住左手自然垂于体前；男士双手自然垂于体侧。

两腿挺直，膝盖、脚跟相碰，两脚尖略微分开（大约一拳大小）。

身体重心通过两脚中间，放在脚的前端的位置上。

① 男子的立姿

男子在站立时，一般应双脚平行，大致与肩同宽，最好间距不超过一脚之宽。要全身正直，双肩稍向后展，头部抬起，双臂自然下垂伸直，双手贴放于大腿两侧。如图2-1所示。

图 2-1　男子立姿

② 女子的立姿

女子在站立时,可以将重心置于某一脚上,即一腿伸直,另一条腿略微前伸或弯曲,即双腿一直一斜。还有一种方法,即双脚脚跟并拢,脚尖分开,张开的脚尖大致相距10厘米,其张角约为45度,呈现"V"形。双手自然下垂,叠放或相握于腹前,双腿基本并拢,不宜叉开。如图2-2所示。

图2-2 女子立姿

(2) 不雅的立姿

倚门靠墙或桌椅上;双手交叉,双手叉腰或插在口袋内;眼睛向上或向下看,左右斜视;两腿交叉站立;抖腿摇腿踢东西;驼背弓腰以及耸肩、勾背;手不停地做小动作;站在通道中间等都是不雅的姿态,应该摒弃。

小思考2-4

有人说:"一个人如果没有良好的站姿,气质就会大打折扣。"你同意这种说法吗?

2. 坐姿

坐姿,即人在就座之后所呈现出的姿势。从总体上讲,坐姿是一种静态的姿势。在社交应酬之中,坐姿往往是人们采用得最多的姿势。

(1) 就座的姿势

① 注意顺序。若与他人一起入座,则落座时一定要讲究先后顺序。一是礼让尊长,即请位尊之人首先入座。二是同时就座,它适用于平辈人与亲友同事之间。

② 讲究方位。落座时从左侧一方走向自己的座位,从左侧一方离开自己的座位,它简称为"左进左出",是在正式场合一定要遵守的。

③ 落座无声。入座时,切勿争抢。在就座的整个过程中,不管是移动座位还是放下身体,都不应发出嘈杂的声音。不慌不忙,悄无声息,本身就体现着一种教养。调整坐姿,同样也不宜出声。

④ 入座得法。就座时,应转身背对座位。如距其较远,可以右脚后移半步,待腿部接触座位边缘后,再轻轻坐下。着裙装的女士入座,通常应先用双手拢平裙摆,再随后坐下。

⑤ 离座谨慎。离座亦应注意礼仪序列。不要突然跳起,惊吓他人。也不要因不注意而弄出声响,或把身边的东西弄到地上去。

（2）坐定的姿势

① 正坐。自然挺胸，立腰，两膝并拢，脚跟靠拢，小腿垂直于地面或稍许内收；臀部坐于沙发面的前后 1/2，两臂自然弯曲，手扶膝部，目光注视对方。男士双脚可略分开并小于肩宽；女士两脚要保持小丁字步。如图 2-3、图 2-4 所示。

图 2-3　女士坐姿　　　　　　　图 2-4　男士坐姿

② 侧坐

a. 左侧坐。在保持正坐姿势要领的基础上，左脚和臀部左摆 45 度。左摆移动时，两脚跟稍提，脚趾点地，左脚趾随腿左转，同时右脚趾原地向左转，两膝靠拢；左脚左转到位后，右手扶在左手背上，置手左膝上。如图 2-5 所示。

b. 右侧坐。动作要领与左侧坐要领相同，方向相反。

③ 交叉式坐姿。两腿前伸，脚踝交叉，两腿稍微斜放；也可小腿后屈，脚前掌着地，脚踝交叉；或女士一脚挂于另一脚踝关节处，形成后交叉坐姿。这种坐姿感觉比较自然，一般在公车上和办公桌前都可采用。但要注意双膝不可分开，双腿不能伸得太长。如图 2-6 所示。

④ 重叠式坐姿。俗称"二郎腿"。在正坐的基础上，两腿向前，一条腿提起架在另一条腿上。但女士小腿要尽量向里收，贴住另一腿，脚尖自然下垂；男士脚尖向下。这种坐姿适合于较高的座位。如图 2-7 所示。

图 2-5　左侧坐　　　　图 2-6　交叉式坐姿　　　　图 2-7　重叠式坐姿

⑤ 开关式坐姿。两小腿前后分开，双膝并拢，两脚掌着地并在一条直线上。

（3）不雅的坐姿

① 头部乱晃。不允许仰头靠在座位背上，或是低头注视地面；左顾右盼，闭目养神，摇头晃脑。

② 上身不直。不允许坐定之后上身前倾、后仰、歪向一侧，或是趴向前方、两侧。

③ 手部错位。坐下之后，不应以双手端臂，双手抱于脑后，双手抱住膝盖，以手抚腿、摸脚。双手应尽量减少不必要的动作，不要摸摸、碰碰、敲敲、打打。不要将肘部支于桌子上，或双手置于其下。双手夹在大腿中间也应避免。

④ 腿部失态。双腿切勿在坐好后敞开过大。不要在尊长面前高翘"4"字形腿，即不要将一条小腿交叉叠放于另一条大腿之上。两腿不要直伸开去，也不要反复抖动不止。不要骑在座位之上，或把腿架在其他高处。

⑤ 脚部乱动。切勿在坐定后将脚抬得过高，以脚尖指向他人，或是使对方看到鞋底。不要在坐下后脱鞋子、脱袜子，或是将脚架在桌面上，勾住桌腿，翘到自己或他人的座位上。不要以脚踩踏其他物体。双脚不要交叉，不要将其摆成内八字，更不要两脚脚跟着地，脚尖朝上，摇荡抖动不止。

M2-1　男子正确坐姿

M2-2　女子正确坐姿

案例小故事 2-4

住店的某大公司经理外出以后回客房时，一走出电梯，就有一位客房部的女服务员倒背着双手，面带微笑，用亲切的话语向他问好。这位客人虽也很客气地回答了服务员的问候，却带着一种不满意的表情看了服务员一眼。这位女服务员也看出了客人的不满意，但她有点想不通，她不知道自己面带微笑、亲切地向客人问好有什么不对。

小思考 2-5

客人为什么对这位女服务员不满意？

3. 行姿

行姿，亦称走姿，它指的是人在行走的过程中所形成的姿势。与其他姿势所不同的是，它自始至终都处于动态之中，它体现的是人类的运动之美和精神风貌。

对行姿的总的要求是轻松、矫健、优美、匀速。

（1）基本的行姿

在行走时，要面朝前方，双眼平视，头部端正，胸部挺起，背部、腰部、膝部成一条直线。

在起步行走时，身体应稍向前倾，身体的重心应落在反复交替移动的前面那只脚的脚掌之上。在行进时，向前伸出的那只脚应保持脚尖向前，不要向内或向外。双脚大体上应当呈现为一条直线，同时还应保证步幅大小适中。正常的步幅应为前脚脚跟与后脚脚尖二者相距为一脚长。双肩应当平稳，两臂则应自然地、一前一后地、有节奏地摆动。在摆动时，手腕要进行配合，掌心要向内，手掌要向下伸直。摆动的幅度，以 30 度左右为佳。不要双手横摆或同向摆动。

M2-3
男子正确行姿

（2）不雅的行姿

① 方向不定。

② 瞻前顾后。

③ 速度多变。

④ 声响过大。

4. 乘车的姿态

商务活动中，经常会乘坐轿车来接送、陪同客人或上司，乘坐轿车也应该讲究规范、优雅的姿态。

（1）上车姿态

女性上车时，应该先把背朝向车厢，整理裙摆后，臀部下坐，坐定后再由腿带动双脚上提、移向车内，再调整体位，整理衣服。

男性上车时左手扶着前座椅背，身体往内让臀部慢慢坐下，同时缩起左脚进入车内。

（2）下车姿态

女性先将身体尽量移向车门，将身体重心移至一只脚上，再将整个身体移至车外，最后踏出另一只脚。若穿短裙，则应两脚同时踏出车门，再移出身体。

男性下车时先由左脚踏出车外至地面踩稳，左手扶着前座椅背，右手轻扶车门边缘以支撑身体。

（3）不雅的姿势

双膝分开，单腿跨入车内；下车时东张西望。

5. 蹲姿

（1）蹲姿的标准

站在所取物品的旁边，蹲下屈膝去拿，抬头挺胸，再慢慢地将腰部放下；两腿合力支撑身体，掌握好身体的重心，臀部向下；蹲下的时候要保持上身的挺拔，神情自然，用右手拾起物品。

（2）蹲姿的形式

交叉式：右前左后，双腿重叠，合力支撑身体。特点：双腿交叉在一起，多见于女性。

高低式：左前右后，双腿不重叠，右腿支撑身体。特点：双膝一高一低。

半蹲式：左前右后，双腿不重叠，左腿支撑身体。特点：半立半蹲。

半跪式：右前左后，身体重心在右腿。特点：一蹲一跪，女性穿超短裙时使用。如图 2-8 所示。

（3）蹲姿的禁忌

下蹲的时候要与别人保持一定的距离，以免起身时彼此相撞，不要猛蹲猛起。

正面对着他人或者是背对着他人蹲下都是非常不礼貌的，应该侧身相向蹲下。

穿裙子的女士在下蹲时应该注意形象，不要将个人隐私暴露，女性穿着低领上装时要用一只手护住胸口。

（三）情态礼仪

1. 表情语

表情语是指人的面部各器官的动作和脸色的变化所传达的信息。它能迅速、敏捷、准确地传达感情。表情语中

M2-4
男子上下车姿势

M2-5
蹲姿标准

图 2-8 半跪式蹲姿

表现力最强的就是目光语和微笑语。

（1）目光语

目光语是指用眼神和目光来表情达意的一种行为语言。因交流对象和场合的不同，商务人员在运用目光语进行交流活动时，目光注视的部位、时间和方式是各有不同的。

① 目光注视的部位

公务注视区间。目光注视的位置是对方眼睛上部的前额三角区。这种注视严肃、郑重，适合汇报工作、与客户谈判，以及与同事讨论问题等正式、庄重的公务场合。

社交注视区间。目光应停留在对方眼睛和嘴唇之间的倒三角区，这种目光亲切友好，利于营造轻松愉快和彬彬有礼的社交气氛，适合各种社交场合。

亲密注视区间。目光注视的范围应在从眼部到胸部的一个较大的倒三角区。这种目光亲近随意、柔和多情，适合于家人和恋人之间。

② 目光注视的时间

在与人交流时，目光注视的时间是有讲究的。长时间地"逼视"对方会让人觉得别扭紧张，是一种失礼或挑衅的行为。正确的做法是，视线接触对方的时间应占全部谈话时间的20％～60％。

③ 目光注视的方式

针对不同的场合和对象，目光注视的方式是不同的。在人数较多的公务场合，最好用环视或虚视的目光照顾到在场的每位人员，让人们感觉你对他们的关注和重视。在一般的社交场合，可采用正视和环视的目光。在与个人交流时，多采用正视、对视或点视。切不可用斜视、扫视、旁视或窥视等轻视、不尊重人的目光。

（2）微笑语

 案例小故事 2-5

空姐的十二次微笑

飞机起飞前，一位乘客请求空姐给他倒一杯水吃药。空姐很有礼貌地说："先生，为了您的安全，请稍等片刻，等飞机进入平稳飞行后，我会立刻把水给您送过来，好吗？"

15分钟后，飞机早已进入了平稳飞行状态。突然，乘客服务铃急促地响了起来，空姐猛然意识到：糟了，由于太忙，她忘记给那位乘客倒水了！空姐来到客舱，看见按响服务铃的果然是刚才那位乘客。她小心翼翼地把水送到那位乘客跟前，面带微笑地说："先生，实在对不起，由于我的疏忽，延误了您吃药的时间，我感到非常抱歉。"这位乘客抬起左手，指着手表说道："怎么回事，有你这样服务的吗，你看看，都过了多久了？"

接下来的飞行途中，为了补偿自己的过失，每次去客舱给乘客服务时，空姐都会特意走到那位乘客跟前，面带微笑地询问他是否需要水，或者别的什么帮助。然而，那位乘客余怒未消，摆出一副不合作的样子，并不理会空姐。临到目的地时，那位乘客要求空姐把留言本给他送过去，很显然，他要投诉这名空姐。此时空姐心里虽然很委屈，但是仍然不失职业道德，显得非常有礼貌，而且面带微笑地说道："先生，请允许我再次向您表示真诚的歉意，无论您提出什么意见，我都将欣然接受您的批评！"那位乘客脸色一紧，嘴巴准备说什么，可是却没有开口，他接过留言本，开始在本子上写了起来。

等到飞机安全降落，所有的乘客陆续离开后，空姐本以为这下完了。没想到，等她打开留言本，却惊奇地发现，那位乘客在本子上写下的并不是投诉信，相反，是一封给她的热情洋溢的表扬信。

在信中，空姐读到这样一句话："在整个过程中，你表现出的真诚的歉意，特别是你的十二次微笑，深深地打动了我，使我最终决定将投诉信写成表扬信。你的服务质量很高，下次如果有机会，我还将乘坐你们的这趟航班！"

（来源：北京娱乐信报．2002-10-18.）

小思考 2-6

是什么原因使这位挑剔的乘客最终放弃了投诉而改成了表扬？

微笑语是通过略带笑容、不出声的笑来传递信息的体态语。微笑是一种世界通用语，微笑不仅给人带来愉悦和安慰，而且可以显示你的真诚和热情。微笑作为一种职业表情，要根据实际情况调整，微笑要真诚、自然，不要让对方觉得你的微笑过于职业化而缺乏诚意。

微笑的基本要求是双唇微微展开，微露牙齿（一般露 6 到 8 颗牙齿），切忌做作和皮笑肉不笑。微笑时，应当目光柔和发亮，双眼略为睁大；眉头自然舒展，眉毛微微向上扬起。

2. 手势语

案例小故事 2-6

"OK"手势

一位美国的工程师被公司派到他们在德国收购的分公司，和一位德国工程师在一部机器上并肩作战。当这个美国工程师提出建议改善新机器时，那位德国工程师表示同意并问美国工程师自己这样做是否正确。这个美国工程师用美国的"OK"手势给予回答。那位德国工程师放下工具就走开了，并拒绝和这位美国工程师进一步交流。后来这个美国人从他的一位主管那里了解到对德国人来说这是一个带有侮辱性含义的手势。

小思考 2-7

"OK"手势具有什么含义？怎样避免案例中情况的发生？

常见的手势语有指示性手势语、情绪性手势语和象征性手势语。

（1）指示性手势语

这种手势是用来简洁、明确地指示某种具体对象的。它一般用来指示方向和地点、指点物体、介绍某人、请人做某事等。正确的做法是：四指自然并拢，拇指分开，掌心与地面成 45°，上身略向前倾，以肘关节为轴指示目标。这种手势显得诚恳恭敬。谈到自己时，可用右手轻按自己的胸部，显得稳重可信。

用手势示意或招呼别人时，应该用手掌而不用手指。常用来示意别人的手势有以下几种。

"请这边走"——指示行进方向。动作是手臂抬至齐胸高，以肘关节为轴，向外侧横向摆动，手指五指并拢，手掌伸开，指尖指向行进方向。同时微笑着看着对方，并点头示意。

"在这里"——指示目标或物品的方位。指目标，动作也是手臂向外侧横向摆动，指尖指向前方。与前者不同的是，其手臂或者是抬至齐肩高，或者是放在身体一侧，手臂稍稍离开身体一段距离。此动作也可用于引导方向。指物品时伸出手掌，指尖指向物品。

"请进"——请人进门。动作是站在客人侧前方，肘部弯曲，小臂与手掌呈一条直线，向外横摆指向行进方向，手臂高度在胸以下。如走在客人前方，可回身伸出手臂，由体侧向体前推，手与地面成 45°角，示意一下。

"请坐"——请人就座。动作是手臂由上向下斜伸指示座位，手掌可以稍微先下后上地顿一下。也可以以肘关节为轴，手由上而下摆动，指向斜下方座位处。

展示物品——在向客人介绍展示物品时手位要正确，使物品在身体的一侧展示，注意身体不能遮住物品。或者可以将物品用双手托着举高到双眼处，还可以用双手托着物品，双臂向前伸出，活动范围自肩部至肘，向上不

M2-6
请坐

要超过眼部，向下不要超过胸部。

（2）情绪性手势语

指用来表达人的情绪态度的一种手势语。如高兴时的手舞足蹈，表示欢迎、感谢时的鼓掌等。如果对方双手自然摊开，表明对方心情轻松，坦诚而无顾忌；如果对方紧握双拳，说明对方怒不可遏或准备"决战到底"；如果对方以手支头，表明对方要么对你的话全神贯注，要么十分厌烦；如果对方迅速用手捂在嘴前，显然他是觉得吃惊；如果对方用手成"八"字形托住下颌，是沉思与深算的表现。

手势活动的范围也传达情绪。手势的活动范围有上、中、下三个区域。肩部以上称为上区，多用来表示理想、希望、宏大、激昂等情感，表达积极肯定的意思；肩部至腰部称为中区，多表示比较平静的思想，一般不带有浓厚的感情色彩；腰部以下称为下区，多表示不屑、厌烦、反对、失望等，表达消极否定的意思。

（3）象征性手势语

即用具体生动的手势表示某种抽象概念。商务人员在日常交往中，尤其在涉外交往中，要特别注意正确理解交往对象的手势语所表达的意思。

① 竖大拇指。在我国表示夸奖、称赞；在欧洲一些国家，伸出手臂拇指上挑是搭便车之意；在希腊急速地竖起大拇指意思是让对方滚蛋。

② "OK"手势。这在美国人眼里是好、顺利、平安之意；在日本则代表钱；在南美洲一些地区，这是一种下流、侮辱性的手势；在中东则指同性恋。

③ "V"字手势。是模仿英文"Victory"（胜利）字母"V"的手势、欧美国家的人们以此表示胜利、赢了等。用此手势应手心向外。若手心向内，在欧洲一些国家（如英国、希腊等）则有"下贱"之意。

④ 伸出手，手掌向下挥动。这在中国和日本，是招呼别人过来的意思，没有贬义；可在美国，这是唤狗的手势，切不可对人使用，否则会引起误解带来麻烦。

（四）克服不雅举止

案例小故事 2-7

被"抖掉"的合同

有一位美国华侨，到国内洽谈合资业务，洽谈了好几次，最后一次来之前，他曾对朋友说："这是我最后一次洽谈了，我要跟他们的最高领导谈，谈得好，就可以拍板。"过了两个星期，他又回到了美国，朋友问："谈成了吗？"他说："没谈成。"朋友问其原因，他回答："对方很有诚意，进行得也很好，就是跟我谈判的这个领导坐在我的对面，当他跟我谈判时，不时地抖着他的双腿，我觉得还没有跟他合作，我的财都被他抖掉了。"

小思考 2-8

你认为谈判失败的根源在哪里？

1. 注意举止细节

与人交谈时，应避免手在摆弄钢笔、餐具等小动作，也不要摆弄发型或抓耳挠腮。

与人进餐时，不要狼吞虎咽、嗒嘴咋舌，"吃相难看"，女士注意不要将口红印留在杯上。

男人抽烟应在吸烟室或允许抽烟的场所，并应征得女士的同意，与人谈话时应把烟从嘴上拿下来。

不能在公共场所挖鼻孔、掏耳朵、化妆等。

勿在公共场合抖腿、打哈欠、打喷嚏，应背过人用手帕捂住嘴等。
勿随手乱扔垃圾，勿大声吐痰或清喉咙。应把痰抹进纸巾，找垃圾桶丢进去。
公共场合不吃零食，生病不去公共场合。
不在别人面前脱鞋，勿当众嚼口香糖。

2. 修饰避人

（1）不在他人面前整理衣服。如解开衣扣、穿脱衣服、打领带、提裤子、整理内衣、拉提长筒丝袜、脱鞋弄鞋垫。

（2）不在他人面前化妆打扮。如在与他人交往中梳头、抖动头皮屑；在公共场所化妆补妆。

（3）不在他人面前做"拾掇"自己的小动作。如那些当众献丑的抠鼻孔、挖耳朵、搓泥垢、搔痒痒、剔牙齿、抖腿。

（4）礼貌处理无法控制的修饰行为。如在打喷嚏、擤鼻涕、打哈欠、咳嗽时，用纸巾捂住口鼻，面向旁边，并说声"对不起"。

知识小看板 2-5

步行的禁忌

一忌行走时与他人相距过近，尤其是要避免与对方发生身体碰撞；
二忌行走时尾随于其他人身后，甚至对其窥视、围观或指指点点；
三忌行走时速度过快或者过慢，以至于对周围的人造成一定的不良影响；
四忌在私人居所附近观望，甚至擅自进入私宅或私有的草坪、森林、花园；
五忌一边行走，一边连吃带喝，或是吸烟不止；
六忌与早已成年的同性在行走时勾肩搭背、搂搂抱抱。

【实训设计】

项目名称：形体训练。

项目目的：通过自我训练，将有关商务职业形象塑造礼仪的知识化为学生的实际动手能力，并将情景实训的片段知识整合到综合训练中，使学生成为在礼仪方面训练有素的商务人员。

项目简介：新力公司是一个中美合资从事化妆品生产的大型企业。近期，为了把自己最新的产品推向市场，公司诚邀全国各地的销售商和相关企业的销售经理到公司参加推介会。根据案例内容，模拟6人去新力公司参加展示会的情景。

项目要求：

人数：40人，本实训分组进行，每组确定组长，并按照要求明确分工，做到责任落实到每一个学生。

时间：45分钟。

场地：礼仪训练室。

项目说明：

（1）个人表演要结合商务礼仪的知识来设计，要展示出新时期商务人员的个人风采。

（2）训练正确优美的站姿、坐姿、行姿与表情。

（3）男生西服和女生西服裙装的着装规范。

（4）发型设计、面部修饰和适当化妆的技巧。

（5）分别对每个小组和个人按评分要求打分，最后评出总分。

【知识小结】

对商务人员来说，个人的仪容、仪表、仪态等，直接影响交往对象对他的印象。因此，每一位商务人员必须高度重视。

仪表通常指人的外表，包括人的仪容、姿态、身材、体态、服饰等。仪表美包括三层含义：一是指先天的仪表美；二是指后天的装扮美；三是指内在心灵美的外在体现，这是仪表美的本质。服饰是一种文化，能反映一个国家的经济水平、文化素养。服饰又是一种语言，它能表达一个人的社会地位、文化品位、审美意识以及生活态度等。

仪容通常指容貌，由面容、发式及身体所有未被服饰遮掩的肌肤所构成，是一个人仪容的基本内容。整洁的仪容，反映着一个人的道德修养、审美水平、知识层次及行为规范。

仪态是指商务人员在行为中身体呈现的各种形态，也就是人的站、坐、走、蹲的规范。仪态美是一种综合的美，这种美应是身体各部分器官相互协调的整体表现。仪态具有真实性和习惯性的特点。

通过商务仪表形象礼仪的学习，树立起一种内心道德信念和礼貌修养准则。这样会获得一种内在的力量，从而提高自我约束、自我克制的能力，与人相处和谐愉快。通过彬彬有礼的外在体现来感受内在修养与高雅的商务形象。

【思考训练】

想一想

（1）基本概念

仪表　首轮效应　仪容　仪容自然美　体态　表情语　手势语　体姿语　举止

（2）职业仪容修饰有哪些基本原则？

（3）试述化妆的一般步骤与技法。

（4）商务人员在使用目光语时要注意哪些问题？

（5）什么是"修饰避人原则"？

（6）举止在人际沟通中起什么作用？

（7）哪些手姿属于禁忌之列？

（8）谈谈你对首轮效应的认识。

（9）仪容修饰对个人职业形象的塑造有何重要意义？

（10）结合自身体会，阐述良好的生活习惯与皮肤护理的关系。

（11）熟练运用常用相关职业仪态的礼仪规范要点有哪些？

练一练

1.海涛公司成立四十周年举行庆祝活动，活动定在晚上，在公司的宴会厅举行。学生分成四组，每组学生设计商务人员晚上出席活动时应如何穿戴。

提示：因为是庆祝活动，出席人员的服装不必太保守。时间又是晚上，在化妆上应注意灯光效果。

2.每一位学生进行自我形象设计和化妆实践，要求是职业妆。通过实训，使学生掌握化妆技法。

提示：在化妆时考虑自己的脸型，同时考虑与服饰的搭配和发型的效果，要做到扬长避短，通过化妆，使自己更加亮丽。

要求：掌握发型、化妆的技巧。

（1）从学生中挑选出体型、脸型、身高、服饰等各异的同学到台前。

（2）把全班分成几个小组，每小组根据台上每个人的特点，说出如何通过发型设计、面部修饰，使他们更加靓丽。

训练项目	训练目的	训练内容	训练方式	评价方式
发型设计	掌握职场从业人员对发型的要求	根据你的职业和自己的自身特点从头发长度、发式风格、美化等方面设计发型，写出书面方案并按方案实施	自我检查 小组讨论	教师根据个人的设计方案和效果打分
面部修饰	掌握面部修饰的基本要求和要点	根据面部修饰的基本要求对面部的局部部位进行修饰	自我修饰分小组进行	教师根据基本要求和修饰效果进行检查、考核
化妆步骤	掌握化妆的步骤和方法	简单的职业淡妆	自我化妆或分小组进行	教师现场监督，根据效果考核

3.通过理解知识，结合教师示范，引导学生具体掌握站、坐、行姿的技术要求。通过仪态的练习，纠正不正确的姿态，掌握正确的、高雅的仪态。

（1）练习掌握各种站姿、坐姿和走姿，并能灵活运用。

（2）训练体态，培养良好的仪表修养，进一步增强学生的行业素质和美的意识。

训练项目	训练目的	训练内容	训练方式	评价方式
站姿	挺拔端庄、舒展优美、自信大方	（1）基本站姿规范 （2）常用站姿	（1）把杆训练 （2）靠墙训练 （3）背靠背训练 （4）顶书训练 （5）不同站姿训练	（1）自评 （2）小组评 （3）教师评
坐姿	优雅、大方、庄重，展示一个人的行为美和姿态美	（1）标准坐姿规范 （2）伏案坐姿 （3）坐姿的常规要求	（1）入座训练 （2）端坐训练 （3）离座训练 （4）常见的腿、脚放置的几种形式训练 （5）长时间端坐的训练 （6）站迎接待训练	（1）自评 （2）小组评 （3）教师评
行姿	步态轻盈，敏捷，有韵律，自信稳重	（1）标准行姿规范 （2）行姿的常规要求	（1）双臂摆动训练 （2）走直线训练 （3）顶书行走训练 （4）步态综合训练 （5）职业步态训练	（1）自评 （2）小组评 （3）教师评
目光语	自然、大方、礼貌地运用目光语与人沟通	正确运用目光语的方式	（1）看人的训练 （2）多人、多角色目光交流训练	（1）自评 （2）小组评 （3）教师评
微笑语	热情亲切，展现出一个人的礼貌修养和可亲的性格	一度微笑，二度微笑，三度微笑	（1）诱导训练 （2）对着镜子训练 （3）相对训练 （4）当众训练	（1）自评 （2）小组评 （3）教师评
手势语	自然、大方、礼貌地运用手势语与人交流	（1）手势规范标准 （2）高位、中位、低位手势 （3）几种常用手势	（1）规范手势训练 （2）引导手势训练 （3）请进手势训练 （4）请坐手势训练 （5）拿、递物品手势训练	（1）自评 （2）小组评 （3）教师评

训练项目	训练目的	训练内容	训练方式	评价方式
常用相关职业仪态	熟练、自然、大方地运用常用相关职业仪态	(1) 行走姿态 (2) 进出房间姿态 (3) 接待姿态 (4) 接待距离 (5) 低处取物姿态 (6) 奉茶倒水姿态	(1) 行走分组训练 (2) 进出房间分组训练 (3) 递、接物品分组训练 (4) 接待分组训练 (5) 接待距离分组训练 (6) 低处取物分组训练 (7) 奉茶倒水分组训练 (8) 接待客人的一般程序分组训练	(1) 自评 (2) 小组评 (3) 教师评

谈一谈

细微之中见素质

高职毕业的李先生陪同学到一家知名企业求职。李先生一贯注重个人修养，从他整洁的衣服、干净的指甲、整齐的头发上，就给人一种精明、干练的感觉。来到企业人事部，临近门前，李先生自觉地擦了鞋底，入室内后随手将门轻轻关上。见有长者到人事部来，他礼貌地起身让座。人事部经理询问他时，尽管有别人谈话的干扰，他也能注意力集中地倾听并准确迅速地回答，同人说话时，他神情专注，目不旁视，从容交谈。这一切，都被来人事部查看情况的企业总经理看在眼里。尽管李先生这次只是陪同学来应试，总经理还是诚邀李先加盟这家企业。现在，李先生已成为这家企业的销售部经理。

思考：

(1) 运用所学的有关礼仪知识，分析李先生原本是陪同学求职，总经理为何对李先生情有独钟？这说明了什么？

(2) 李先生成功应聘的事实对你有何启发？

(3) 结合本案例，谈谈你是怎样理解"细微之中见素质"的含义的。

任务三　商务职业着装形象

【学习任务】

（1）掌握服饰穿着的基本原则、色彩与款式的选择、男性和职业女性的着装技巧、职业装规范等服饰运用的礼仪技巧。

（2）掌握饰品选择和佩戴的基本礼仪。

【情境设计】

女职员凌云是财税专家，有令人美慕的学历背景，常能提供很好的建议，在公司里的表现一直非常突出。但当她到客户的公司提供服务时，对方主管却不太注重她的建议，她能发挥才能的机会也就不多了。

一位时装大师发现凌云着装方面的明显不足：她26岁，身高147厘米，体重43公斤，看起来机敏可爱，像个16岁的小女孩，外表实在缺乏说服力。他建议凌云用服装强调出学者专家的气势，用深色的套装，对比色的衬衣、丝巾、镶边帽子来搭配，甚至戴上重黑边的眼镜。凌云照办了。结果，客户的态度有较大的转变，凌云的业绩直线上升，很快，她成为公司的董事之一。

任务

为什么凌云的新形象使她大获成功？

解决问题

根据自己的身材、年龄、职业进行正确的着装、恰当的配饰是职场成功的关键。凌云原先在着装方面的失礼之处主要在于没有根据自身职业特点着装，让人感觉到她不够稳重，对她的能力产生怀疑，以至于不太注重她的建议。时装大师的建议使凌云及时改变了自己的着装，穿上合体的深色职业套装，巧配饰物，文雅中透出干练，且颇有学者风范，赢得了客户的信任，因此在事业上大获成功。

【核心知识】

一、服饰概述

（一）服饰的含义

1. 什么是服饰

服饰是人的外在表象，由人的衣着和饰物两部分构成。它不仅指日常生活中的衣服和装饰物，更是指着装后构成的一种状态，包括了着装形象所表达的人的社会地位、民族习惯、风土人情以及人的修养、趣味等因素。

服饰是人们日常生活中基本的必需品之一，被称为人的第二肌肤，是一个人身份、气质、内在素质的无声介绍信。在商务场合，服饰影响着社交的成功和事业的顺达。穿着得体、适度的人，给人留下良好的印象；而穿着不当，则会降低人的身份，损害自身的形象。因此，商务人员必须注重服饰，使之与自己所扮演的社交角色和所从事的商务活动相符，与所在企业的整体形象协调。

案例小故事 3-1

国外的一位心理学家曾做过这样一个试验，分别让五位同班大学生扮演五种不同身份的人物：一位身着笔挺漂亮军服的海军军官；一位西装革履、戴金丝眼镜、手持文件夹的青年学者；一位打扮入时的漂亮女郎；一位穿着随意、挎着菜篮子、脸色疲惫的中年妇女；一位留着怪异头发、穿着邋遢的男青年。让他们在不同的时段在同一公路边拦车，结果，他们所扮演的海军军官、青年学者、漂亮女郎的搭车成功率很高，中年妇女稍微困难一些，那个男青年就很难搭到车。

小思考 3-1

从这个试验中可以看出什么问题呢？你是否在意过自己的服饰？

2. 服饰的功能

（1）蔽体功能　服饰产生于人们的生理需要。远古时代，人类为了蔽体御寒便披兽皮、围树叶。后来发明了纺织术。随着社会的发展，才有了现代意义的服饰。服饰如何千变万化，总离不开它的基本属性——御寒防暑、遮羞护肤。

（2）装饰功能　常言道："佛要金妆，人要衣妆"。服饰可以弥补和修饰容貌、形体等不足，使形象得以美化。比如可以通过服饰的色彩来调整和衬托肌肤的颜色；在造型方面，服饰可以对人的形体加以改造，扬长避短，展现人的形体美。

（3）社会功能　任何一种服饰都在一定程度上体现着社会的精神风貌，传递着职业区别、年龄划分、经济状况、情感倾向等信息。服饰不但影响人们办事的效果、社交的成功、事业的顺达等许多方面，还控制和左右着周围人的态度。

案例小故事 3-2

美国著名的服饰工程师约翰·摩洛埃曾做过一项多元性研究。他派一位中下层社会出身的大学毕业生去拜访100家公司，去其中50家时他穿着普通服装，去另外50家时则穿着高档服装。每家公司的经理，摩洛埃都事先打过招呼，让经理们通知自己的秘书，这个年轻人是摩洛埃刚刚聘任的助理，并要求秘书听从这个年轻人的吩咐。结果这位年轻人穿着高档服装去拜访时，秘书几乎是有求必应；而穿着普通服装时，就至少有三分之一的秘书对他表示冷淡，或颇有微词。当他要求调3份职员档案时，身着高档服装时有42次在10分钟内收到，而身着普通服装时只有12次。这个实验的统计显示，身着高档服装时，在50次会面中得到的积极反应和合作是30次，而身着普通服装时却只有4次。

借助服饰既可以美化形象，增强人际吸引，又可以塑造形象，优化你的"第一印象"，使你得到人们的重视和尊敬，生意兴隆、发达，事业顺畅、成功。

（二）服饰穿着原则

得体的服饰不仅能充分展示美好的形象，而且能反映出一个人内在高雅的审美，因此，商务人员的着装一般应遵循以下几个原则。

1. 个性化原则

个性化原则，主要指依个人的性格、年龄、身材、肤色、爱好、职业等要素着装，力求穿出自己的个性、品位，树立自己的个人形象。

选择服饰因人而异，着重点在于自然得体，展示所长，遮掩所短，显现独特的个性魅力和最佳风貌。在一些重大的社交场合，穿着既要表现自我，还要与你的交际对象保持协调一致。因此在与人约见之前，一定要仔细考虑对方可能的穿着，并加以对应。

选择衣服不但要适合自己的个性特征，而且还要以一定交际目的为基础。既能体现你的"与众不同"，又能适应你的交际需要。

案例小故事 3-3

曾有一位企业家去会见前来考察的德国同行,由于天气很热,他便像往常一样,穿着汗衫、短裤和凉鞋去了。岂料对方见到他后立刻露出不悦的神色,没谈几句就起身告辞了。因为国外在这种重要场合,彼此都要西装革履,否则就意味着瞧不起对方。无独有偶,一名推销汽车部件的推销员,西装革履地去一家汽车修理厂推销汽车部件。结果,这家修理厂的员工对他十分冷淡。这名推销员很苦恼,他去请教一位知名的营销专家。这名专家让他下次去的时候穿着与修理工人一样的工作服,这样会让工人们觉得他是与工人们一样的身份和地位的人,更加有亲近感,结果非常的成功。

小思考 3-2
请你想想这个故事告诉了我们什么?

2. 遵循 TPO 原则

案例小故事 3-4

推销员乔伊·吉拉德的着装原则

被吉尼斯世界纪录列为全世界最伟大推销员的乔伊·吉拉德是一位颇受欢迎的人物。他对职业着装的研究非常到位,他提出不要吝啬,要买你付得起的最好服装,质料好的衣服会使你更帅气,也更耐穿;选择搭配,上班、宴会、谈判、休闲等各种不同的职场着装要有不同的选择搭配;你不能穿牛仔裤去见银行总裁,也不能穿着西装去玩足球;粗俗的领带、过大的皮带、劣质的扣子、过重的首饰都会影响一个人的职业形象,同时还会分散别人对你本身的注意力;皮鞋与衣服一定要搭配好,而且不同场合要选择不同的鞋子。

小思考 3-3
请你想想乔伊·吉拉德的着装原则有哪些?

"TPO 原则"的基本含义,是要求人们服饰必须适应具体的时间、地点和场合的要求,是服饰礼仪的基本原则。在这里,"T"是"Time(时间)""P"是"Place(地点)""O"是"Occasion(场合)"的缩写。

(1)根据时间着装 根据时间着装指不同的时代、不同的季节、一天不同的时间,选择与之相适宜并协调的着装和佩饰。

服装一般有日装、晚装之分,日装要求轻便、舒适,便于活动;而晚装则要求艳丽、华贵、珠光宝气,可适当裸露。

一年之中应根据四季变化的特点,增减各类服装,才显得变化有序、顺应自然。若在深秋时节穿一件无袖轻薄的连衣裙,虽"美丽动人"但很难给人留下美感。又如在春夏宜佩戴纯白银饰品,在秋冬宜佩戴纯黄金饰品。

服装应顺应时代发展的主流和节奏。如民国时,女子一律穿旗袍,男子一律是长袍马褂、对襟开衫,若有人穿西装就会被讥笑为"假洋鬼子"。

(2)根据地点着装 地点不同,气候不同,应着不同色调的服装,例如,在气候较冷的地方,服装应以深色或暖色为主;在气候较暖的地方,服装应以淡色或冷色为主。

另外,不同国家、不同民族因其文化背景、地理环境、历史条件、风俗人情不同,在服装上也显示出不同的格调与特色。商务人员应有所了解,以便因地点的变化选择不同的服装,表现尊重对方的思想情感,便于结交朋友、增进友谊、交换信息、开展业务。

(3) 根据场合着装　这里的场合主要是指商务人员遇到的三种场合：公务场合、社交场合和休闲场合。不同的场合与气氛，都具有不同的服饰礼仪规则。

公务场合应穿得整洁、大方、美观，适合穿制服、套装、套裙、连衣裙等。

社交场合穿着打扮则宜讲究时尚，展现个性，要穿得时髦、流行又不失高雅；女士既可以穿西装套裙和中式服装，也可以穿旗袍和晚礼服，男士可以着中山装，也可以着正规西装，着西装必须系领带。

休闲场合的穿着舒适得体即可，棉制的衬衣、T恤、牛仔装是首选。

3. 协调性原则

着装的协调是指一个人的穿着要与年龄、性别、容貌肤色、脸型、体形、身份、职业等吻合，表现出一种和谐美。具体规则如下。

(1) 着装要和年龄、性别相协调　不同年龄的人处在社交、事业和生命的不同发展时期，应体现不同的风格，从服装款式到色彩均有讲究。年轻人应穿得鲜艳、活泼、随意，充分体现青年人的朝气和蓬勃向上的青春之美；中年人力求突出成熟风韵，妆色柔和，服饰优雅，质地考究；老年人的着装则要注意庄重、雅致、整洁、深沉理性，体现出成熟和稳重的睿智风格。

商务人员在着装上，一定要体现性别特征。男性服饰要体现刚毅有力的男子气质；女性则要展示温柔妩媚、典雅端庄的女子风韵。

(2) 着装要与自己的容貌肤色相协调　每个人的容貌肤色都不相同，因此在选择服饰的过程中，应根据各自容貌肤色的不同来进行搭配。人的肤色会随着所穿衣服的色彩发生微妙或明显的变化，肤色较深的人穿浅色服装会显得时尚健美，肤色较白的人穿深色服装更能显出皮肤的细腻白嫩；皮肤黄的人不宜选用半黄色、土黄色、灰色的服装，否则显得精神不振；肤色苍白的人宜选偏暖色调的服装，应避免绿色，忌穿紫红色的服装，若选黑色或白色上衣则会"雪上加霜"。

(3) 着装要与体形相协调　商务人员应根据自己的体形挑选合适的服装，实现服装美和人体美的和谐、统一。

① 女性着装与体形的关系

身材较高的人，上衣应加长，配以低圆领或宽大而蓬松的袖子等，颜色以深色、单色、柔和为主；身材较矮的不宜穿大花图案或宽格条纹的服装，最好选择浅色的套装，上下颜色保持一致；体形较胖的应选择小花纹、直条纹的衣料，最好是冷色调，款式力求简洁，以"V"型领最佳；体形较瘦的应选择色彩鲜明、大花图案以及方格、横格的衣料，给人以宽阔、健壮的视觉效果，款式上，瘦人应选择尺寸宽大、上下分割花纹、有变化的衣服。

肩部过宽的女性，不宜穿挑檐式肩袖的服装，应选择肩部款式平缓的服装，再配以"V"字形领，可使肩部显得窄一些。窄肩体型的女子，适合穿浅色一字领上装。溜肩的女性，可选用全垫肩的款式以增加肩部的高度与宽度。挺括的西装和挑檐式肩袖的服装都是较为理想的款式。

胸部扁平的女性，宜穿胸前加皱、胸前有兜的T恤衫，或短外套配蝴蝶结T恤衫，都有助于增添女性的魅力。

腰粗的人，应选肩部较宽的衣服，以产生肩宽腰细的效果。不要穿紧身裤，衣服应略为宽大而柔软些，行走时衣服形成自然的褶褶，曲折多姿，能产生一定的优美感。

腿较短的人，可以选择上衣较短，裤稍长的服装。腿较粗的人，宜穿上下同宽的深色直筒裤、过膝的直筒裙，不宜穿过紧的裤、太短的裙。

知识小看板 3-1

女性身材与服饰搭配

常见的身体造型有"A"形、"Y"形、"H"形、"X"形四种类型。

"A"形身材的主要特点是：上半身较苗条，下半身较胖。此种身材的人，上衣多为紧身式，裙子则为宽松式。这样既能体现着装者上半身的身材优势，又能适当地遮盖下半身的身材劣势。

"Y"形身材的主要特点是：上半身较胖，下半身较苗条。此种身材的人，上衣多为宽松式，裙子多为紧身式或长裤，总体感觉上松下紧。一般来说，它意在遮掩着装者上半身的短处，同时衬托下半身的长处。这种造型会让着装者看上去亭亭玉立、端庄大方。

"H"形身材的主要特点是：此种身材看上去略显肥胖。因此上衣较宽松，裙子多为筒式。这样，上衣与下裙便给人以直上直下、浑然一体的感觉。既可以让着装者显得优雅、帅气，又可以为身材肥胖者掩盖弱点。

"X"形身材的主要特点是：腰部较纤细。此种身材的人，上衣多为紧身式，裙子则多为喇叭式。这样可以有意识地以上紧下松来突出着装者纤细的腰部，且可以体现着装者姣好的身材，看上去婀娜多姿、楚楚动人。

② 男性着装与体形的关系

肩部大于臀部。这种类型的体态比较匀称，对服装的选择面较大。

肩部与臀部相当。属于高体形，在服装上可用深色和水平线因素来增加重量感。

肩部小于臀部。属于矮胖体形，面料的纹样多选择垂直线形，并且需要比较平整的面料。款式避免横向对称服饰线和纽扣的安排。选用细皮带较合适。

肥胖体形。肥胖体形的男士在整体上有敦实之美，为了看上去再苗条些，可以选择带有垂直线形的款式，使视觉上有延伸和狭窄感。面料上有垂直纹样，紧密细腻的织物是好的选择，避免款式上出现与肩部相对应的横线以及腰部宽松的式样。平整的肩部式样，V型领和竖式的配饰安排，能使重量看上去轻一些。

腿短而弯曲。弯曲腿型的男士要注重裤装与上衣的搭配关系。下装在色素上应比上装淡些，面料宜带有毛质感。整体着装上不宜朝深色发展。在款式上，上装变化宜多些，视线可集中在上部，如加适量的配饰等。

凸肚体形。凸肚体形的男士，被认为有"将军肚"，有一定的气魄。在选择外套时面料需要些纹样，并且面料的质地和做工要精细。选用细些的皮带，皮鞋宜用黑色，增加下部重量。

矮瘦平臀形。在服装上不宜太紧身，应在着装上有一定的宽松度。同时，切记不要有肥大的裤裆。在面料上宜选择带有质感的面料，以增强视觉感。

腿短且丰臀。此种体形多注意扣紧领部，增加些延伸感。多选择些条纹、格状上衣和细深皮带，可以转移别人的视线，同时，鞋类也应浅淡些。

脸大且脖颈粗形。男子的脖子短并不是问题。假如有双下巴或者下颚部分碰到衣领，那么就需要对衣领做个调整，使它适合脖子。

肩宽斜且手臂粗。如果男士的肩部相对臀部来说太宽斜，就需要增加腰部的宽度，如选择带盖的口袋来增加宽度，避免宽翻领或船形领。如果肩部还有些斜，可用些垫肩。如果手臂粗短，可使袖口长度比原先长些，并且减小袖口翻折宽度。臂上尽量不要有装饰物，会在视觉上显得长些。

臀突且圆背。如果男士有个突出的臀部和圆背，需要背部带有中心开衩的服装弥补或利用柔软的外套盖住臀部，看上去背部到臀部平顺些。对于圆背，最好选择有色彩、质地粗些

(4) 着装要和职业、身份相协调　服饰要合乎和体现自己的职业、身份特点，与所从事的职业和身份的角色形象相协调。例如，教师在学校里不宜穿奇装异服，上课时不能浓妆艳抹、珠光宝气；公务员要穿得庄重，款式也不要过于怪异；医生穿着要力求显得稳重和富有经验；公关工作者服饰须优雅、大方、考究；商界推销人员的服饰则须体现既稳重、可靠而又有魅力。

4. 整洁性与整体性原则

整洁性原则是指着装要整洁干净。首先，在任何情况下要整齐，不允许又褶又皱，不熨不烫；其次完好，不允许又残又破，乱打补丁；最后要干净，不允许又脏又臭，令人生厌；最后要卫生，不允许存在明显的污渍、油迹、汗味与体臭。一个穿着打扮干净整齐的人给人的感觉是积极向上的，因而给人留下较好的第一印象。而一位衣着肮脏、褴褛的人给人的感觉总是消极颓废的。

二、服饰运用的礼仪技巧

案例小故事 3-5

王力是一家大型上市公司的总经理。有一次，他获悉一家著名的英国企业的董事长汤姆先生正在本市进行访问，并有寻求合作伙伴的意向。于是他想尽办法，请有关部门为双方牵线搭桥。让王总欣喜若狂的是，对方也有兴趣同他的企业进行合作，而且希望尽快与他见面。到了双方会面的那一天，王总对自己的形象刻意地进行了一番修饰，他根据自己对时尚的理解，上穿夹克衫，下穿牛仔裤，头戴棒球帽，足蹬旅游鞋。无疑，他希望自己能给对方留下精明强干、时尚新潮的印象。然而事与愿违，王总自我感觉良好的这一身时髦的"行头"，却偏偏坏了他的大事。汤姆先生在和王总简单闲聊不到半小时就借故离开。以后，王总多次尝试和汤姆先生联系再次见面均被对方婉言谢绝。

小思考 3-4

为什么王总精心打扮却没有达到预期的效果呢？

（一）服饰色彩选择

合理搭配色彩，最重要的是掌握色彩的特性、服饰色彩的选择，以及服饰色彩的搭配技巧这三个方面。

1. 色彩的特性

(1) 色彩的冷暖　使人产生温暖、热烈、兴奋之感的色彩为暖色，如红色、黄色；使人有寒冷、抑制、平静之感的色彩叫冷色，如蓝色、黑色、绿色。

(2) 色彩的轻重　色彩明暗变化程度，被称为明度。不同明度的色彩往往给人以轻重不同的感觉。色彩越浅，明度越强，使人有上升之感、轻感。色彩越暗，明度越弱，使人有下垂之感、重感。人们平日的着装，通常讲究上浅下深。

(3) 色彩的缩扩　色彩的波长不同给人收缩或扩张的感觉也会有所不同。一般来讲，冷色、深色属收缩色，暖色、浅色则为扩张色。

知识小看板 3-2

色彩的象征意义

红色——热情、奔放、喜庆、欢乐、吉祥、勇敢、活力、激情、福禄、爱情；

橙色——活泼、兴奋、温情、疑惑、危险；
黄色——光明、愉快、和平、稳重、炽热、庄严、明丽、希望、高贵、权威；
绿色——和平、温柔、文静、平安、生命、新鲜、青春、新生、自然、朝气；
青色——坚强、理智、冷静、庄重、冷漠、警戒；
蓝色——秀丽、开朗、健康、高尚、宁静；
紫色——典雅、端庄、高贵、委婉、谦和、平静、沉稳、亲切、不安；
灰色——平静、淳朴、谦逊、平凡、失意、中立、和气、文雅；
白色——纯洁、明快、坦荡、冷酷、朴素、神圣、高雅、恬淡、空虚、无望；
黑色——神秘、严肃、深沉、刚强、坚定、冷峻、静寂、黑暗、失望、永久；
金色——典雅、高贵；
银色——光明、柔和；
粉红——柔和、温馨、温情、活泼、年轻、明丽、娇美；
淡绿——生命、鲜嫩、愉快、青春；
浅蓝——纯洁、清爽、文静、梦幻；
深蓝——自信、沉静、平静、深邃。

2. 服饰色彩的选择

（1）根据性格选择　不同性格需要由不同的色彩来表现。性格外向的人一般宜选用暖色或色彩纯度高的服色，如红、橙、黄、玫瑰红等；性格内向的人一般喜欢较为沉着的颜色，如青、灰、蓝、黑等服色；老成持重的人应选蓝灰基调，严肃冷峻者应选黑褐基调等。色调的明暗、深浅与人的性格特征息息相关，以明度高的色彩进行配色能创造明朗、轻快、外向的气氛；以明度低的色彩进行配色所创造的是肃穆、庄重、压抑、内向的感觉。

（2）根据年龄、性别、身份、肤色、体形选择　色彩的选用应考虑年龄。青年人的服色应活泼、明快、清新，中老年人的服色则应含蓄、沉着、淡雅。一般来讲，男子应采用朴素、大方的颜色，女子则宜采用各种鲜艳明亮的颜色。

肤色影响着服饰配套的效果，反过来，服饰的色彩同样作用于人的肤色而使肤色发生变化，在选择服饰色彩时应该考虑自己的肤色。皮肤色调发黄或略黑、粗糙的人，服色的调子过深，会加深肤色，使肤色毫无生气；色泽过浅，会反衬出肤色的黝黑；这种肤色的人最适宜选用的是与肤色对比不强的粉色系、蓝绿色，最忌色泽明亮的黄、橙、蓝、紫或色调极暗的褐色、黑紫、黑色、深驼色等。如果肤色发红，则应配用稍冷或浅色的服色，但不宜使用浅绿色和蓝绿色，因为这种强烈的色彩对比会使得肤色显得发紫。

体胖或高大者衣服的颜色应以冷色调为主，宜深不宜浅，宜柔和淡雅不宜浓艳鲜亮；体瘦或矮小者，衣服的颜色应以暖色调为主，宜浅不宜深，宜明艳亮丽不宜色彩晦暗。

（3）根据季节选择　色彩的选择应考虑到季节气候的因素。春季生机盎然，着装可选色彩纯度较高的粉绿、桃红、湖蓝、鹅黄与之相映成趣。夏季天气炎热，着装应选清淡的色彩，以绿色为主，宜用月白、水蓝等冷色系。秋季成熟收获，金黄色调，着装可选土黄、米黄、橙红、砖红等暖金色彩与之协调。冬季寒冷萧瑟，色彩单调，选色宜与自然形成对比，最宜选用的就是暖色调或色深的服色，大红、橙黄、宝蓝、玫瑰、翠绿等艳丽热烈的色调。

（4）根据场合选择　服饰的色彩要与所处场合的色彩和整体氛围相和谐。在商务场合，除有专门标志服饰的行业外，每个人要善于按自己的职业角色形象配色。如在商务谈判中首选沉稳、庄重的色调，给人严谨可信的印象；在晚宴酒会上，配色应当浓重华丽，产生雍容华贵的气派；在办公场合，则应以简洁、朴实的色调，给人干练大方之感。

3. 服饰色彩的搭配技巧

服饰色彩的搭配是着装成功的重要因素,要讲究技巧。服饰色彩的搭配以"整体协调"为基本准则,具体来说,可以采用以下五种方法。

(1) 亲色调和法　亲色调和法是将色调相近似,但深浅浓淡不同的颜色组合在一起的配色方法。具体有三种方法。

① 同种色调和。它是指以一种色彩为基色,用其不同明度和纯度的色彩组合配色,如银灰与烟灰色搭配。搭配时要注意色与色之间的明度差异不可太大,要有逐步变化的层次感,以免给人整体割裂的不良感觉。

② 类似色调和。它是指由色相环上约90度以内相邻近的类似色组合配色,如蓝绿与蓝色搭配。要注意色与色的明度差异,掌握纯度、色相的变化。

③ 主色调调和。它是指由一种起主导作用的色彩为主色和基调,辅之以其他颜色的组合配色。要注意先确定整体基调,冷或暖、明或暗色调,其次选与基调一致的主色,最后用多种辅色。

(2) 对比色调和法　对比色调和法是指将对比色进行搭配,使之对立,既让各自的特征更为突出,又相映生辉的配色方法。在色相环上,相对的称为补色,在这个补色周边的颜色被称作对比色。具体有以下两种。

① 两对比色调和。它是指用两种对比色加其中一种颜色是主色,压住另一种颜色的组合配色,如红配绿。

② 三对比色调和。它是指将三种颜色对比组合搭配,如红黄蓝、橙绿紫。要注意不同比例搭配,突出主色,面积较大,色彩柔和平稳。另外两种配色应用鲜明的饱和色,且面积小。例如按对比色调和法配色时,年轻人着上深下浅的服装,显得活泼、飘逸、富有青春气息;中老年人采用上浅下深的搭配,给人以稳重、沉着的静感。

(3) 统一法　即配色时尽量采用同一色系之中各种明度、纯度有所不同的色彩,按照深浅不同的程度搭配,以便创造出柔和自然的和谐感。

(4) 点缀法　在大面积地使用统一色调的服装上,另选用一种色调小面积的点缀。

(5) 呼应法　即在配色时,在某些相关部位刻意采用同一色彩,以便使其遥相呼应,产生美感。

知识小看板 3-3

常见的配色方式

(1) 红色配白色、黑色、蓝灰色、米色、灰色。

(2) 粉红色配紫红、黑色、灰色、墨绿色、白色、米色、褐色、海军蓝。

(3) 橘红色配白色、黑色、蓝色。

(4) 黄色配紫色、蓝色、白色、咖啡色、黑色。

(5) 咖啡色配米色、鹅黄、砖红、蓝绿色、黑色。

(6) 绿色配白色、米色、黑色、暗紫色、灰褐色、灰棕色。

(7) 墨绿色配粉红色、浅紫色、杏黄色、暗紫红色、蓝绿色。

(8) 蓝色配白色、粉蓝色、绛红色、金色、银色、橄榄绿、橙色、黄色。

(9) 浅蓝色配白色、绛红色、浅灰、浅紫、灰蓝色、粉红色。

(10) 紫色配浅粉色、灰蓝色、黄绿色、白色、紫红色、银灰色、黑色。

(11) 紫红色配蓝色、粉红色、白色、黑色、紫色、墨绿色。

小思考 3-5

请你想想当有人请你打保龄球、吃日本菜时，在着装上应注意什么？

（二）男性着装技巧

1. 西装的选择技巧

（1）选择合适的面料　一般情况下，毛料应为西装首选的面料。具体而言，纯毛、纯羊绒的面料以及高比例含毛的毛涤混纺面料，都可用作西装的面料。

（2）选择合适的色彩　商界男士在穿西装时，色彩必须庄重、正统。藏蓝色的西装是每一位商界男士的首选。另外，还可以选择灰色、棕色和黑色的西装。

（3）选择合适的图案　商界男士西装一般以单色无图案为最好。在着装异常考究的欧洲国家里，商界男士最体面的西装，往往就是深灰色的、条纹细密的竖条纹西装。

（4）选择合适的款式

① 按照西装的件数来划分，西装可分为单件西装与西装套装。单件西装，仅适用于非正式场合。在正式的商务交往中必须是西装套装。

② 按照西装上衣的纽扣数量来划分，西装上衣有着单排扣与双排扣之别。一般认为，单排扣的西装上衣比较传统，而双排扣的西装上衣则较为时尚。

单排扣的西装上衣，最常见的有一粒纽扣、两粒纽扣、三粒纽扣三种。双排扣的西装上衣，最常见的有两粒纽扣、四粒纽扣、六粒纽扣三种。

（5）选择合适的版型

① 欧式西装的主要特征是：上衣呈倒梯形，多为双排两粒扣式或双排六粒扣式，而且纽扣的位置较低。它的衣领较宽，强调肩部与后摆，不重视腰部，垫肩与袖笼较高，腰身中等，后摆无开衩。其代表品牌有"杰尼亚""费雷""伊夫圣罗兰""皮尔·卡丹"等。

② 英式西装的主要特征是：不刻意强调肩宽，而讲究穿在身上自然、贴身。它多为单排扣式，衣领为"V"形，并且较窄。它腰部略收，垫肩较薄，后摆两侧开衩。"登喜路"牌西装就是典型的英式西装。

③ 美式西装的主要特征是：外形上方方正正，宽松舒适，较欧式西装稍短一些。肩部不加衬垫，其领形为宽度适中的"V"形，腰部宽大，后摆中间开衩，多为单排扣式。其知名品牌有"麦克斯"等。

④ 日式西装的主要特征是：上衣的外观呈现为"H"形，不过分强调肩部和腰部。垫肩不高，领子较短、较窄，不过分地收腰，后摆也不开衩，多为单排扣式。国内常见的日式西装品牌有"顺美"等。

欧式西装洒脱大气，要求穿着者高大魁梧，英式西装剪裁得体，美式西装宽大飘逸，日式西装贴身凝重。

（6）选择合适的尺寸和做工　穿着西装，要大小合身，宽松适度，做工精良。

知识小看板 3-4

西装好坏六要素

一是要看其衬里是否外露；二是要看其衣袋是否对称；三是要看其纽扣是否缝牢；四是要看其表面是否起泡；五是要看其针脚是否均匀；六是要看其外观是否平整。

2. 西装的穿着技巧

（1）要拆除衣袖上的商标　正式穿西装之前，一定要将西装上衣左边袖子袖口处的商标先行拆除。

（2）西装必须合体　合体的西装要求上衣盖过臀部，四周平整无皱褶，手臂伸直时，袖子长度应到手虎口处，领子应紧贴后颈部，衬衣的领子应露出西装上衣领子约1.5厘米，衬衣的袖口应比外衣的袖口长出约1.5厘米。

西裤应有合适的腰围和长度。合适的腰围应是裤子穿在身上并拉上拉链、扣好扣子后，腰处还能伸进一只五指并拢的手掌。合适的裤长应该是裤子穿上后，裤脚下沿正好触及脚面，并保证裤线笔直。

（3）要熨烫平整　西装首先要使其显得平整而挺括，线条笔直。除定期对西装进行干洗外，还要在每次正式穿着之前对其进行认真的熨烫。

（4）要扣好西装的纽扣　通常，单排两粒扣式的西装上衣，讲究"扣上不扣下"，即只系上边那粒纽扣，或全部不系。单排三粒扣式的西装上衣，可以系上面两粒纽扣或只系中间那粒纽扣。在较正式的场合，一般要求把扣子系上，坐下时应解开。双排扣的西装上衣则必须系上所有的纽扣，以示庄重。

在一般情况下，马甲只能与单排扣西装上衣配套。马甲也分为单排扣式和双排扣式两种。根据着装惯例，单排扣式西装马甲的最下面那粒纽扣可以不系，而双排扣式西装马甲的纽扣则必须全部系上。

（5）要慎穿毛衣、内衣　在西装上衣之内，除了衬衫与背心之外，最好就不要再穿其他任何衣物。在冬季宜穿上一件薄型"V"领的单色羊毛衫或羊绒衫。

穿着时有三点注意事项：一是数量上以一件为限。二是色彩上宜与衬衫的色彩相仿。三是款式上应短于衬衫。

（6）西装的口袋要少装东西　男士西装上衣口袋只做装饰，必要时，也仅仅装花式手帕。西装左胸内侧口袋，可以装记事本、信封式钱包、票夹、小计算器等。西装右胸内侧衣袋，可以装名片夹、香烟、打火机等。外侧下方的两个口袋，原则上不放任何东西。

西装马甲的口袋起到装饰作用，可以放怀表。

西装裤子侧面的口袋只能放纸巾、钥匙包或者钱包。其后侧的口袋，一般不放任何东西，以求裤形美观。

（7）要腰间无物　在商界，讲究"女人看头，男人看腰"。商务人员穿西装时，腰带上不宜别挂任何物品，手机、小灵通、打火机、钥匙之类，都不要在穿西装时悬挂于腰间。

3. 西装的搭配技巧

（1）衬衫　与西装搭配的衬衫，应当是正装衬衫。一般而言，正装衬衫具备以下几个方面的特征。

① 面料。正装衬衫主要以高质精纺的纯棉、纯毛制品为主。以棉、毛为主要成分的混纺衬衫也可酌情选择。

② 色彩。正装衬衫必须为单一色彩。在正规的商务应酬中，白色衬衫可谓是商界男士的唯一选择。除此之外，蓝色、灰色、棕色、黑色也可加以考虑。

③ 图案。正装衬衫一般没有复杂的花纹和图案，某些细条纹的衬衫可在一般的场合中穿着。但是，条纹衬衫不能与条纹西装相搭配。

④ 衣领。正装衬衫的衣领多为方领、圆领和长领。在选择时，要考虑本人的脸形、脖长以及领带结的大小来选择。

⑤ 衣袖。正装衬衫必须为长袖衬衫，若非制服，则正式场合切勿单穿短袖衬衫。以其袖口而论，衬衫又有单层袖口与双层袖口之别。后者又称法国式衬衫，主要的作用是可以佩戴装饰性袖扣。装饰性袖扣又称链扣或袖链，使用时如恰到好处，可为自己平添高贵而优雅

的风度。

⑥ 衣袋。正装衬衫以无胸袋者为佳。

小思考 3-6

为什么穿西装必须打领带？你知道如何打领带吗？

（2）领带　在欧美各国，领带与手表、装饰性袖扣并称为"成年男子的三大饰品"。

① 领带的选择

面料。好的领带多采用真丝或者羊毛面料。

颜色。在正式场合里，蓝色、灰色、棕色、黑色、紫红色等单色领带都是十分理想的选择。切勿使自己佩戴的领带多于三种颜色。一般而言，领带的主色调应与西装套装的色彩一致。

图案。以单色无图案的领带为主，有时也可选择以条纹、圆点、方格等几何形状为主的领带。

质量。一条好的领带，必须外形美观、平整，无跳丝、无疵点、无线头，衬里不变形，悬垂挺括，质地厚重。

② 领带的打法

要注意场合。打领带有其适用的特定的场合。在上班、办公、开会或走访等执行公务的场合，以打领带为好。在参加宴会、舞会、音乐会时，为表示尊重主人，亦可打领带。在休闲场合，通常是不必打领带的。

要注意服装。打领带，必须注意与之配套的服装。一般而言，穿西装套装时要打领带。穿单件西装时，领带则可打可不打。在非正式活动中穿西装背心时，可以打领带。不穿西装的时候，通常是不宜打领带。

要注意位置。穿西装上衣与衬衫时，应将领带置于二者之间，并令其自然下垂。在西装上衣与衬衫之间加穿西装背心或羊毛衫、羊绒衫时，应将领带置于西装背心、羊毛衫、羊绒衫与衬衫之间。

要注意长度。领带打好后，最标准的长度是领带下端的大箭头正好抵达皮带扣的上端。

要注意配饰。依照惯例，打领带时大可不用任何领带的配饰。使用领带夹，只宜将其夹在标准衬衫自上而下的第四粒至第五粒纽扣之间。如果愿意，打领带时也可使用领带针或领带棒。前者应插在领带打好后偏上方的正中央，后者则只能用在衬衫衣领上。使用领带的配饰，数量上应以一件为限。

要注意结法。打领带结的基本要求是，要令其挺括、端正，并且在外观上呈倒三角形。领带结的具体大小，最好与衬衫衣领的大小成正比。要想使之稍有变化，则可在它的下面压出一处小窝或一道小沟来。

具体来说，领带的常见打法有以下几种。

平结（四手结）。平结（四手结）为男士选用最多的领结之一，是所有领结中最简单易学的，适用于各种款式的浪漫系列衬衫及各种材质的领带（见图3-1）。

平结打法要诀：领结下方所形成的凹洞要两边均匀且对称。

交叉结。这是单色素雅且质料较薄的领带适合选用的领结（见图3-2）。

双环结（亚伯特王子结）。双环结（亚伯特王子结）适用于浪漫扣领及尖领系列衬衫，搭配浪漫、质料柔软的细款领带。一条质地细致的领带再搭配上双环结能够营造出时尚感，适合年轻的上班族选用（见图3-3）。

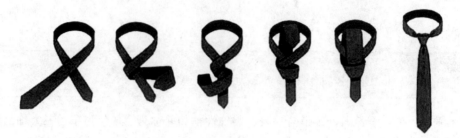

图 3-1　平结打法示意图

图 3-2　交叉结打法示意图

图 3-3　双环结打法示意图

温莎结。温莎结适用于宽领型的衬衫，该领结应多往横向发展（见图 3-4）。

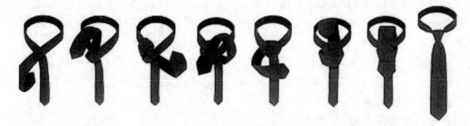

图 3-4　温莎结打法示意图

双交叉结。双交叉结（半温莎结）十分优雅及罕见，其打法也比较复杂，使用细款丝质领带较容易上手。此款结型很容易给人留下高雅且隆重的感觉，最适合搭配浪漫的尖领及标准式领口系列衬衫，适合正式活动场合选用，具体打法见图 3-5。

浪漫结。浪漫结是一种完美的结型，故适用于各种浪漫系列的领口及衬衫。

完成后将领结下方宽边压以褶皱可缩小其结型，亦可将窄边往左右移使其小部分出现于宽边领带旁，具体打法见图 3-6。

图 3-5 双交叉结打法示意图

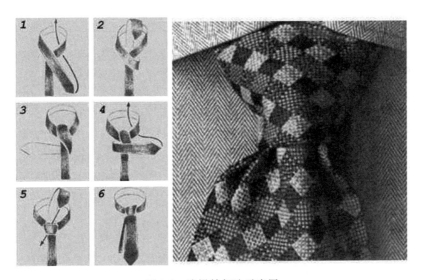

图 3-6 浪漫结打法示意图

简式结（马车夫结）。适用于质料较厚的领带，最适合打在标准式及扣式领口的衬衫。具体打法见图 3-7。

图 3-7 简式结打法示意图

（3）鞋袜

案例小故事 3-6

一双白袜子毁了一桩大生意

某公司的老总到国外宣传推广自己的企业，来宾都是国际著名投资公司的管理人员，场面很正式。但听众们发现台上的老总虽然西装革履，裤脚下却露出一截"棉毛裤的边"，而且老总的黑皮鞋里是一双白色袜子。来宾们因此产生了疑问：这样一个公司老总能管好他的企业吗？这个公司的品质能保证吗？后来合作也就不了了之。

小思考 3-7
你能回答来宾们的疑问吗？

与西装配套的皮鞋，按照惯例应以黑色、棕色为宜。男士们在商务活动中穿皮鞋时，有五点需要做到：鞋内无味、鞋面无尘、鞋底无泥、鞋垫相宜、尺码恰当。

所搭配的袜子，最好是纯棉、纯毛制品，以深色、单色为宜，并且最好与西装同色。穿西装时，袜子的长度，不宜低于自己的踝骨，袜口不要露在裤脚之外。

（4）公文包 商界男士所选择的公文包，其面料以真皮为宜，牛皮、羊皮制品为最佳。色彩以深色、单色为好，在常规情况下，黑色、棕色的公文包是最正统的选择。若是从色彩搭配的角度来说，公文包的色彩若与皮鞋的色彩一致，则看上去十分完美而和谐。

（三）职业女性着装技巧

案例小故事 3-7

张小姐在一家国内的公司里工作。有一回，上级派她代表公司前往南方某城市去参加一个大型的外贸商品洽谈会。为了给外商留下良好印象，张小姐在洽谈会上专门穿上了一件粉色的上衣和一条蓝色的裤子。然而，正是她新置的这身服装使不少外商对她敬而远之，甚至连跟她正面接触一下都很不情愿。

小思考 3-8
请你想想张小姐的失误在哪里？

1. 套裙的选择技巧

（1）面料 一套在正式场合穿的套裙，应该由高档面料缝制，上衣和裙子要采用同一质地、同一色彩的素色面料。套裙所选用的面料应当匀称、平整、滑润、光洁、丰厚、柔软、悬垂、挺括。

（2）色彩与图案 套裙的色彩应当清新、雅致而凝重。具体而言，色彩上以冷色调为主，如藏青、炭黑、雪青、茶褐、土黄、紫红等，以体现出女性特有的典雅、端庄和稳重。套裙的色彩有时可以采用上浅下深或上深下浅等两种并不相同的色彩。

职业女性在正式场合穿着的套裙，可以不带任何图案，也可选择以各种或宽或窄的格子、或大或小的圆点、或明或暗的条纹为主要图案的套裙。

（3）造型与款式 西装套裙的具体造型采用上长下长式、上短下短式、上长下短式、上短下长式四种基本形式。

在西装套裙的裙子式样中，西装裙、一步裙、围裹裙、筒式裙、折裥裙等，款式端庄、线条优美；百褶裙、旗袍裙、开衩裙、"A"字裙、喇叭裙等，则飘逸洒脱、高雅漂亮。

2. 套裙的穿着技巧

（1）套裙应当大小适度 通常情况下，套裙之中的上衣最短可以齐腰，而其中的裙子最长则可以达到小腿的中部。上衣的袖长以恰恰盖住着装者的手腕为好。

（2）套裙应当穿着到位　在穿套裙时，必须依照其常规的穿着方法。上衣的领子要完全翻好，衣袋的盖子要拉出来盖住衣袋；不允许将上衣披在身上，或者搭在身上；裙子要穿得端端正正。

按照规矩，职业女性在正式场合穿套裙时，上衣的衣扣只能一律全部系上，不允许将其部分或全部解开。

（3）套裙应当协调妆饰　穿套裙时，职业女性必须维护好个人的形象，要化淡妆，佩饰要尽量简单，讲究着装、化妆与佩饰风格统一，相辅相成。

（4）套裙应当兼顾举止　穿上套裙之后，职业女性站立姿态要又稳又正。穿套装者走路时宜以小碎步疾行，行进之中步子以轻、稳为佳。

3. 套裙的搭配技巧

案例小故事 3-8

李小姐是某公司开发部的经理，公司周年晚会上，李小姐戴着长长的白色手套，穿着一件被衬裙涨鼓起来的宽大裙子，当有人和她握手时，由于戴手套握也不是，不握也不是，加上裙子宽大，屡次与别人发生"牵扯"，结果是扫兴而归。

李小姐的一双脚本来就是很大的，她见市场上流行的尖头鞋样式不错，于是也买了一双。结果39码的大脚穿上尖头鞋，一双大脚更显出众。同事们暗地里都讥笑她每天是撑着小船来上班。

小思考 3-9
对李小姐的着装你能提出哪些合理化建议？

（1）衬衫的搭配　衬衫面料要轻薄、柔软，色彩要求雅致而端庄，以单色为最佳。搭配时，应使衬衫的色彩与同时所穿的套裙的色彩互相般配，外深内浅或外浅内深。选择无任何图案的衬衫最是得当。

（2）内衣的搭配　内衣的面料，以纯棉、真丝等面料为佳，色彩可以是常规的白色、肉色，也可以是粉色、红色、紫色、棕色、蓝色、黑色。在内衣的穿着方面，职业女性必须注意内衣必须要穿、内衣不宜外穿、内衣不准外露、内衣不准外透。

（3）衬裙的搭配　衬裙，特指穿在裙子之内的裙子。衬裙的面料，以透气、吸湿、单薄、柔软者为佳。衬裙的色彩，宜为单色，如白色、肉色等，但必须使之与外面套裙的色彩相互协调。

（4）鞋袜的搭配　用来和套裙配套的鞋子，应该是皮鞋，并且黑色的牛皮鞋最好，与套裙色彩一致的皮鞋也可以选择。样式可选高跟或半高跟的船式或盖式皮鞋，系带式、丁字式、皮靴、皮凉鞋均不适宜。

职业女性高跟鞋的高度一般以3～4厘米为宜，最高不超过6厘米。皮鞋跟的形状也要注意，身材较矮的女性最好不要穿方跟或酒杯跟的皮鞋；而身材很高的女性也不要穿特细特尖的高跟鞋，那会给人产生头重脚轻、不稳重的感觉。

袜子可以选用尼龙丝袜或羊毛袜；颜色以肉色、黑色、浅灰、浅棕等几种单色为主，肉色最佳；高筒袜和连裤袜是套裙的标准搭配。

（5）包的搭配　包是职业女性在社交场合中不可缺少的配件，既有实用功能，又有装饰价值。职业女性的包，材料多为真皮，颜色沉稳，款式简单大方，可带有规矩的金属扣装饰，显得端庄稳重、干练利索，适合于搭配各种服装，又能盛放女性物品，如笔记本、化妆盒、手纸等，非常实用。

出席宴会、晚会等，可以选择小巧、高档的夹包、精致的皮包或手工包；颜色是亮眼的金色、银色。

可根据穿着的服饰搭配不同的包，达到整体和谐美。高级时装可以搭配高档的牛皮包、柔软的羊皮手袋或闪亮的金属包，这样会显得华贵富丽，气质高雅。若穿着一身合体的羊毛套裙，则可以配古典秀雅的小坤包。休闲式样的大挎包、双肩包或手拎包，适合于休闲时逛街、游玩。

知识小看板 3-5

职业装穿着六禁忌

1. 忌过分杂乱

穿着过分杂乱，不够协调。比如说男士穿西装配布鞋、运动鞋，也有个别女士穿很高档的套裙，却光脚穿露脚趾的凉鞋，这些都不合职业场合着装规范。

2. 忌过分鲜艳

套装也好，制服也好，需要遵守三色原则。全身颜色不多于三种，重要场合套装或制服尽量要没有图案，或者是规范的几何图案。

3. 忌过分暴露

无论男士或女士，在职业场合着装都要注意不能过分暴露——不暴露胸部、不暴露肩部、不暴露腰部、不暴露背部、不暴露脚趾、不暴露脚跟。

4. 忌过分透视

重要场合注意，内衣不能让人透过外衣看到颜色、款式、长短、图案，这都是非常不礼貌的。

5. 忌过分怪异

商务人员不是时装模特，不能过分追求新奇古怪，标新立异，招摇过市。

6. 忌过分紧身

商务人员在工作岗位提供的是爱岗敬业的精神，是训练有素的职业技能，是对顾客的热情服务，而不是展示线条。衣服过于紧身，甚至显现出内衣、内裤的轮廓既不雅观也不庄重。

三、饰品选择和佩戴的礼仪

案例小故事 3-9

公司派芸芸去参加一个重要的商务会议，芸芸为了给别人留下好印象，拿出首饰精心打扮起来：戴一条金色项链，戴一蓝一紫两组耳环，戴四颗戒指，食指戴一个玛瑙的——咖啡色，中指戴一个翡翠的——绿色，无名指戴一个玳瑁的——黑色，小指戴一个玫瑰金的——彩色。到了会场，出乎她意料的是，她的精心打扮并未赢得喝彩，反而人们都对她避而远之。当时与会的人对她的评价是：远看像棵圣诞树，近看像个杂货铺。

小思考 3-10

芸芸的问题出在哪里？

对商务人员而言，饰品是指在其整体服饰中发挥装饰作用的一些配件，是一个人文化素养、气质风度和审美格调的表现。

（一）饰品佩戴规范

1. 与年龄、身份相宜

（1）与年龄一致　年轻女士应选择质地佳、颜色好、款式新潮的时装首饰，以显妩媚可爱；相反，年龄较大的女士则应戴一些较贵重的、比较精致的首饰以衬托自己庄重、高雅，等等。

（2）注意身份　一般而言，在工作中，商务人员要讲究"首饰三不戴"，一是有碍于工作的首饰不戴；二是炫耀其财力的首饰不戴；三是突出个人性别特征的首饰不戴，如胸针、耳环、脚链之类。

首饰实际上是女性的"专利品"。除结婚戒指等极少数品种的首饰之外，男性通常是不宜在正式场合佩戴过多首饰的。

2. 与人的服装相宜

（1）与色彩相宜　在服装色彩单调和沉稳时，可佩戴鲜明而多变的饰品来点缀；在服装色彩华美和强烈时，可佩戴单纯而含蓄的饰品来调节。饰品色调与服装色调相呼应时，会使两者相辅相成。如棕色套裙，配衬上透明的琥珀手镯和胸针；驳领上镶黑色的白色西装套裙，配镶嵌黑亮珠饰的项链与耳饰。在饰品色调与服装色调相对比时，会使两者相得益彰。如蓝色西装配橙色领带夹；绿色连衣裙配水晶项链。

（2）与质料相宜　一般质料高档的服装配材料昂贵、工艺精致的珍贵宝石和贵重金属的饰品；质料中低档的服装配材料低廉、工艺一般的天然材料和人工合成材料的饰品。华贵的裘皮大衣，若配陶质、骨木为材料的饰品就显得不协调，会使裘皮大衣黯然失色；若配黄金、钻石材料的饰件，则会产生雍容华贵、气度不凡的效果。饰品的质感、格调、意趣也要与服装的质感、格调、意趣相协调统一。

（3）与款式相宜　饰品的款式造型要与服装的款式造型取得格调上的统一。一般是宽松的衣服配粗犷、松散的饰品；紧身显露体型的服装，则配结构紧凑细小的饰品；休闲服配造型活泼、明快简洁的饰品；宴礼服则配造型典雅、精致的饰品。

3. 要遵守成规

（1）以少为佳　一般而言，佩戴首饰时，总量上不宜多于三种，每种则不宜超过两件。

（2）同质同色　同时佩戴多件首饰时，应尽量选择质地、色彩上都基本相同的首饰。

（3）风格划一　既指同时佩戴的多件首饰应当统一风格，也指所佩戴的首饰应当与自己穿着的服装的风格协调一致，相互般配。

4. 扬长避短

佩戴首饰时要充分正视自身的形体特点，努力使首饰的佩戴为自己扬长避短。切忌用首饰突出自己身体中不太漂亮的部位。比如脖颈上有赘肉和褶皱的女士，就不适合戴太有个性色彩的项链，以免别人过多地关注；耳部轮廓不太好的，忌戴过于夸张的耳坠；手指欠修长丰润的，不要戴镶有大宝石或珍珠的戒指。

知识小看板 3-6

饰品与性格

贤惠型的人，贤良温和，端庄稳重，宜选佩以自然景物为题材，或者有圆线、曲线韵味的饰品；色彩和材料宜考虑柔和的珍珠色、温暖的金色和各种暖灰色系，冷色系应尽量少用。

奔放型的人，开朗奔放，自由不羁，宜选大而粗犷并带有动感的饰品，如坠式的耳环，饰品的色彩应具刺激性。

魄力型的人，干练，节奏感强，干劲十足，宜选用刚直抽象的饰品为好。

书卷型的人，冷静内向，温文尔雅，宜选较为端庄素雅的饰品，以理智的面貌树立自己的形象。

纯真型的人，敢于幻想，清纯无拘，饰品宜选卡通玩具似的造型，单纯明快的色彩，不佩戴式样过于复杂的饰件。

娇美型的人，小鸟依人，娇娆甜美，宜选线条造型柔和，色彩充满暖意的饰件。

（二）常见首饰的佩戴礼仪

1. 戒指

戒指，又叫指环，常见有银戒、线戒、钻戒、嵌宝石戒、方板戒等。从造型上讲，职业女性所戴戒指讲究小巧玲珑，男士所戴戒指要宽厚。

戒指宜与手指的粗细成正比，即佩戴戒指要看手指形状，手指短而较粗的女性应选择椭圆形或橄榄形的；手指长而细的女性可选择阔边或方圆形的。

小思考 3-11

请你想想女士戴薄纱手套时，戒指应戴在手套里面还是外面？

2. 项链

项链，是平安、富有的象征。通常，人们所戴的项链不应多于一条，但可将一条长项链折成数圈佩戴。佩戴项链时应该注意与自己的身材、肤色、服装、年龄相适应。

一般说来，体型较胖、脖子较短的人适宜选佩较长的项链；身材苗条、脖子细长的人则最好选佩宽粗一些的短项链。

身着柔软、飘逸的丝绸衣衫裙时，宜佩戴精致、细巧的项链；穿单色或素色服装时，宜佩戴色泽鲜明的项链。

男士佩戴项链应贴身戴，造型上要粗犷；年轻女性可选择细型、花色丰富的项链；而中老年人则适宜选用粗型、传统设计的项链。

长脸和长脸子的女性应佩戴颗粒小而短的项链；脖子短的人则要佩戴颗粒小而长的项链；方型脸短脖子的女性应佩戴长项链；瓜子脸的女性，可佩戴稍粗的、中等偏短的粗犷型项链。

3. 耳环

耳环又叫耳坠，也是商界女士的主要首饰之一。耳环讲究成对使用，也就是说每只耳朵上均佩戴一只。

佩戴耳环须根据个人特点，即根据自己的肤色、脸型、发型、服装、年龄等因素进行综合考虑，选择合适才能达到美的效果。在佩戴耳环时要考虑脸型与耳环形状的对比关系，一般地说，要"反其道而行之"。

瘦脸或脸部较窄的女性，可佩戴大而圆的耳环；圆脸的女性，宜选用长而下垂的方形、三角形、水滴形耳环与之呼应；瓜子形脸的女性，佩戴圆形或重坠型耳环为最佳；三角形脸的女性则适合佩戴宝石扣状耳环；方形脸的女性最适合佩戴有耳坠的耳环、线条圆润流畅的圆形、纽形、鸡心形、螺旋形的耳环；长脸形的人最好戴紧贴耳朵的圆形耳环，以增加脸的宽度。

一般肤色白皙的女性适宜戴红色、绿色、翡翠绿等色彩较为鲜艳的耳环；皮肤偏黑的女性，宜选用色调柔和的白色、浅蓝、大蓝、粉红色耳环，金色耳环适合于各种肤色的人佩戴。

4. 手镯、手链

手镯有传统的银手镯、金手镯、珐琅手镯、翡翠手镯、嵌宝石手镯等。手链，主要包括花式手链、表式手链、多用式手链等。公务交往场合，一般只戴一只手镯或手链，且不宜同时戴手表。

戴手镯和手链有讲究，一般情况下，在左手腕或左右两腕上同时佩戴，表示佩戴者已结婚；仅在右手上佩戴，则表明佩戴者是自由而不受约束的。

佩戴手镯，可以只戴一只，也可以同时戴上两只。戴一只时，通常应戴在左手；戴两只时，可一只手戴一只，也可以都戴在左手上。一般情况下，手链应仅戴一条，并应戴在左手上。

5. 胸针、领针

胸针，又称胸花，襟花。胸针的选择要以质地、造型、做工精良为标准。胸针式样要注意与脸型协调，长脸形宜配近于圆形的胸针；圆脸形应配以长方形胸针；如果是方脸形，则适宜配用圆形胸针。

胸针男女都可以佩戴。胸针可别在胸前，也可别在领口、襟头等位置。穿带领的衣服时胸针要佩戴在左侧；穿不带领的衣服，则佩戴在右侧；发型偏右时佩戴在左侧，反之则戴在右侧；胸针的上下位置应该在第一及第二纽扣之间的平行位置上。在工作中如果要求佩戴身份牌或本单位证章、徽记上岗的话，就不要再戴胸针了。

领针是胸针的一个分支。领针专门用来别在西式上装左侧领上，男女都可以用。佩戴领针，数量以一枚为限。而且不宜与胸针、纪念章、奖章、企业徽记等同时使用。不要佩戴有广告作用的领针，也不要别在右侧衣领、帽子、书包、围巾、裙摆、腰带等不恰当的位置。

知识小看板 3-7

戴戒指的讲究

戒指不戴在大拇指上，双手其他的各个手指都可以佩戴；

戒指戴在食指上，表示本人尚未恋爱，正在求偶，想结婚而尚未结婚；

戒指戴在中指上，表示本人已有意中人，正在热恋之中；

戒指戴在无名指上，表示本人已经正式订婚或已经结婚；

戒指戴在小指上，表示本人笃信独身主义，决心过独身生活，誓不婚恋。

即戒指戴在四个手指上的意义各不相同：青，热，结，独——青春，热恋，结婚，独身。

按西方的传统习惯来说，左手显示的是上帝赐给你的运气，因此，戒指通常戴在左手上。至于右手，在传统上也有一个手指戴戒指时是有意义的，那就是无名指。据说戴在这里，表示具有修女的心性。

戒指是爱情的信物、富贵的象征、吉祥的标志。在西方大多数国家，戒指是希望、快乐和同心的象征。琥珀或玉石戒指象征着幸运；钻石戒指戴在男性手指上象征着勇敢与坚定，戴在女性的手指上则象征着高贵。

在婚礼上，戴结婚戒指的手上一般只戴一枚戒指，戴两枚以上的戒指是不适宜的。戴戒指时一定要小心，西方人认为在婚礼上掉了戒指是非常不吉利的事情。再有一点，结婚戒指不适宜合金的，应该尽量选择纯金、白金或纯银的，表示爱情的纯洁。镶嵌一颗适合的钻石，寓意了婚姻的永恒。

（三）常见配饰的佩戴礼仪

1. 帽子和围巾

帽子可以起到御寒、遮阳和装饰的作用。一般来说，男士进入房间就应该摘掉帽子，挂在衣架上，也可以拿在手里。女士的限制少一些，在公共场所也可以不脱帽。无论男女，在正式的商务场合必须脱帽。

围巾一般在春冬季节使用的比较多。它的搭配要和衣服、季节协调。厚重的衣服可以搭配轻柔的围巾，但轻柔的衣服不能搭配厚重的围巾。围巾和大衣一般都适合室外或部分公共场所穿着，到了房间里面都要及时摘掉。

2. 丝巾

女性在服装以外，利用飘逸柔媚的丝巾稍做点缀，就能让穿着更有味道。比如商务场合需穿着深色套装，搭配一条鲜艳色彩的丝巾，显得稳重干练中透着女人的妩媚。

可以用丝巾调节脸部气息，如红色系可映得面颊红润；或是突出整体打扮，如衣深巾浅、衣冷色巾暖色、衣素巾艳。

佩戴丝巾要注意与服装色彩、脸色协调。衣深巾浅、衣素巾艳、衣冷色巾暖色。脸色偏黄，不宜选用深红、绿、蓝、黄色丝巾；脸色偏黑，不宜选用白色、有鲜艳大红图案的丝巾。

3. 领带夹

领带夹是最常见、最醒目的男用饰品之一。领带夹把领带固定在胸前，领带夹的位置不能太靠上，若是穿着七粒扣子的衬衫，以从上往下数的第四到第五粒衬衫扣处为宜。若是穿着六粒扣子的衬衫，以从上往下数的第三到第四粒衬衫扣处为宜。在正式场合，若佩用领带夹，须佩戴线条优美挺拔、工艺精致、材料考究的领带夹，尤其是业界主管。

4. 袖扣

作为男性的重要正式配饰，袖扣是一种高品位的象征，彰显着身份地位。

袖扣材质一般选择贵重的金、银、水晶、钻石、宝石等。袖扣颜色的搭配也很关键，一般来讲，水晶玻璃袖扣因其透明，最好搭配白色衬衫；金色袖扣配白色衬衫、黑色礼服显得高贵，配红色衬衫，有华丽时髦的感觉；银色袖扣配粉色、蓝色或者黑色衬衫显得优雅专业，配白、灰衬衫，则有沉稳、高贵的效果；黑色袖扣则是百搭单品，显得礼服更加时尚。

在搭配袖扣时应注意三点：一是根据衬衫和礼服的颜色搭配袖扣；二是挑选和皮带扣、领带夹同色的袖扣；三是根据出席宴会的风格挑选袖扣。

5. 手套

在西方的传统服饰中，手套曾经是必不可少的配饰。

佩戴手套时应注意以下几点：和别人握手，不管冬夏，都要摘掉手套；女士在握手时，有时不用脱手套，但摘掉手套显得更加礼貌。进屋以后，一般要马上摘下手套。吃饭的时候，手套必须摘下。

6. 腰带

腰带更重要的是装饰作用。男士的腰带一般比较单一，质地大多是皮革的，没有太多的装饰。穿西装时要系腰带。夏季只穿衬衫并把衬衫下摆扎到裤子里去的时候，也要系上腰带。女性的腰带很丰富，但要注意和服装、和体形、和场合的协调搭配。

无论男女，系腰带一定要注意：出门前看看你的腰带系得是否合适，腰带有没有"异常"，在公共场合或别人面前动腰带是不合适的；在进餐的时候，更不要当众松紧腰带，这样既不礼貌，也不雅观；如果必要，可以起身到洗手间去整理。

【实训设计】

项目名称：服饰表演。

项目目的：通过本实训，使学生掌握男士着装、女士着装的合理搭配要点及饰物佩戴的要点。

项目简介：A公司将进行新产品推介会，为此公司策划部在某酒店召开新闻发布会，同时晚上在该酒店举办一场招待酒会，邀请相关人员参加。

项目要求：

（1）要求学生根据具体场景进行相应的服装搭配，不仅要求自己着装得体，同时也要为同组同学的着装进行参谋、设计。

（2）男生学会打领带，女生学会围巾的系法。

（3）学生不仅要注意服装的穿着，还要注意配饰要求。

项目说明：

（1）授课老师采用随机方法进行分组，每5个人一组。

（2）学生根据所在组的组员情况，共同设计一个场景；并分配组员所饰演的角色。

（3）学生根据自己组设计的场景及自己饰演的角色进行着装，包括西装、套裙、衬衫、鞋袜、饰物的搭配等，同组同学要相互参谋着装。

（4）每一组同学分别上台展示。包括：设计的场景说明、饰演角色介绍、共同演绎一个小情节，说明每个人着装搭配的理由。

（5）授课老师组织台下学生进行点评，给每个组进行打分。

考核项目	考核内容	分值	自评分	小组评分	实得分
服饰	场景的合理性	10			
	角色分配的合理性	10			
	根据角色设计个性着装	30			
	男士的规范着装展示	20			
	女士的规范着装展示	20			
	表演配合默契程度	10			

【知识小结】

服饰是由服装和饰品两部分构成。服饰具有蔽体功能、装饰功能和社会功能。

服饰穿着应遵循个性化原则、TPO原则、协调性原则、整洁与整体原则、适合交际目的的原则。

人们在穿着服装时，应考虑色彩和款式的选择，同时注意遵循相关礼仪规范。

商务场合中男士一般优先选择西装。男士在穿西装时，要注意西装、衬衫、领带、鞋袜和公文包的组合搭配，并遵循"三一原则"。

商界女性的商务着装，以裙装为佳。在穿着套裙时，应当大小适度、穿着到位、适应场合、协调妆饰、兼顾举止。

穿着职业装时应保持干净、保持完好、保持整齐、规范穿着；忌过分杂乱、忌过分鲜艳、忌过分暴露、忌过分透视、忌过分怪异、忌过分紧身。

商务人员应选择适体、适时、适度和适用的服饰配件。佩戴首饰时应注意符合身份、男女有别、扬长避短、遵守成规。同时注意首饰佩戴的风俗习惯及所蕴含的社会意义。

【思考训练】

想一想

（1）服饰具有哪些功能？

（2）服饰穿着应遵循的原则有哪些？

（3）男士穿西装有着怎样的穿着规范？

（4）女士穿职业套裙有着怎样的穿着规范？

（5）职业装的穿着有哪些礼仪规范？

（6）服饰的色彩如何选择？

（7）常见的饰品有哪些？如何佩戴才符合礼仪规范？

练一练

（1）观察你周围的人，分析他们哪些着装符合礼仪要求，哪些不符合礼仪要求。举例列出表现，并分析形成原因。

（2）根据自己的气质、年龄、爱好，试着给自己设计几种衣服的搭配。

（3）假设你是一个商务人员，根据所学过的服饰礼仪知识为自己做一个服饰策划。

（4）请练习在不同场合的穿着。

（5）礼仪测试。请判断下面做法是否正确。

① 商务人员的衣着不宜有过多的色彩变化，以不超过四色为原则。

② 商界男士西装一般以无图案为好。

③ 身材苗条修长、脖子细长的人适宜佩戴细长的项链。

④ 男士在穿西装时，应将所有能系的纽扣都系上。

⑤ 穿西装时一定要加穿背心。

⑥ 穿着要与年龄、职业、场合等相协调。

⑦ 穿冷色、深色服装使人感觉更苗条，这是因为冷色、深色属于收缩色的缘故。

⑧ 衣服色彩鲜亮，胸针应淡雅别致，甚至不用。

谈一谈

张海是某服装厂的业务员，论口才，论业务能力，都令老板"一百个放心"。可没想到，在一次国际性的订货会上，当他风尘仆仆找到一家商场后，接待人员见他衣冠不整，且又胡子拉碴，看也不看他带的样品，就把他给打发走了。因为这家商场认为："就这身打扮，厂里能生产出高档服装吗？"张海很窝火，这不是以貌取人吗？可连续跑了几家商场，费尽口舌也没有如愿。一气之下，他换上本厂生产的名牌服装，气宇轩昂地找到一家商场的总经理。对方见到张海气度不凡，且其产品质量上乘，当即签订了60万元的订货合同。

思考：

（1）这个案例给你的启示是什么？

（2）作为商务人员应遵循哪些服饰礼仪？

任务四　求职礼仪形象

【学习任务】

（1）把握求职面试时的礼仪规范和要求。
（2）掌握求职材料的制作与运用。

【情境设计】

某高等学校管理系学生李某应聘某企业管理岗位，聘者不小心把应聘者的简历放在市场营销类里了，下面是聘者与应聘者的一段对话。

应聘者：×先生，我应聘企业管理岗位，但怎么被安排到市场营销部门这里面试？

聘者：啊，真对不起，是我的疏忽，把你的简历放错了。那么，我想问你，你应聘企业管理的哪个岗位？

应聘者：办公室管理或者行政管理，你看怎么样？

聘者：请问你了解办公室工作或行政工作吗？

应聘者：行政工作就是进行企业管理工作，请问咱们公司的办公室的工作都有哪些方面的内容？

聘者：办公室工作细密琐碎，主要是为各部门和员工服务的一个部门，很辛苦，当然还不一定显成绩，你觉得你愿意从事这样的工作吗？

应聘者：那么，你们公司的市场营销的工作怎么样？我可以试一试吗？

聘者：你觉得你从事市场营销工作有什么优势吗？

应聘者：我善于交往，善于处理各种人际关系。我的演讲才能也不错，你也许能从我的交谈中感觉出来。再者，我的学习能力十分强，这是知识经济时代中人才竞争的本质。

聘者：那么，你告诉我什么叫市场营销？

应聘者：市场营销比销售大一些，市场营销还要管到研究、开发、生产、销售等方面。

聘者：还有吗？

应聘者：市场比销售高级一些。

聘者：你能告诉我市场营销的"4P战略"是什么？并告诉我4P的英文。

应聘者：产品Products、渠道Place、价格Price、推销……

聘者：你能告诉我们市场营销与推销的出发点有何不同吗？

应聘者：推销是往外出卖产品，而市场营销是有组织有计划地销售自己的产品。

聘者：No，很抱歉，我不能给你机会，因为你出错的地方太多了。

应聘者：您能不能再问一些问题，跟我再谈一谈？

聘者：No！

任务

作为求职者，应聘时应做好哪些准备？该求职者为什么最后被拒绝了？你能帮他分析原因吗？

解决问题

求职并不是简单地看外表。应聘过程是应聘者向招聘单位、主考官展示个人全面素质的过程。应聘人员不但要具备招聘单位所需要的思想政治、业务知识、业务技能等综合素质，而且必须掌握应聘中的礼仪规范。李某没有做好充分准备，不了解该企业的状况，对求职岗位把握不准,对所求岗位任务不清楚,没有弄清求职单位的真实需求。

【核心知识】

一、求职应聘准备工作

案例小故事 4-1

休息室里坐满了等候面试的人,有人充满自信,志在必得;有人紧张异常,一遍遍地背着自我介绍。面对众多的求职竞争者,李小倩不以为然地笑笑,从包里拿出化妆盒补妆,又用手拢拢头发,心想:"我高挑的个子,白皙的皮肤,还有这身够靓的打扮,白领丽人味道十足,舍我其谁?"

教官叫到李小倩的名字,李小倩从容进入考场。按教官的要求,李小倩开始做自我介绍:"各位好!我是师大中文系毕业班的学生李小倩。在校期间,我的学习成绩优良,曾担任两届学生会文艺部部长……我还有很多业余爱好,比如演讲、跳舞啊,我拿过奖呢!对于我的公关才能和社交手腕我是充满自信的。"

一边说着,李小倩一边从包里拿市交谊舞大赛和校演讲比赛的获奖证书,化妆盒不小心跟着掉了出来,各式的化妆用品散落一地。她乱了手脚,慌忙捡东西,抬头对着考官说:"不好意思!"

考官们不满地摇头。考官甲:"小姐,麻烦你出去看一下我们的招聘条件,我们这里是研究所。你还是另谋高就吧。"

小思考 4-1

为什么考官请李小倩另谋高就?她的求职准备是否充分?

约翰·杜尼说过一句话:"凭着我们初次陌生而决定性的会谈,凭着因而产生的占有欲,凭着我们长期的渴望,凭着我那慑人的说服力,产生了你。"求职与礼仪看似没什么联系,实质却体现求职者的文化素质、道德水准、体现求职者的个性特征。良好的求职礼仪能帮助求职者顺利完成求职面试的全过程。

(一)求职礼仪概述

1. 求职礼仪的含义

求职礼仪是求职者在求职过程中与招聘单位接待者接触时应具有的礼貌行为和仪表形态规范。它通过求职者的应聘资料、语言、仪态举止、仪表、着装打扮等方面体现其内在素质。

求职过程中求职者要讲究对人的尊重,讲究礼貌修养,给招聘者留下一个良好的印象,希望自己所中意的招聘单位录用自己。但求职虽是"求",并不意味着自己人格低下,要不卑不亢,有礼有节地维护自己正当的利益。

2. 求职礼仪的意义

(1)求职礼仪能体现求职者的文化素质和道德水准 礼仪规范是一个人的文化素质和道德水准的外在表现,是一个人文明程度的反映。招聘者与求职者的接触时间较短,只能从求职者的行为礼仪中探索和窥视其道德素养、文化修养。

(2)求职礼仪能体现求职者的个性特征 招聘单位对人才的挑选,包括对求职者个性特征的了解,虽然不同岗位需要与之相适应的个性特征,但是要求求职者具有良好的基本素质是一致的。有经验的招聘者往往十分注意并且能从求职者的求职礼仪中发现具有自己企业所需要的个性特征的求职者。

(3)求职礼仪能促成求职面试过程的顺利完成 求职招聘中,招聘者除了重视求职者的素质外,也需要了解求职者的知识、能力、经验等各方面的情况。因而,询问与掌握这些情况，也是求职面试的主要内容。求职者不懂得、不注重求职礼仪，往往会失去招聘者与之深谈的兴趣，也就不可能进一步了解其知识与学历情况。一个注重求职礼仪的人，既能反映个人的文明修养，又给人以美的享受，使人乐意与之交谈。

（4）求职礼仪能为树立企业形象、创造良好工作环境做有益的铺垫　一个人素质的高低，往往反映了企业形象的好坏。随着经济交往不断扩大，越来越多的企业重视形象的塑造，在招聘时将"未来员工"的素质纳入考核之一。因此求职者应注重礼仪形象，"机会总是给那些有准备的人"，现代商业社会中，卓越的才干、丰富的经验，配合适当的礼仪形象，才能令个人的潜能发挥得更完美。

（二）求职前的认识准备

案例小故事4-2

小明是某高校食品工程专业的优秀毕业生，他在毕业前几个月就开始留意报纸上的招聘广告，搜集整理和自己专业相关的企业招聘信息，然后逐一分析各个职位的具体要求，标出认为可以一试的公司和职位，通过对招聘信息的分析，他发现自己的求职面并不仅仅局限于自己原来设定的食品加工企业，还可以是饮料、酒类、保健行业，甚至酒楼也有自己的合适岗位。最后他选了几家认为不错的企业，按照应聘岗位的不同要求有针对性地拟写求职信，结果收到了四家企业的面试通知。如今，他已经是一家有名的调味品公司的香料技师。

小明成功之处在于什么？

1. 学会搜集就业信息

就业信息是指有关求职就业方面的消息和情况，它包括对劳动市场动态的了解、市场的职位需求和某一则具体的招聘信息的阅读。

（1）对就业市场的了解　要求一要信息全面，二要清楚获取信息的途径，三要尽快收集具体的就业信息。

了解就业市场的途径概括起来有三类。

① 新闻媒介。一般综合性报纸专门开辟了"求职广场""招聘指南""人才市场"等求职专栏；专门报纸《人才市场报》《职场指南》《毕业生就业指导》等求职信息种类繁多，包罗万象。

② 各地方人事部门、人才市场举办的各式各样的供需见面会及其所属网站。新浪网（www.sina.con.cn）、前程招聘网（www.91job.com）、智联招聘网（www.zhaopin.com）等，包括前面提到的综合性报纸所在的网站，如《人才市场报》网站（www.china91.com）等也有全面的招聘信息发布。

③ 高校就业指导中心及其属网站。这些都是获取就业信息的巨大信息源，从中可以拓宽求职者的就业思路，令求职者有的放矢。但是这里提醒一点，查看就业信息一定要到有正规营业执照的职介中心，以防上当受骗。

（2）对招聘信息的阅读　要求善于捕捉和分析求职信息，这可以增大求职成功的机会。否则，事到临头，只凭自己的想象和猜测，或是被动地服从他人之命、依据社会上的流行看法盲目选择，只会使求职陷入困境。就一则具体的招聘信息来讲，求职者在阅读时一定要能从以下角度加以分析。

① 岗位的职责；

② 岗位的硬件要求；
③ 招聘单位的具体情况：规模、待遇、前途、地址、联系方式等；
④ 岗位的供需情况；
⑤ 单位的人际关系；
⑥ 单位的软件要求；
⑦ 岗位的细分情况。

对于市场招聘信息的搜集应该做到范围广、分析详尽具体，不能仅仅跟着感觉走。只有善于分析阅读招聘信息，才有可能取得应聘的顺利成功。

2. 清楚求职的主要方式

（1）借助职业中介机构　目前我国就业市场由劳动、人事分头管理，人才中介和职业人力资源公司"双轨"运行。主要有劳动就业服务中心，服务内容为劳动法涉及范围内的所有社会成员的就业和再就业；人才服务中心或称人才市场，服务内容为专业技术人员、管理人员、大中专毕业生等的就业和流动。同时国内出现了人力资源外包的人力资源公司，负责帮助一些企业招聘人才。

借助职业中介机构求职时，应注意了解其情况和资质。一般经过审批的正规职业中介机构都有劳动和人事部门颁发的"职业介绍许可证"、"职业介绍资格证"、工商局发的营业执照、物价局发的收费许可证、税务局发的税务登记证，一定要"五证"齐全。

（2）参加招聘洽谈会　一般应到由政府人事部门所属的人才交流机构开办的人才市场或"招聘洽谈会"求职应聘。这类部门运作规范、服务周到、信誉高、功能多、手续齐全，出现问题可得到合理解决。

（3）到各院校的就业指导办公室　大学生们到所在院校的就业指导办公室，可以得到许多用人单位的需求信息，也可得到有关就业政策、择业技巧的指导。

（4）刊登求职广告　利用新闻媒介刊登求职广告是一种较好的求职方法。但应注意几个问题：其一，求职者条件较好，特长突出；其二，选择好媒介，一般在职业介绍机构办的报纸上发布；其三，要写好广告词，注意突出特长，写明自己的条件和求职要求，语言要简明扼要。

（5）亲自上门，毛遂自荐　看好某企业，上门求职，毛遂自荐，自我展示工作实力，让用人单位了解并能录用自己。

（6）打求职电话　了解招聘信息后，可以电话询问感兴趣的单位，电话求职时要讲究礼仪。

（7）上网求职　通过网络求职是目前的一种主要方式，不仅可以了解职位信息，还可在网上人才信息库里储存个人基本资料，以供用人单位查询。

（三）材料的准备

应聘材料是应聘者个人的学历、知识、能力、兴趣、经历等全面情况的基本材料。求职应聘者必须保证应聘材料的真实性、全面性、时效性和权威性。

1. 应聘材料基本内容

（1）自荐书。

（2）学校主管部门或原单位出具的能反映自己专业特色、知识结构、能力状况的各主要课程的学习成绩等评价。

（3）毕业证书、学位证书及相关外语、计算机证书。

（4）所考取的职业资格证书。

（5）个人经历及表现的材料。

(6) 各种荣誉证书。

(7) 能证明自己能力、专长的相关材料。

(8) 毕业生就业推荐表

毕业生就业推荐表是反映毕业生综合情况并有学校书面意见的推荐表。毕业生就业推荐表一般包括毕业生基本资料、照片、学历、社会工作、获奖情况、科研情况、个人兴趣特长等，一般还应有教务部门出具的成绩单。其中，该表的综合评定及推荐意见部分是由最了解毕业生全面情况的辅导员填写，并且是以组织负责的形式向单位推荐，具有较大的权威性和可靠性，所以，大多数用人单位历来把该表作为接受毕业生的主要依据。毕业生就业推荐表正式只有一份，必须用正式表签订就业协议。

2. 自荐书

用人单位每一次招聘活动，都可能接触到大批求职者。自荐书就会成为决定求职者是否入围进入面试关的主要依据，聘用与否，用人单位还要在面试后进行斟酌，此时自荐书是主要参考。

（1）自荐书的内容

① 求职信。

② 个人简历。

③ 证明材料的复印件。

在自荐书后面附上相关佐证特长和实力的相关证明材料。

（2）求职信　目前用人单位招聘人员时，大都要求应征人员先行寄上求职信，以供筛选。求职信写作应注意以下几点。

① 书写规范。要求内容正确、格式标准、通篇整洁、电脑打印。

② 谦恭有礼。写求职信时，采用书面语言。文字应谦恭有礼，应有适当的敬语和尊称，重在体现彬彬有礼的态度和个人的良好教养，因此谦恭要适度。

③ 情真意切。在求职信里介绍个人情况时，绝对不可言过其实。只有客观、实事求是地自我推荐，才容易取信于人。

④ 言简意赅。求职信的重点放在自我介绍、自我推荐上，一般字数上应以500字为限，多段短语，便于阅读。

（3）个人简历　由个人基本情况（即姓名、性别、籍贯、年龄、政治面貌）、资历（学习经历、实践经历或工作经历）和特长（个人对自己所具备的技能的概括和评价）构成。

（四）心态准备

1. 学会正确自我定位

（1）自身的优势与应聘职位的适应性　应聘求职，对自身要有客观、全面的认识，知道自己的就业方向，即什么样的单位更适合自己的发展。主要从以下几方面定位。

① 我学习了什么。在学期间，我从专业学习中获得了什么收获？社会实践活动提高了自己哪些方面的知识和能力？

② 曾经做过什么。即在学习期间担任的学生干部职务、社会实践活动取得的成就及工作经验的积累等。

③ 最成功的是什么。在做过的事情中最成功的是什么？如何成功的？通过分析，可以发现自己的长处，譬如坚强、智慧超群、善于发挥创造性等，以此作为个人潜能挖掘的动力之源和魅力闪光点，形成职业设计的有力支撑。

（2）自身的弱势与求职目标

① 性格的弱点。明确在某些方面存在着先天不足，积极地与别人交流，找到其中的偏

差并努力弥补,这将有助于自我提高。

② 经验或经历中所欠缺的方面。正视自己的欠缺,认真对待,善于发现,努力克服和提高。

从职业生涯的发展规划来看,求职者需要尽快给自己定位,通过专业的测评工具,了解自己的个性特点、职业气质和能力倾向,评估自己的优势和弱项,并结合自己的兴趣和专业背景,寻找与自己匹配的工作。

2. 克服恐惧心理,充满自信

案例小故事 4-3

一家中外合资公司应聘面试时,通过层层筛选,最后只剩一男一女。经理在闲聊时,问了几个问题。"会打羽毛球吗?"男的答"会"。女的其实是不错的羽毛球选手,却答道:"打得不好。""给你们一辆小轿车,有没有把握学会驾驶?"男的说:"有,没问题。"女的说:"做得不好。"最后,公司录用了男性,淘汰了女性。

小思考 4-3

女的为什么被淘汰?如果你是该公司经理,你会写一句什么评价?

面试前要努力克服毫无必要的恐惧,不能过分谦恭。方法有三:自我暗示,帮助自己树立信心和力量;承认自己,要自信地认为经过多年的学习和锻炼,肯定拥有自己的长处;要拥有必胜的信念和旺盛的精力。

3. 积极进取,不轻言放弃

初进市场的求职者,容易把自己估计偏高,而一旦"马失前蹄"后,就易产生失落感,陷入自卑的深渊。因此要寻找失误的原因,以更大的信心寻找市场,抓住下一个机会。

4. 调整观念,保持健康的竞争心态

求职者应从自己的实际出发,处理好理想与现实的关系,调整就业心理,先就业,再择业。同时用人单位希望保持用人稳定,不信任频繁跳槽者。没有特别原因,不要随意跳槽。还应保持良好的竞争心态,正确看待择业过程中的挫败,主动摆脱受到挫折后的颓丧情绪,积极设法寻求新的择业机遇。

知识小看板 4-1

研究面试时的题目

(1) 你的长期目标和短期目标是什么?你在什么时间、为什么树立起这些目标?你准备怎样实现它们?

(2) 除了与职业相关的目标外,你有什么其他方面的目标吗?你是否需要有在下一个 10 年或更长的时间内为之奋斗的目标?

(3) 你预料从现在开始的 5 年内你将做些什么事情?在你的一生当中,你想做的最重要的事情是什么?

(4) 你的长期的职业方面的目标是什么?你计划怎样实现你的职业目标?

(5) 在职业方面你希望得到的最重要的奖励是什么?你希望 5 年后的收入达到多少?工作类型和收入中的哪一个对你来说比较重要?

(6) 你为什么要选择你准备从事的职业?

(7) 你认为你的强项和弱项是什么?你能形容一下你自己吗?

（8）你认为最了解你的朋友和教师如何描述你？
（9）什么事情或东西将激发出你最大的热情？
（10）为了你的职业生涯，在大学期间你都做了哪些准备工作？
（11）我们为什么要雇佣你呢？你认为哪方面的资历将有助于你以后取得职业方面的成功？
（12）你是怎样判断或评估成功的？
（13）你认为怎样才能在像我们这样的公司取得职业上的成功？
（14）你将以何种方式为我们公司做贡献？
（15）一个成功的管理者应具备什么样的资历？
（16）最让你感到满足的成就是什么？举例并说明。
（17）请讲一讲最有益的大学经历，你为什么选择了你毕业的大学？
（18）什么原因使你选择了你正从事的专业领域？
（19）在大学里你最喜欢的科目是什么？为什么？你不喜欢的科目是什么？为什么？
（20）如果可能的话，你将如何改变自己的学业？
（21）你希望学校有什么样的变化？为什么？
（22）你是否计划继续你的学业即得到一个更高级的学位？

二、面试礼仪

求职面试是指用人单位对应聘者或者毛遂自荐者进行有目的的面谈，是主考官对求职者的一种考察方法。面试的目的是让主考官不仅通过与求职者的交谈得到材料，而且通过求职者的外表、言谈、举止和个人表现来判断分析其是否是合适的人选，为机构、单位在选贤任能方面尽可能提供一个准确的参考。

（一）面试前的形象准备

案例小故事 4-4

某合资公司招聘公关小姐一名。面试那天周小姐精心地化了妆。为了体现现代气息和朝气，她选择了一身时髦的牛仔服和一双运动鞋。该公司人事经理黄先生询问了几个常规问题后，问周小姐为什么如此装束。周小姐说："我这打扮，是为了体现生机与进取。作为公关小姐就是要体现青春与活力。"

小思考 4-4

你认为周小姐会被录取吗？

1. 面试时的仪容仪表

一般而言，面试官评判面试者的服装的标准是：协调中显示着人的气质与风度的档次；稳重中表达着人的可信赖的程度；独特中言说着人的个性。

求职应聘是正式场合，着装要求大方整洁，有年轻人的朝气和自信，有专业精神。男士显得干练大方，女士显得庄重俏丽。面对主考官，要精神饱满，面带愉快和自然的微笑。

（1）应根据应聘岗位着装　若是应聘要求严格的单位或工作岗位，应身着套装，以深色为主，但一般忌穿黑色、灰色；黑色给人一种压抑感和威胁感，灰色则缺乏创意。

去应聘有创意的工作岗位，如策划公司、广告公司等，应聘者要体现观念新、思想解放、有个性的特点，可穿休闲类服装或时髦一点的衣服。但要注意讲求色彩，在视觉上应该抢眼、耐看，达到从着装上显示出应聘者的创意性和个性的目的。

如对应聘工作环境一无所知，则以清新整洁的打扮去面试。服装不求昂贵，而求大方得体。

(2) 着装戒挑逗、赶时髦　作为女性求职者着装不宜暴露、性感，化妆不宜太浓。而太过时髦的装束，人力资源经理并不赞同。

(3) 着装应力求舒适　形象在得体的同时，力求舒适。因此应穿着能博取应聘企业信任，流露真实自我的衣服，修饰应本着舒适的原则。

(4) 着装应适合个性特征　中年下岗求职者，衣着装扮应给人健康、干练、有活力的感觉；初入职场的年轻人，则应打扮得体、斯文、显得较成熟稳重。

好的形象和效果能有助于面试的顺利成功。

知识小看板 4-2

求职着装小贴士

男士：

白衬衣＋黑色或蓝色西裤＋黑色皮鞋适合职业类别：管理、营销、咨询、策划。

深色 T 恤＋蓝色牛仔裤＋白色旅游鞋适合职业类别：技术员、程序设计、软件设计。

女士：

马尾辫＋长袖白衬衣＋针织小背心＋深色西裤＋肉色袜子＋深色平口皮鞋适合各类职位的搭配。

束发＋翻领衬衣＋小西服＋职业裙＋长筒肉色丝袜＋深色平口皮鞋适合各类职位的搭配。

2. 面试前的行为举止

(1) 应聘时不结伴而行　无论应聘什么职位，独立性、自信心都是招聘单位对每位应聘者的基本素质要求之一。应聘时结伴而行，给主考官的印象是自信心不足，缺乏独立性，容易遭到淘汰。

(2) 举止要优雅大方　面试时应摒弃不文明的动作，严格遵守行为礼仪规范。

(3) 与招聘者保持一定距离　面试时，求职者和主考官必须保持一定的距离，留有适当的空间，不适当的距离会使主考官感到不舒适。而在等候面试时，不宜随意就座，应按照事先安排入座，不要随意挪动固定的椅子。

(4) 不卑不亢　求职面试的过程是一种人际交往过程，求职双方应用平和的心态去交流。求职者既不必盛气凌人，一副胜券在握的派头；也不宜妄自菲薄，谦恭过度。而应不卑不亢，坦诚乐观，谨慎而不拘谨。

(5) 忌奉承拍马　为了某种个人目的，在主考官面前奉承拍马是不适宜的，即使其临场发挥好，也可能会被慎重考虑。

(6) 忌犹豫不决　一般来说，求职者应聘时举棋不定的态度是不明智的，既让自己失去一次机遇，也容易被招聘者认为是一个信心不足的人，从而怀疑工作作风与实力，也在某种程度上反映了应聘者对单位不信任的心理。

(二) 见面礼仪

1. 应聘时机的选择

作为求职者，遵时守信是最起码的礼貌，时间观念是面试时的主要内容之一。迟到和违约是不尊重主考官的表现，也是一种不礼貌的行为。

应聘者一般应提前 5～10 分钟到达面谈地点，既表示求职的诚意，也能给对方以信任感，还可以在面试前调整自己的心态，并做一些简单的礼节准备，稳定自己的情绪。

应聘者一定要牢记面试的时间、地点，有条件的应聘者最好能提前考察招聘地点及路线,以便熟悉环境,掌握路途往返时间,以免因一时找不到地方或途中延时而迟到。

2. 进入应聘现场的礼仪

进入应聘现场前,应关掉手机,避免干扰。

传召前,应敲门,得到允许后才能进入。入室应整个身体一同进去,入室后,背对招聘者将门关上,然后缓慢转身面对招聘者。关门动作宜轻,要表现从容、自然。

面对招聘者要主动打招呼,以微笑示意,同时说声"您好""各位好"等问候语。然后主动进行自我介绍,并双手将个人应聘材料递给招聘主管,同时说声"这是我的应聘材料,请多关照"。

不要主动行握手之礼,只有主考官先伸手,你才能响应。招聘者没说请坐时,不要急于落座。请坐下时应道声"谢谢"。

3. 姿态礼仪

身体语言在人际交流中占50%以上,除了职场竞争激烈外,面试时身体语言表现是否恰当也是面试成功与否的重要因素。

(1)站姿 正确的站姿是抬头、目视前方、挺胸直腰、肩平、双臂自然下垂、收腹、双腿并拢直立、脚尖分呈V字形,身体重心放到两脚中间;也可两脚分开,比肩略窄,双手交叉,放在体前或体后。与主考官交谈时,保持一米左右的距离为宜。

(2)坐姿 应聘时,在没有听到"请坐"之前,绝对不可以坐下;入座时要轻,至少要坐满椅子的2/3,后背轻靠椅背,双膝自然并拢或略分开,把手自然地放在上面;身体可稍向前倾,表示尊重和谦虚。女士入座前应用手背扶裙,坐下后将裙角收拢,两腿并拢,双脚同时向左或向右放,两手叠放于腿上。如长时间端坐可将两腿交叉叠放,但要注意上面的腿向回收,脚尖向下。

(3)面部表情 应聘时应始终面带微笑,谦虚和气,有问必答。面试时,应试者应当与主考官保持目光接触,以表示对主考官的尊重。目光接触的技巧是,盯住主考官的鼻梁处,每次15秒左右,然后自然地转向其他地方,例如望向主考官的手、办公桌等其他地方,然后隔30秒左右,又再望向主考官的双眼鼻梁处。切忌目光犹疑、躲避闪烁,这是缺乏自信的表现。做出具体答复前,可以把视线投在对方背景上,如墙上约两三秒钟做思考,不宜过长,开口回答问题时,应该把视线收回来。

(三)应答礼仪

1. 应答原则

(1)文明礼貌 面试时无论是自我介绍,还是答复询问,均须使用必要的谦辞、敬语。回答考官提问,应称其职务,或以"您"和其他尊称相称。

(2)标准 面试时谈吐标准,首先是要求回答问题要完整、准确,语言要标准,发音要标准,多用术语,而且在通常情况下讲普通话。

(3)连贯 谈吐连贯的含义是:一是要求前后连贯,即面试时的谈吐应与求职者自己向用人单位提供的书面材料完全相符;二是应答时要一气呵成,不要拖泥带水、吞吞吐吐。

(4)简洁 在应答时,求职者的谈吐应当化繁为简,简明扼要。

2. 面试者语言运用的技巧

面试场上语言表达艺术标志着求职者的成熟程度和综合素质,对求职者来说,掌握语言表达的技巧无疑是重要的。

(1)认真聆听,流利回答 主考官向你介绍情况时,要专注,对其问题要逐一回答,口齿清晰,发音准确,语言文雅大方。交谈时还要注意控制说话的速度,以免磕磕绊绊,影响语言的流畅;答话要简练、完整,尽量不要用简称、方言、土语和口头语,以免对方难以听懂。对方在谈话时可以在适当的时候点头或适当提问、答话。

一般情况下不要打断主考官的问话或抢问抢答，否则会给人急躁、鲁莽、不礼貌的印象。问话完毕，听不懂时可要求重复，当不能回答某一问题时，应如实告诉主考官，含糊其词和胡吹乱侃会导致面试失败。

（2）语气平和，语调恰当，音量适中　面试时要注意语言、语调、语气的正确运用。语气是指说话的口气，语调则是指语音的高低轻重配置。打招呼问候时宜用上语调，加强语气并带拖音，以引起对方注意。自我介绍时，最好多用平缓的陈述语气，音量的大小要根据面试现场情况而定。以每个主考官都能听清讲话为原则。

（3）注意听者的反应，及时调整　求职者面试不同于演讲，而是更接近于一般的交谈。交谈中，应随时注意听者的反应。比如：听者心不在焉，可能表示他对这段话没有兴趣，必须设法转移话题；侧耳倾听，可能说明由于音量过小使对方难于听清；皱眉、摆头可能表示语言有不当之处，根据对方的这些反应，就要适时地调整语言、语调、语气、音量、修辞，包括陈述内容，这样才能取得良好的面试效果。

（4）掌握发问的技巧　求职面试，当主考官了解了求职者的基本情况后，会给应聘者发问的机会，这是求职者了解招聘单位的机会。应该抓住时机，简单扼要地向主考官提问，从中判断这份工作是否值得考虑。

3. 面试者回答问题的技巧

（1）把握重点，简捷明了，条理清楚，有理有据　一般情况下回答问题要结论在先，议论在后，即先将自己的中心意思表达清晰，然后再做叙述和论证，否则，长篇大论，会让人不得要领。面试时间有限，神经太紧张，多余的话太多，容易离题，反倒会将主题冲淡或漏掉。

（2）讲清原委，避免抽象　主考官提问总是想了解一些应试者的具体情况，切不可简单地以"是""否"作答。应针对所提问题的不同作细节回答，有的需要解释原因，有的需要说明程度。不讲原委、过于抽象的回答，往往不会给主考官留下具体的印象。

（3）确认提问内容，切忌答非所问　面试中，如果对主考官提出的问题一时摸不到边际，以至于不知从何答起或难以理解对方问题的含义时，可将问题复述一遍，并先就自己对这一问题的理解，请教对方以确认内容，对不太明确的问题，一定要搞清楚，这样才会有的放矢，不至于答非所问。

（4）有个人见解，有个人特色　主考官接待应试者若干名，相同的问题问若干遍，类似的回答也要听若干遍。因此，主考官会有乏味、枯燥之感。只有具体独到的个人见解和有个人特色的回答，才会引起对方的兴趣和注意。

（5）知之为知之，不知为不知　面试遇到自己不知、不懂、不会的问题时，回避闪烁、默不作声、牵强附会、不懂装懂的做法不可取。诚恳坦率地承认自己的不足之处，反倒会赢得主考官的信任和好感。

知识小看板 4-3

消除过度紧张的小技巧

1. 面试前可翻阅一本轻松活泼、有趣的杂志书籍

阅读书刊可以转移注意力，调整情绪，克服面试时的怯场心理。避免等待时产生紧张、焦虑的情绪。

2. 面试过程中注意控制谈话节奏

进入考场致礼落座后，若感到紧张先不要讲话，而应集中精力听完提问，再从容应答。

一般当人的精神紧张时,讲话速度会不自觉地加快,讲话速度过快既不利于对方听清讲话内容,又会给人紧张的感觉,容易出错,强化紧张情绪。讲话速度过慢,缺乏激情,气氛沉闷,会使人生厌。一般刚开始谈话时可以有意识地放慢讲话速度,等自己进入状态后再适当增加语气和语速。这样,既可以稳定自己的紧张情绪,又可以扭转面试的沉闷气氛。

3. 回答问题时,目光可以对准提问者的额头

面试时把目光集中在对方额头上,既可以给对方以诚恳、自信的印象,也可以鼓起自己的勇气、消除自己的紧张情绪。

(四)面试结束后的礼仪

1. 面试当场结束后的礼仪

(1) 主动告辞　当双方意愿表达得差不多时,求职者听到考官说:"今天就谈到这里","你的情况我们已经了解了。你知道,在做出最后决定之前,我们还要面试几位申请人。"等话语时,应主动告辞。

(2) 告辞要礼貌　应聘结束时,应一面徐徐起立,一面以眼神正视对方,趁机做最后的表白,以凸显自己的热忱。如:"谢谢您给我一个应聘的机会,如果能有幸进入贵单位服务,我一定全力以赴"等,然后欠身行礼,说声"再见",轻轻把门关上并退出。告别话语要说得真诚,发自内心,才能让招聘者留有余地。

2. 面试后必备礼仪

(1) 感谢对方　为了加深招聘人员对你的印象,增加求职成功的可能性,面试后两天内,你最好给招聘人员打个电话或写封信表示谢意。

感谢电话要简短,最好不要超过5分钟。

感谢信要简洁,最好不超过一页。感谢信的开头应提及自己姓名及简单情况。然后提及面试时间,并对招聘人员表示感谢。感谢信的中间部分要重申对该公司、该职位的兴趣,增加些对求职成功有用的事实内容,尽量修正可能留给招聘人员的不良印象。感谢信的结尾可以表示对自己的素质能符合公司要求的信心,主动提供更多的材料,或表示希望能有机会为公司的发展壮大做出贡献。

(2) 不要过早打听面试结果　在一般情况下,考官在每天面试结束后,都要进行讨论和投票,然后送人事部门汇总,最后确定录用人选,可能要等3~5天。求职者在这段时间内一定要耐心等候消息,不要过早打听面试结果。在写信致谢后几天,就可以打电话询问。如果对方还没有决定,可以再询问是否还有面试以及自己是否有希望。

(3) 保持诚恳态度　如果被几家公司同时录取,并决定接受其中一个职位,有必要向被拒绝的公司写信表示感谢,也许将来会有一天换到那家公司工作。这封致谢信会给对方留下良好的印象。表示拒绝的感谢信应该直接寄给最后决定录用的人,在信中只要表达谢意和已经接受其他公司的工作就可以了,不必做任何解释,也不要提及那家公司的名字。

知识小看板 4-4

面试细节

(1) 不嚼口香糖、不抽烟,尤其现在提倡禁烟,更不要在面谈现场抽烟。与人谈话时,口中吃东西、叼着烟都会给人不庄重的感觉,也显得不尊重对方。

(2) 不弯腰垂头。这种姿势不但显得没朝气、精神不振,也会令人觉得你对此次面谈缺乏兴趣。正确的姿势应是腰杆挺直,双手放置在适当位置(千万别撑着下巴),双眼直视对方双目并面带微笑。

(3) 不可要求茶点,除非是咳嗽或需要一杯水来镇定自己。

（4）不要随便乱动办公室的东西。

（5）不要谈论个人故事而独占谈话时间。

（6）自己随身带的物品，不可放置在考官办公桌上。可将公文包、大型皮包放置于座位下右脚的旁边，小型皮包则放置在椅侧或背后，不可挂在椅背上。

（7）离座时记住椅子要还原，并向主考官行礼以示感谢。

三、求职信函、求职电话和笔试礼仪

求职面试的基本方法有信函自荐、电话自荐和笔试等，掌握这些方法和技巧，会有助于求职面试取得成功。

（一）信函礼仪

1. 求职信

求职信是获得面试的第一步，要求良好扎实的写作功底以及各方面的知识，自荐信的好坏会很大程度地影响简历表的作用。一份好的自荐信能赢得一个面试机会，但一份不好的自荐信也同样会使你原本出众的简历形同虚设。

（1）求职信的特点

① 针对性强。针对用人单位的用人条件和要求来陈述自己的求职理由。一般是先阐述自己符合用人单位的用人条件，然后介绍自己适合用人单位用人要求的优势所在。

② 功利目的。任何形式的自荐信都旨在让对方录用自己，因此在撰写自荐信时要把自己的基本情况，尤其是某方面的特长、优势以及基本设想如实地写出来，设法使对方了解自己，并认定自己的潜力，博得对方的好感。

③ 语言自然、得体。平实、典雅、有分寸地介绍自己。

（2）求职信的分类

① 根据求职者身份的不同，可分为毕业生求职信、待业人员求职信和从业人员求职信三种。

② 根据阐述问题的角度不同，求职信可分为自荐信、应聘信两种。

自荐信是主动向用人单位介绍自己的基本情况，自我推介从而申请某一职位的求职信。写信人根据自己的专业特长，有目的的寻找适合自己的单位，如果单位需要某专业人才，而自己认为自己对该职位感兴趣并能够胜任该工作，就可毛遂自荐，主动提出申请。

应聘信是根据用人单位的招聘广告，应聘其中某一职位的书面申请。如果求职者认为自己符合招聘广告中某一职位的条件，即可写信应聘。

③ 根据有无明确求职单位来分，可分为针对某一单位而写的求职信和没有明确目标的自荐信。

④ 根据求职信息发送的形式来分，可分为以书面材料寄送或当面呈递的求职信和通过媒体发送的求职信两种形式。

（3）求职信写作的注意事项

① 中心明确、重点突出。求职信的核心内容是要针对用人单位招聘广告或所了解的信息，重点介绍自己前往求职的优势条件，尽可能找出主客观条件相吻合之处，即善于推销自己。

② 用数据来说明问题，可具有说服力，要善于把定量和定性结合起来。

③ 结尾处可强调求职者的愿望要求，如盼望给予肯定答复或给予面试机会以及期望收到录用通知书等。

④ 用词要准确，态度要虔诚，既不要骄傲自大，也不要谦虚过度。不要写错别字。

(4) 求职信的写作格式

① 标题。一般以"求职信"或"自荐书"三字为标题，居于首页正中。

② 称呼。第二行顶格书写。如果是写给单位的，则直接写明单位名称即可。如果是写给单位具体负责领导，一般称呼其职务，如"×××经理"。如果是一种没有目的的自荐，直接称呼"尊敬的领导"即可。求职信的语言要不卑不亢，礼貌得体。

③ 正文。一般由开头、主体、结束语三部分组成。

开头。求职信的开头要写清求职自荐的缘由和目的。开头部分的表述要简明准确，富有吸引力，从而达到两个效果：一是吸引对方有兴趣看完求职材料，二是引导对方自然而然地进入"求职"的主题而不觉突然。多以背景式的材料起笔。如："我从1月9日《××晚报》上看到贵公司招聘人才的广告，心中甚为欣喜。首先是佩服贵公司广纳天下贤士以图进一步发展的谋略，其次是认为我本人比较符合贵公司招聘人才的条件。"这种写法平实、亲切，"甚为欣喜"的两个原因，恰到好处表现了心愿和恭维。这句话的不经意流露，可以沟通感情，缩短距离。

主体。要针对用人单位招聘广告或求职者所了解的信息，介绍自己能够胜任某项工作的优越条件（如知识、学历、经验等），要力求简明、重点突出。尽量做到自己的主观条件和对方的客观需求相一致，从而打动对方。具体说来，包括以下一些内容。

简述自己的个人基本情况和对该单位的了解。求职者应对自己的姓名、性别、籍贯、年龄、民族、政治身份、学历、专业等情况加以介绍；还要写明自己求职的缘由，如是应聘信要写明应聘信息的来源，如是自荐信，在不知对方是否招聘员工的情况下，应写明对该单位的印象，以表明自己愿意到该单位的决心。

简述自己的优势、特长、工作经历或社会活动实践经历。在这一部分里，要力图向对方展示自己的硬件，并表明自己有较强的可塑性，有与某项工作要求相符合的特长、性格和能力，从而让对方觉得：无论从哪个角度讲，你都能胜任该项工作。撰写本部分时，应扬长避短，针对具体情况多角度多层次多方位的展示自己。重点放在学历和自己已经具备的技术、能力方面。所述内容应力求真实，否则极有可能弄巧成拙。

写明自己对应聘工作职位的相应要求，以便自己在真正被录用后有较适合自己工作的环境和待遇，现代社会的供需关系是一种双向选择的关系，招聘单位可以对应聘者提出具体要求，求职者也可对单位提出自己的想法，体现平等互惠的关系。如："从1989年至今，我主要从事过外籍专家、外籍教师的管理工作，学校与国外大学的校际交流工作，负责组织筹备在人民大学召开的国际会议……英语已经达到熟练听说读写译的水平，日语也达到初级标准，能够听懂简单会话、阅读信件……我对工作的责任心很强，并要求自己高素质、高质量地完成工作。"

结束语。目的是给人一个完整鲜明的印象。一般表明求职者想得到该项工作的迫切愿望，希望早日得到明确的答复。

④ 祝语。祝语作为求职信的结尾部分，要写上感谢或祝福性的话语。

⑤ 署名和时间。在祝语的右下方，要写上"求职者×××"，并注明写求职信的具体日期。另外，为方便对方回复、联系，最好写上自己的详细通信地址和邮政编码以及电话、电子信箱等联系方式。

知识小看板 4-5

求职信模板

××经理：

我从《×××日报》上的招聘广告中获悉贵酒店欲招聘一名经理秘书,特冒昧写信应聘。

两个月后,我将从工商学院酒店物业管理系毕业。我身高1.65米,相貌端庄,气质颇佳。在校期间,我系统地学习了现代管理概论、社会心理学、酒店管理概论、酒店财务会计、酒店客房管理、酒店餐饮管理、酒店前厅管理、酒店营销、酒店物业管理、物业管理学、住宅小区物业管理、应用写作、礼仪学、专业英语等课程。成绩优秀,曾发表论文多篇。熟悉电脑操作,英语通过国家四级,英语口语流利,略懂日语、粤语、普通话运用自如。

去年下半学期,我曾在×××五星级酒店客房办公室实习半个月,积累了一些实际工作经验。我热爱酒店管理工作,希望能成为贵酒店的一员,和大家一起为促进酒店发展竭尽全力,做好工作。

我的个人简历及相关材料一并附上,如能给我面谈的机会,我将不胜荣幸。

联系地址:广州×××工商学院酒店物业管理系 510507

联系电话:13911111234

    此致

敬礼

求职人:×××

2. 简历

简历主要是针对应聘的工作,将相关经验、业绩、能力、性格等简要地列举出来,以达到推荐自己的目的。由于毕业生就业推荐表栏目和篇幅限制,多数毕业生更希望有一份个性突出、设计精美、能给用人单位留下深刻印象的简历。

(1) 简历的设计原则

① 简历要有重点。招聘者希望看到认真负责的态度。聘用单位寻找的是适合某一特定职位的人,如果简历的陈述没有突出擅长的工作和职位重点,或是把求职者描写得适合于所有职位,很可能将无法在任何求职竞争中胜出。

② 要把简历看作一份广告,推销自己。最成功的广告通常要求简短而且富有感召力,并且能够多次重复重要信息。简历应该限制在一页以内,工作介绍不要以段落的形式出现;尽量运用动作性短语使语言鲜活有力;在简历页面上写一段总结性语言,陈述在事业上最大的优势,然后在工作介绍中再将这些优势以工作经历和业绩的形式加以叙述。

③ 简历陈述最有利的信息,争取成功机会,也就是说尽量避免在送交简历阶段就遭到拒绝。为面试阶段所进行的简历筛选,就是一个删除不合适人选的过程。招聘者对理想的应聘者有要求,如应有相应的教育背景、工作经历以及技术水平,这会是应聘者在新的职位上取得成功的关键。

(2) 简历的内容 简历并没有固定格式,对于社会经历较少的大学生,包括个人基本资料、学历、社会工作及课外活动、兴趣爱好等,其内容大体包括以下几个方面。

① 个人基本资料。主要指姓名、性别、出生年月、家庭住址、政治面貌等,一般写在简历的最前面。

② 学历。用人单位主要希望了解应聘者的智力及专业能力水平,一般写在前面。

③ 生产实习、科研成果和毕业论文及发表的文章。这些材料能够反映你的工作经验,展示你的专业能力和学术水平,将是简历中一个有力的参考内容。

④ 社会工作。现在的用人单位越来越倾向有工作经验的人,渴望招聘到具有一定应变能力、能够从事各种不同性质工作的大学毕业生。学生干部和具备一定实际工作能力、管理

能力的毕业生比较受欢迎。社会工作对于在求学的毕业生来说，主要包括社会实践活动和课外活动，在应聘时相当重要。

⑤ 联系方式。联系地址、电话、邮政编码千万不要忘记写，以免因用人单位联系不到你而失去机会。

（二）电话礼仪

 案例小故事 4-5

小远正逛街，突然接到某公司的电话面试。此时周围有商场背景音乐和人群的嘈杂声，对面试不利。于是小远非常礼貌地告诉对方："不好意思，我正在外面，环境比较吵闹，是否能过10分钟给您打回去？"对方应允，并留下电话。

Sunny下午5点多在报摊上买了份招聘类报纸，查阅到了一个心仪职位。为在第一时间与招聘方联系，就立刻拨通了对方电话："喂，请问是××公司吗？我看了报纸，想来应聘……"还没等她说完，对方就表示人力资源部负责人正在开会，且下班时间快到，没空细聊，但还是记下了她的手机号码，表示第二天会联系她。

小明自认第一轮面试回答顺利，应该能有复试结果。然而3天后仍未接到电话。焦急的他按捺不住致电对方："喂，您好，我是李明，我想请问一下你们第二轮复试是否已经开始？""对不起，我们的复试已经开始，若你没有接到通知说明没有进入第二轮面试。"公司方简单地回绝了李明。

小思考 4-5

在以上案例中为什么小远的要求被应允，而Sunny和李明则遭到回绝？

通过求职电话取得成功，除了尽可能给受话人留下深刻清晰的语音印象外，还要讲究一些打电话的具体技巧。电话求职可以与寄简历双轨进行。但电话求职有几点需要注意。

1. 打电话的时机

一般来说，电话求职应该在对单位较为了解的情况下使用，比如自己曾经实习过的单位、曾经发送过求职简历的单位或曾经有过联系的单位。这样的单位自己比较了解，容易掌握更多的信息，尤其是人事部门的信息，也能够找到更多的话题沟通。

打电话的时间一般应选在上午9～10点（周一一般不打电话），最好不要刚上班就打电话，要给对方一个安排工作的时间。下午4点以后也不宜再打电话。

2. 尊称和礼貌用语

电话接通后第一件事就是有礼貌地问候"老师您好"。"老师"被当作一个广泛的称谓，不一定特指学校里的老师。此称呼适用于初次打电话，在不了解受话人的身份的情况下表示对对方的尊重。但当得知对方的职务、身份、姓氏以后，则应该改称对方的职务，如某某主任等。

3. 通话的时间不宜过长

要注意控制双方的通话时间，尤其是要控制自我介绍的时间，力争在2分钟内将自己的情况向用人单位介绍清楚。

虽然是简单应聘，但还是需要准备好问题，以免遗漏。如职位要求、招聘人数。简单概括出自己符合职位的特长和擅长的技能，简明扼要地介绍自己的经验。询问招聘流程、面试时间、上岗时间等。

4. 打电话之前要做好准备工作

尽量收集、了解用人单位的基本情况，对自己也要有客观、公正的认识，还要根据用人单位的需求情况结合自己的特点对谈话内容进行全面考虑。电话应聘时要做好以下准备。

(1) 拿着简历回答问题　若接电话时正好手边有简历，记住一定要把它拿出来，对照着回答问题。一般来说，面试方会进行常规的简历信息核实。对于一些跳槽多次、工作经验复杂的求职者，对照着简历可以避免错报次数以及跳槽时间等内容，免得留下"不诚实"的印象。

(2) 在手边准备纸和笔　有时公司会出一些小技术题或逻辑题请应聘方回答，手边有纸笔可方便记录和计算。

(3) 注意语速　人的语速有很大差别，注意尽量配合面试官的语速。若面试官语速相对较慢，你就该放弃一贯快速的说话方式，转为和对方语速同步。同时注意不要抢话，要等对方提问完毕后才回答。另外，回答时不要滔滔不绝，也不能只答"是"或"好"。

(4) 控制语气语调　在通话时要态度谦虚、语调温和、语言简洁、口齿清晰。并且语气、态度也应该配合对方，这样有利于双方愉快地交流。

5. 拉近与用人单位的距离

如"我是某某学校某某专业的应届毕业生，听说咱们单位需要一个某某专业的毕业生"很有代表性，一个小小的"咱"字拉近了彼此的距离，当然类似的技巧一定要根据实际情况灵活运用。但如果是师兄师姐介绍你去他们所在的单位应聘，最好事先弄清师兄师姐同你电话联系对象的关系，如果两人较生疏甚至有矛盾，最好不要在对方面前表示你和师兄师姐的关系特别好之类，万灵的办法是一般校友关系。

6. 电话中避免问到的问题

或许求职者对薪水的多少非常在意，但对用人单位而言，如果不清楚底细，是无法马上回答的。至于有关加班及休假的问题，也会容易让人质疑求职者的敬业态度，在电话中应尽量避免询问。

（三）笔试礼仪

笔试是一种常用考核办法，目的是考核应聘人员的文字能力、知识面和综合分析事物的能力。它通常用于一些专业技术要求很强和对录用人员素质要求很高的单位，如一些涉外部门、技术要求很高的专业公司以及国家机关选聘公务员等。

1. 常见的笔试种类

(1) 专业能力考试　这种考试主要是检验应聘者担任某一职务时是否能达到所要求的专业知识水平和相关的实际能力。这几年毕业生热衷报考的国家机关公务员资格考试，其笔试包括《行政职业能力倾向测验》《写作》和《综合知识》。又如招聘行政管理、秘书方面工作的单位对应聘者文字能力的测试，部分单位对某种计算机语言有较高的要求时，测试应用特定语言编程的能力。为检验毕业生实际工作能力或专业技能力，通常还要进行专业技术能力考试。这种考试往往在特意设置的工作环境中进行。下面举几个例子。

① 阅读一篇文章，写读后感。

② 自编一份请求报告或会议通知。

③ 听到5个人的发言，写一份评价报告。

④ 某公司计划在5月份赴日本考察，写出需要做哪些准备工作。

⑤ 给一个科研题目，写出科研论文的详细大纲。

从你的答卷中可看出你的文字表达能力以及分析问题和逻辑思维能力等。

(2) 智商和心理测试　智商测试主要为一些著名跨国公司所采用，它们对毕业生所学专业一般没有特殊要求，但对毕业生的素质要求较高。它们认为，专业能力可以通过公司的培训获得，因此有没有专业训练背景无关紧要，但毕业生是否具有不断接收新知识的能力是至关重要的。

智商测试并不神秘。一种是图形识别，比如一组有四种图形，让应试者指出其相似点和不同点。这类题目在一些面向中小学生的智力游戏书中是很常见的，一些面向大众的杂志偶尔也刊登这类游戏题目。另一种是算术题，主要测试毕业生对数字的敏感程度以及基本的计算能力，比如给定一组数据，让毕业生根据不同的要求求出平均值，其难度绝不超过对中学生的计算能力的要求水平。尽管如此，一些理工科的毕业生也考不到60分。这类测试尤其是会计师、审计师等职业所要求的。

心理测试是用事先编制好的标准化量表或问卷要求被试者完成，根据完成的数量和质量来判定其心理水平或个性差异的方法。一些特殊的用人单位常常以此来测试求职者的态度、兴趣、动机、智力、个性等心理素质。

（3）综合能力测试　综合能力测试兼有智商测试的要求，但程度更高，比如，应试者要在规定的时间内对一组数据、一组资料进行分析，找出其合理的地方和存在的问题，并设计出解决问题的方案。这是对学生阅读理解能力、发现问题、分析和解决问题的能力知识面等素质的全方位测试，甚至有时候问答都是用英语进行，相对来说难度更大一些。

2. 笔试技巧

（1）复习知识　对大学专业知识进行必要复习是笔试准备的重要方式。一般说来笔试都有大体的范围，可围绕这个范围翻阅一些有关图书资料，复习巩固所学过的课程内容，温故知新，做到心中有底。

（2）增强信心　笔试怯场，大多是缺乏信心所致。要客观冷静地对自己进行正确评估，克服自卑心理，增强信心。临考前，一要适当减轻思想负担，二要保证充足的睡眠，三要适当参加一些文体活动，从而使高度紧张的大脑得到放松休息，以充沛的精神去参加考试。

（3）临场准备　提前熟悉考场环境，有利于消除应试时的紧张心理。还应仔细看看考场注意事项，尽量按要求做好。除携带必备的证件外，一些考试必备的文具（钢笔、橡皮等）也要准备齐全。

（4）科学答卷　拿到试卷后，首先应通览一遍，了解题目的多少和难易的程度，以便掌握答题的速度，然后根据先易后难的原则排出答题的顺序，先攻相对简单的题，后攻难题。这样就不会因为攻难题浪费太多时间而没有时间做会答的题，遇到较大的综合题或论述题，则应先列出提纲。再逐条论述。

在答完试卷后，要进行一次全面复查，特别注意不要漏题、跑题。要纠正错别字、语法不通、词不达意等错误。值得特别注意的是答题时必须做到字迹端正，卷面整洁。因为招聘单位往往从卷面上联想应聘者的思想、品质、作风。字迹潦草、卷面不整的人，招聘单位先不看你答的内容，单从你的卷面就觉得你不可靠；而那些字迹端正、答题一丝不苟的人，招聘单位认为你态度认真、作风细致，对你更加青睐。

3. 笔试时的要求

参加笔试时，要按要求准时到场，不能迟到。卷面要整洁，字迹工整，给阅卷老师留下良好的印象。在考试过程中，绝对不能作弊或搞小动作，对于这一点，用人单位是尤其看重的。

【实训设计】

项目名称：模拟面试大赛。

项目目的：通过组织模拟招聘会，让学生熟悉面试流程，把握面试礼仪规范和相关技巧。

项目简介：以班级为单位组织模拟招聘会，设置外贸业务员、销售经理、主管会计、餐厅经理等岗。以比赛的形式进行招聘。

比赛形式：此次大赛采用逐轮淘汰制，而每轮又将采用打分制，选手将经过层层筛选进入最后的决赛。

（1）初赛：我们将收集的简历分组进行打分，根据分数的排名，每个岗位筛选出 6 人进入笔试。

（2）复赛（有助于感受真正招聘的气氛）

第一环节：笔试。在笔试环节，选手将会接受一场 30 分钟的综合测试，评委会对结果进行测评、打分，每个岗位决出 8 名选手进入复赛第二环节。

第二环节：自我介绍、情景面试。

情景面试：8 分钟/每人。评委将对选手现场进行相关岗位即兴提问。

不同的评委将针对每一环节进行打分，综合分数将决定选手的排名。每个岗位前 3 名进入决赛。

（3）决赛

第一环节：自我介绍，每位选手将有 1 分钟的时间进行自我介绍。

第二环节：压力面试。每人 3 分钟，评委向选手提出专业问题，选手在规定时间内回答问题。其目的是确定求职者对压力的承受能力、在压力前的应变能力和人际关系能力。

第三环节：无领导小组讨论。各岗位选手自成一个小组，各组将有 15 分钟的时间在场外讨论相关岗位的案例，每组有一位评委现场监督。之后每组有 10 分钟在现场陈述讨论结果，形式不限。

每个环节将有评委打分，以累积分作为排名依据。最后评出各个奖项。

穿插节目：在小组 15 分钟讨论的同时进行观众互动，观众现场模拟面试。由观众自愿上台接受评委现场面试。

项目说明：大赛在会议室进行，以班级为单位，分成若干小组，由学生分别扮演招聘人、应聘者、评议者。

【知识小结】

求职前一定要做好职业规划，分析自我优势、弱点，全面了解目标单位，以做到心中有数，尊人重己。求职材料应该做到：格式标准，语气礼貌恰当，篇幅不可过长，不可空洞无物，不可弄虚作假，应当真实可信，语气流畅，称呼得当，语气恳切。要有良好的心态，要培养自信心。

求职者要注意仪表形象，着装得体大方、有职业感，要从表情、语言、仪态方面做好模拟练习，对可能遇到的情况做好准备。

求职中应注意求职信函的写作，注重电话求职和笔试求职的礼仪技巧。

【思考训练】

想一想

（1）有人说"好的简历就是成功的一半"，你对这句话怎么理解？

（2）求职信与简历写作的内容要求有哪些？

（3）有人认为"面试后不要采用电话的方式去打探结果"，你如何看？

练一练

（1）试分析自己的优势有哪些，这些优势是否能够在目标工作中体现出来？

（2）面试中该如何自我介绍？

（3）时下，有不少人将面试后的心情日记发到互联网上，从礼仪的角度分析，你认为这样做应该注意哪些问题？

（4）找朋友进行一次模拟面试练习，看看自己有哪些不当的身体姿势和习惯动作。

谈一谈

（1）试结合下面的材料，分析求职面试前的必备礼仪。

东北某城市人才市场的负责人员在回答求职者的困惑时曾有这样一段话：低学历如何赢得面试机会？企业在招聘时，在注重学历的同时，更看中的是求职者的实际能力和综合素质以及全方位的实际运用能力，因为这才是企业创造价值的核心所在。所以，在找工作时，如果学历不占优势，要在简历里和面试过程中突出你的实际能力和能给企业带来的价值。而如果真到碰到那些只讲学历不论能力的企业拒绝了你，也没有必要惋惜，因为这个企业也许不合适你。另外，在找工作时不要急于求成，事先要对即将面试的公司有一个充分了解，防止受骗。在面试时，可以对公司的背景、经营模式、目前的发展状况和未来的发展规划、企业文化等有一个了解。

（2）某公司登报招聘一名文职人员，约30人前来应聘。入选的是一位既没有带一封介绍信，也没有任何人推荐的小伙子。人问其故，经理解释说："他带来了许多介绍信。他神态清爽，服饰整洁，在门口蹭掉了脚下带的泥土，进门后随即轻轻地关上了门，说明他做事有条不紊、小心仔细；进了办公室，其他人都从我故意放在地板上的那本书迈步过去，而他却很自然地俯身捡起并放到桌上；回答我的问题时简单明了，证明他既懂礼貌又有教养，难道这些不就是最好的介绍信吗？"

思考：

有人说，应聘就是一场秀，关键看你的表演如何。也有人说，礼仪和素养训练在于点滴的积累。结合例中求职的表现，谈谈你对此两种论调的看法。

情境三
商务交往日常礼仪的运用

【训练目标】

知识目标

◎ 了解日常交往过程中的见面礼仪、交谈礼仪、餐饮礼仪的基本知识。

能力目标

◎ 培养规范运用日常交往礼仪的能力；
◎ 熟练应用日常交往礼仪，养成良好的行为规范，塑造良好的职业个人形象。

素质目标

◎ 礼仪融入学生的日常行为规范中，提高自身的综合素质。

任务五　见面礼仪

【学习任务】

（1）掌握问候致意、握手、鞠躬、介绍以及名片递交的基本礼仪规范、姿势和要求。

（2）学会恰当表达寒暄与问候，规范地行鞠躬礼、拥抱和吻礼、握手礼，正确使用称谓、名片，从而具备商务人员应有的优雅风度和基本素质。

【情境设计】

宏运公司是××电脑公司的代理公司，现宏运公司业务代表王先生和经理李小姐要与电脑公司华中区张经理见面，商谈有关业务方面事宜。此前王先生曾与张经理有过业务接触，而李小姐一直未见过张经理。

任务

请预演三人见面时的情景。王先生应如何介绍李经理与张经理呢？他们见面时要怎样做呢？

解决问题

一个人在社会中欲生存、发展，都必须以各种形式与其他人进行交往。因为没有交往就难以合作；没有合作就难以生存、发展。见面礼仪是与人交往时最基本、最常用的礼节，它最能反映一个人及社会的礼仪水平。我们可以设想三人见面后应互致问候，不熟悉的人之间应相互介绍，然后握手，互换名片，寒暄后才开始进入正题。这看似简单，却蕴涵复杂的礼仪规则，表达丰富的交际信息。

掌握基本的见面礼仪，能使人适应日常商务场合的礼仪要求，从容应对现代商务活动的需要，赢得客户好感，在竞争中脱颖而出，并不断提升个人整体素质，给人留下深刻的第一印象，从而塑造商务人员良好的个人职业形象和企业形象。

【核心知识】

一、见面招呼礼仪

（一）问候致意礼仪

1. 有声语言——寒暄问候

寒暄问候是人们相逢之际所打的招呼，见面时的应酬话。交往中，几句得体的寒暄问候语，能使不相识的人相互认识，使不熟悉的人相互熟悉，使沉闷的气氛变得活跃、融洽，有利于顺畅地进入正式交谈。从心理角度看，初次见面双方都有一种想了解对方的愿望，寒暄中的语言要体现出真挚、坦诚、热情。

（1）寒暄问候的常见类型

① 问安型。随着时代发展，比较随意性的问候随处可见。如："上哪去呀？""吃过饭了吗？""怎么这么忙啊？"等。这一类问语只是见面时交谈开始的过渡语，并不需要回答。主要用于熟识的人之间，在商务交往过程中，适用于比较熟悉的客户、朋友之间的问候。

② 攀认型。攀认型是抓住双方共同的亲近点，并以此为契机进行发挥性寒暄，以达到与对方顺利接近的目的。比如"同乡""自己喜欢的地方""自己爱好的运动"等就是与客人攀认的契机，就能与客户"沾亲带故"。

③ 关照型。关照型寒暄主要是指要积极地关注客人的各种需求，在寒暄过程中要不露痕迹地解决客人在商务活动中的疑问或不安。客人的需求有衣食住行等具体方面的，也有心理感受方面的，如果商务人员在寒暄中能够有针对性地关注这些方面的问题，就能够一定程度地解除客户的某些必要的或者是不必要的担心，有效地调节商务活动中的气氛。

 案例小故事 5-1

有两个中国台湾观光团到日本伊豆半岛旅游，那里风景如画，可就是路况很差，到处都是坑洞，车子一路颠簸不止。导游却诗意盎然地对游客说："诸位先生女士，我们现在走的这条道路，正是赫赫有名的伊豆迷人酒窝大道。"听到这里，所有的旅游者都开心地笑起来，一路上的气氛也十分轻松和愉快。导游员的寒暄讲的是路况，但又将幽默的语言与游客的行程巧妙地结合起来，从而使游客减少了对道路的不满，阴郁的情绪一扫而光。这种寒暄完全是从关照游客的心理感受的角度出发的，自然也就容易被游客接受。

 小思考 5-1

请你想想为什么大家听了导游的寒暄后阴郁的情绪一扫而光呢？

④ 言他型。"今天天气真好""天气变暖和多了"这类话也是日常生活中常用的一种寒暄方式。特别是陌生人之间见面，一时难以找到话题，此类话可以打破尴尬的场面。言他型是初次见面较好的寒暄形式。

⑤ 应变型。应变型是针对交谈场景临时产生的问候语。例如早晨在家门口或路上相遇，彼此问"早晨好，上班去啊？""送学生上学去呢？"；在食堂里问"吃过了吗？"；在图书馆或教室里问"在读书啊？"这种寒暄，随口而来，但一定要自然得体，不能乱用。

⑥ 夸赞型。寒暄时适当赞美别人，有助于推动彼此友谊健康地发展。比如，同事新穿一套西服，见面时称赞道："小张，今天你看上去真精神！"小张肯定心里美滋滋的。

（2）寒暄的基本要求

① 自然切题。寒暄的话题十分广泛，比如天气冷暖、身体健康、风土人情、新闻大事等，但是寒暄时具体话题的选择要讲究，话题的切入要自然。在商务交往中先谈与工作有关的话题，然后再谈自己比较熟悉和对方感兴趣的话题，这样才有可能使双方深入交谈下去。

② 建立认同感。切入了自然而得体的寒暄话题，双方的心理距离就会有效地缩短，双方的认同感就容易建立起来了。

③ 调节气氛。有了自然而得体的话题，有了认同感，再加上寒暄时诚恳、热情的态度、语言、表情以及双方表现出的对寒暄内容的勃勃兴致，和谐的交际气氛也就自然地创造出来了，这样就为下一步的交往打下了良好的基础。

④ 注意不同场合、不同对象，适用的寒暄语也有差别。和初次见面的人寒暄，标准的说法是："你好""很高兴能认识您""见到您非常荣幸"。还有一些比较文雅的话，例如说："久仰""久闻芳名""幸会"等。要想随便一些，也可以说："早听说过您的大名""某某人经常跟我谈起您"，或是"我早就拜读过您的大作""我听过您作的报告"等。

 案例小故事 5-2

一位住在某饭店的国外客人到饭店餐厅吃午饭，走出电梯时，站在电梯口的女服务员很有礼貌地向客人点点头，并且用英语说"先生，您好！"客人微笑地回道："你好，小姐。"当客人走进餐厅后，引导员发出同样的一句话："您好，先生。"那位客人微笑着点了点头，没有开口。客人吃好午饭后，顺便到饭店的庭院中去溜达，当走出内大门时，一位男服务员又是同样的一句话："您好，先生。"

这时客人下意识地只是点头了事。等到客人重新走进内大门时，迎头见面的仍然是那个服务员，"您好，先生。"的声音又传入客人的耳中，此时这位客人已感到不耐烦了，默默无语地径直去乘电梯准备回房间休息。恰好在电梯口又碰见那位女服务员，自然又是一成不变的套话："您好，先生"。客人实在不高兴了，装作没有听见的样子，皱起了眉头，而这位女服务员却丈二和尚摸不着头脑！

这位客人在离店时，给饭店总经理写了一封投诉信："……我真不明白你饭店是怎样培训员工的？在短短的中午时间内，我遇到的几位服务员竟千篇一律地简单重复一句话'你好，先生'，难道不会使用其他的语句吗？"

小思考 5-2
为什么这几位服务员使用礼貌的寒暄问候语却招致客人的不悦？

知识小看板 5-1

常见英文问候语

How are you? Pleased to meet you.

How do you do? Glad to meet you.

Happy to meet you. It is a pleasure to meet you.

Nice to meet you. I'm excited to meet you.

I'm delighted to meet you.（常为女士所用）

当你再次见到某人时常用的一些商务问候语与第一次不同，这些问候语分别是：

How are you? How are you doing?

Good to see you again. How is everything? 或 Great to see you again. How's it going?

2. 无声语言——致意礼、鞠躬礼、拥抱礼和吻礼

（1）致意礼　人们见面之后用无声的动作语言，相互表示问候、尊重的一种礼节。一般是已相知的友人之间在距离较远或不宜多谈的场合所运用的礼节。

① 常用的致意方式。常用的致意方式有以下五种。

一是举手致意，在公共场合远距离遇见朋友的时候；

二是点头致意，在不宜交谈的场合遇见熟人；

三是微笑致意，常和其他礼仪相伴进行；

四是欠身致意，被他人介绍和他人向自己致意时；

五是脱帽致意，女士不行脱帽礼。

② 致意的顺序。男性首先向女性致意；年轻人首先向年长者致意；年轻女性首先向年长女性和比自己年纪大得多的男性致意；学生先向老师致意；下级先向上级致意。

（2）鞠躬礼　鞠躬，即弯腰行礼，是表示对他人敬重的一种郑重礼节。它既适用于庄严肃穆或喜庆的场合，也适用于一般社交场所。

① 行鞠躬礼时的姿势。身体直立，保持身体端正，双手自然垂落于身体两侧或右手搭在左手上在膝前搭好，手指自然并拢。

手放两侧时，中指抵裤线；目视对方，笑脸相迎；先说欢迎、问候或感谢用语之后再鞠躬。

鞠躬时以大腿根部为轴，身体向前倾斜 15 度至 90 度不等。

脖子和背部挺直，以腰为轴向前深鞠一躬，鞠躬时眼睛朝下看；头低到位后稍停顿；然后慢慢抬起头；再度目视对方。

② 鞠躬礼的种类。

第一，和客人擦肩而过时，行 15 度鞠躬礼；

第二，通常接待客人时行 30 度鞠躬礼；

第三，向对方道歉或领受奖品时进行 45 度鞠躬礼；

第四，90 度鞠躬礼是最恭敬的鞠躬礼。行礼时，深深地向下弯身，双手的手指尖直至双膝为止。受礼者在还礼时，可以不鞠躬，而欠身点头即可。对于有宗教信仰的宾客，在施行鞠躬礼的同时，还可用双手合掌致意。

(3) 拥抱礼　在西方，拥抱是与握手一样重要的见面礼仪。熟人之间、生人之间、男士之间、女士之间、异性之间，都可以热烈地拥抱。见面时拥抱，分手时也拥抱。

拥抱时两人相距约 20 厘米，双方均右臂偏上，左臂偏下，右手扶着对方的左后肩，左手扶着对方的右后腰，各自按自己的方位，两人头部及上身都向左拥抱。

如果是为了表达更为真挚、亲密的感情，在保持原手位不变的情况下，双方还应接着向右拥抱，再次向左拥抱，才算礼毕。

(4) 吻礼　亲吻礼作为一种西方重要的社交礼节，是表示亲密、热情和友好的一种礼节。

西方人彼此关系的不同，亲吻的部位不同，表示的含意也完全不同。一般而言，吻手表示敬意；吻颊表示欢喜；吻唇表示恋爱；吻额表示关爱；吻眼表示幻想；吻掌表示热情。

见面时如果想表示亲近，女子之间可以互相亲脸，男子之间大都抱肩拥抱、贴面，男女之间互贴脸颊，长辈可亲晚辈的额头。人们以亲吻为礼时不要发出声响。

知识小看板 5-2

吻手礼

吻手礼是西方男士对自己特别敬重和爱戴的已婚女士表示敬意，一般适用于对祖母、母亲、有较高地位的夫人、上司夫人等，在室内进行。

一般男士身着礼服，立正垂首致意，然后用右手轻抬起女士的右手，并俯身弯腰用嘴唇靠近女士的右手，双唇微闭，象征性地轻触女士的手背或手指，不可以吻女士的手臂。行吻手礼时，如果啧啧作响或把唾液留在女士的手背上，是十分无礼的，应双唇轻拍对方的手，不出声响。

(二) 握手礼

握手礼是人际交往和商务活动中司空见惯的礼节，表示欢迎、友好、祝贺、感谢、敬重、致歉、慰问、惜别等各种感情。

1. 握手的场合

(1) 遇到较长时间未曾谋面的熟人。

(2) 在被介绍与人相识，双方互致问候时。

(3) 当对方取得很大的成绩或重大的成果、获得奖赏、被授予荣誉称号或有其他喜事见面时。

(4) 在自己领取奖品时与发奖者握手。

(5) 向他人表示恭喜、祝贺之时，如祝贺结婚、生子、升学、乔迁、事业成功或获得荣誉、嘉奖时。

(6) 应邀参加社交活动，如宴会、舞会、音乐会前后，应与主人握手。

(7) 参加友人、同事或上下级的家属追悼会，在离别时，应和死者的主要亲属握手。

2. 握手的顺序

握手的顺序应根据双方的社会地位、年龄、性别及宾主身份来确定，一般遵循"尊者决定"的原则，即握手的主动权掌握在"尊者"手里。具体来说有以下原则。

(1) 长者先伸手的原则　只有年长者先伸出手，年幼者才可以伸手相握。
(2) 女士优先的原则　只有女士先伸出手，男士才能伸手相握。
(3) 职位高者优先的原则　只有职位高的人先伸出手，职位低的人才能伸手相握。
(4) 主客场合　客人来访时主人先伸手，以表示热烈欢迎和等候多时之意。告辞时待客人先伸手后，主人再伸手与之相握，才合乎礼仪。

3. 握手的姿势

(1) 握手的姿态　行握手礼时，通常距离受礼者约一步，两足立正，上身稍向前倾，伸出右手，手掌与地面呈垂直状态，四指并齐，拇指张开与对方相握，微微抖动3～4次，然后与对方的手松开，恢复原状。与关系亲近者，握手时可稍加力度和抖动次数，甚至双手交叉热烈相握。

(2) 握手时注意事项　握手要热情。握手时双目要注视着对方的眼睛，微笑致意，并且口道问候。

握手要注意力度。握手力度一般以不握痛对方为限度。男士握女士的手时不要握满全手，只握其手指部位即可。一般来说不要相互攥着不放，也不要用力过猛，甚至握得对方感到疼痛。但是，如果手指刚刚触及对方手稍，或是懒洋洋慢慢相握，缺少应有的力度或者完全不用力地同人握手，则会给人造成缺乏热忱或冷淡敷衍之感，这种握手叫"死鱼式"的握手。另外，在商务谈判中一般不在握手时再握住对方的胳膊或肩膀，这样会给对手以"他想控制我"的戒备心理。

握手时机。握手之前要审时度势，听其言观其行，留意握手信号，选择恰当时机，尽量避免出手过早。

握手时间。时间长短的控制可根据双方的亲密程度灵活掌握。初次见面者，握一两下即可，一般应控制在二三秒之内，切忌握住异性的手久久不松开，握住同性的手也不宜过长，避免"马拉松式"的握手。

4. 握手的禁忌

(1) 不讲先后顺序　在正式场合，握手必须遵照长者优先、女士优先、职位高者优先的原则。

(2) 男士戴手套和帽子握手　在社交活动中，女士允许戴着薄纱手套和礼帽与人握手，但男士必须在与他人握手前脱下手套和帽子。

(3) 用左手握手　在任何场合都不能用左手握手，除非右手受伤。有些国家比如印度、印度尼西亚及泰国等，普遍认为左手是不洁的，不能随便碰其他人。

(4) 握手时注意力不集中　握手时不要将另外一只手插在衣袋里或拿着香烟等不放下；握手时东张西望，左顾右盼，这些心不在焉的做法都是错误的。

(5) 交叉握手　在多人相聚的，不要越过他人正在相握的手去同另一人握手。如果要握手的人较多，可以按照一定的顺序进行，或由近及远或从左到右依次与人握手。基督教徒尤其忌讳交叉握手，因为交叉握手时形成的十字架图案被认为是很不吉利的。

(6) 握手时手部不洁净　与对方握手之前，应该保持手部的洁净，手部粘着灰尘或很脏，这样都是对对方的不尊重，同时避免与他人握手后用手帕擦手。

（三）称谓礼仪

案例小故事 5-3

从前，有个农夫，听人说"令尊"二字，心中不解，就去请教邻村的一位秀才。秀才心想这庄稼汉连令尊是对人父亲的尊称都不懂，真傻，于是便戏弄农夫说："这令尊二字，是称呼人家的儿子。"农夫信以为真,就问秀才:"相公家里有几个令尊呢?"秀才气得脸色发白,却又不好发作,只好说:"我家中没有令尊。"农夫见他那副样子,以为当真是因为没有儿子而心里难过,就诚恳地安慰他说:"相公没有令尊,千万不要伤心,我家里有四个儿子,你看中哪一个,我就送给你做令尊吧!"秀才听了,气得目瞪口呆,说不出话来。

> **小思考5-3**
>
> 分析这则笑话说明了称谓方面的什么问题?又说明了与人交往中称谓礼仪方面应注意什么?

称谓,就是对他人使用的称呼语,它可以用以指代某人或引起某人注意,是人们传达和交流感情的重要手段。正确、适当的称呼,不仅反映着自身的教养和对对方尊重的程度,甚至还体现着双方关系达到的程度和社会风尚。

1. 称谓的方式

(1) 泛尊称 这种称呼几乎适合于所有社交场合,对男子一般称"先生",对女子称"夫人""小姐""女士"。应注意的是,在称呼女子时,要根据其婚姻状况,已婚的女子称"夫人",未婚的女子称"小姐",对不知婚否和难以判断的,可以称之为"女士"。在一些国家,"阁下"一词也可以作为泛尊称使用。

泛尊称可以同姓名、姓氏和行业性称呼分别组合在一起,并在正式场合使用。比如:"克林顿先生""玛格丽特·撒切尔夫人""上校先生""秘书小姐"等。

(2) 职务称 在公务活动中,可以以对方的职务相称。例如,"部长""经理""处长""校长"等。

职务性称呼还可以同泛尊称、姓名、姓氏分别组合在一起使用。例如,"王经理""李校长""部长先生"等。

(3) 职衔称 交往对象拥有社会上受尊重的学位、学术性职称、专业技术职称、军衔和爵位的,可以"博士""教授""律师""法官""将军""公爵"等称呼相称。

这些职衔性称呼还可以同姓名、姓氏和泛尊称分别组合在一起使用,例如:"乔治·马歇尔教授""卡特博士""法官先生"等。

(4) 职业称 对不同行业的人士,可以被称呼者的职业作为称呼。比如:"老师""教练""警官""医生"等。对商界和服务业从业人员,一般约定俗成地按性别不同分别称为"小姐""先生"等。

在这些职业称呼前后,还可以同姓名、姓氏分别组合在一起使用。

(5) 姓名称 在一般性场合,彼此比较熟悉的人之间,可以直接称呼他人的姓名或姓氏。例如,"乔治·史密斯""张志刚"等。

中国人为表示亲切,还习惯在被称呼者的姓前面加上"老""大"或"小"等字,而免称其名,如"老王""小张"。更加亲密者,往往不称其姓,而直呼其名,

(6) 亲属称谓 如"张叔叔""刘阿姨""马爷爷"等。长辈可呼小辈的名字;平辈之间,年长的可呼年幼的名字。夫妻之间可以互相称呼名字,但彼此的昵称不宜在公开场合使用。

(7) 代词称谓 如"您""你""他"等。通常我们在不知道对方身份的情况下需要用到代词称谓。在日常工作中,代词称谓很关键,直接关系着个人的人品、修养,影响个人和公司的声誉。例如"您好!欢迎到我们公司""你好,我是××""对不起,让您久等了""请问您找哪位?""您好!请问您是×××单位吗?"等。使用代词称谓既礼貌又简明扼要。

2. 称谓的原则

（1）称谓要看对象　对不同性别的人应使用不同的称呼。对姑娘可以称"小姐""小姑娘"，对男士可称呼"先生""师傅"等。

对不同亲密关系的人使用不同的称呼。如对亲密度很高的人可以称呼小名、绰号等，对亲密度低的人则不行。

称呼不同国籍的人要符合该国的礼仪习惯。

（2）称谓要看时代和场合　一般场合，人们使用的都是与其环境相对应的正式称谓。例如一位姓陈的先生，在下级向他汇报工作时称"陈书记"（他的官衔），朋友和他交往时称"老陈""陈大哥"，年轻的工人在车间里称呼他"陈师傅"。

称谓随时代和地域不同而变化。在中国北方习惯打招呼称"师傅"，而商务场合则习惯称"先生"。

（3）要与称呼人身份、地位相称　例如，一个农民对一位风度翩翩的男士不会称呼"先生"，而只照自己习惯的亲热称呼"大哥"之类。而知识分子和大多数城市人由于社交活动范围广，称呼就会考虑对方的地位、国籍等，并充分考虑称呼人的场合。

3. 顾及主从关系

在多人交谈的场合，称呼人的顺序一般是先上后下，先长后幼，先疏后亲，先女后男。

知识小看板 5-3

几种常见称谓的使用

第一，同志。志同道合者称"同志"，新中国成立后不分男女、长幼、地位高低，除了亲属外所有人都可称"同志"。

第二，先生。在我国古代，一般称父兄、老师为先生，也有称医生和道士为先生的。而在现代，先生一词泛指所有成年男子。我国和日本对有学问的女子也称先生。

第三，老师。这一称呼一般用于学校中传授知识的老师。目前这一称谓在社会各行业中都比较流行，以示对资历、学识高的人的尊敬。

第四，师傅。这一称谓原指对工商文艺界中传授给他人技艺的人的尊称。后来泛指对非知识界有权威和技艺的人的尊称。在我国北方使用得非常频繁，人们通常对不认识的人都习惯称呼师傅。特别是在工厂或街头遇到年纪大的人，不论男女尊称一声师傅就会拉近与对方的关系。

4. 称谓的禁忌

 案例小故事 5-4

有一位先生要为一位外国朋友订做生日蛋糕和贺卡。小姐接过订单一看，忙说："对不起，请问先生，您的朋友是小姐还是太太？"这位先生也不清楚这位外国朋友结婚没有，从来没有打听过，他为难地想了想说："小姐？太太？一大把岁数了，太太。"生日蛋糕做好后，服务员小姐按地址到酒店客房送生日蛋糕，敲门后一女子开门，服务员小姐有礼貌地说："请问，您是怀特太太吗？"女子愣了愣，不高兴地说："错了！"服务员小姐丈二和尚摸不着头脑，抬头看看门牌号，转回去打个电话问那位先生，没错，房间号码没错。再敲一遍，开门，"没错，怀特太太，这是您的蛋糕"。那女子大声说："告诉你错了，这里只有怀特小姐，没有怀特太太。"啪一声，门被大力关上，蛋糕掉地。

 小思考 5-4

这个故事中的女士是什么原因而生气拒收蛋糕的？

（1）错误的称谓　称呼对方时，记不起对方的姓名或张冠李戴，叫错对方的姓名，都是极不礼貌的行为，是社交中的大忌。对被称呼者的年龄、辈分、婚否以及同其他人的关系做出错误判断，也会出现错误的称呼，如将未婚妇女称为"夫人"等。

（2）易产生误会的称谓　不论是自称还是称呼他人，要注意不要使用让对方产生误会的称呼，如"爱人"，中国人爱把自己的配偶称为"爱人"，而外国人则将"爱人"理解为"婚外恋"的"第三者"；还有"同志""老人家"等易让外国人产生误会的称呼，不要使用。另外，也不要使用过时的称呼或者不通用的称呼，让对方不知如何理解。

（3）带有歧视、侮辱性的称呼　在正式场合，不要使用低级、庸俗的称呼或用绰号作称呼。如"哥们儿""姐们儿""死党"等。不论在任何情况下，绝不能使用歧视性、侮辱性的称呼。例如："老毛子""洋妞""死老头"等。

对于关系一般的，不要自作主张给对方起外号，更不能用道听途说来的外号去称呼对方，也不能随便拿他人的姓名乱开玩笑。在正式场合，有不少称呼不宜随意简化。如把"范局长"简称为"范局"、"王处长"称为"王处"，就显得不伦不类，又不礼貌。

二、见面交往礼仪

（一）名片礼仪

名片发展至今，已是现代人交往中一种必不可少的联络工具，成为具有一定社会性、广泛性，便于携带、使用、保存和查阅的信息载体之一。商务交往人员在各种场合与他人进行交际应酬时，都离不开名片的使用。而名片的使用是否正确，已成为影响人际交往成功与否的一个因素。

要正确使用名片，就要对名片的类别、制作、用途和交换方式等予以充分的了解，遵守相应的规范和惯例。

1. 名片的类别

根据名片用途、内容及使用场合的不同，日常交往中使用的名片可以分为社交名片和公务名片两类。

（1）社交名片　亦称私用名片，指的是商务、公务人员在工作之余，以私人身份在社交场合进行交际应酬时所使用的名片。一般而言，社交名片为个人名片。

社交名片只用于社交场合，通常与公务无关，因此一般不印工作单位以及行政职务，以示"公私有别"。

（2）公务名片　公务名片，即是指商务人员正式使用于商务活动中的名片。

2. 名片的制作

名片的制作是有一定规矩的。名片好比人的脸面，名片制作得规范与否，往往会影响交往对象对自己的印象，进而影响双方的进一步交流与合作。

（1）规格材料　各国名片的规格是不尽相同的。目前我国通行的名片规格为 $9cm \times 5.5cm$，而国际名片规格则为 $10cm \times 6cm$。在一般情况下，商务人员应按我国标准订制名片。

名片通常应以耐折、耐磨、美观、大方、便宜的纸张作为首选材料，如白卡纸、再生纸、合成纸、布纹纸等。

印制名片选用单一色彩的纸张最好，并且以白色、米白、米黄、浅蓝、淡灰等庄重朴实的色彩为佳。整张名片的色彩不能多于三种，切勿选用过多过杂的色彩，让人眼花缭乱。

（2）文字版式　商务名片在正常情况下应采用标准的汉字简化字，一般采用楷体或仿宋体。从事民族或涉外业务人员则可酌情使用少数民族文字或外语。汉字与少数民族文字或外语同时印刷时，应将汉字印于一面，而将少数民族文字或某种外文印于另一面。

名片上文字的排列版式大体有两种。一是横式，即文字排列的行序为自上而下，字序为自左而右；二是竖式，即文字排列的行序为自右而左，字序为自上而下。一般而言，采用简化汉字的名片宜用横式。

（3）内容　公务名片按惯例应由归属、称谓、联络方式等三项基本内容构成。

一是归属。它由单位全称、所在的部门、企业标志（CI）等内容组成。注意名片上所列的单位或部门不宜多于两个。如果确实有两个以上的供职单位和部门，或同时承担着不同的社会职务，则应分别印制不同的名片，并根据交往对象、交际内容的不同分发不同的名片。

二是称谓。它由本人姓名、职务、技术职称、学术头衔等几个部分所构成。名片上所列的职务一般不宜多于两个，且应与同一名片上的具体归属相对应。

三是联络方式。它通常由单位地址、邮政编码、办公电话、电子信箱、网址等内容构成，家庭住址、住宅电话、手机号码则不宜列出。至于传真号码、手机号码、互联网址等内容则应根据具体情况决定是否印于其上。

通常，具体归属与联络方式应以大小相似的小号字体分别印于名片的左上角与右下角；本人姓名应以大号字体印于名片正中央；职务头衔则以较小字体印于姓名的右侧。

3. 名片的用途

在现代生活中，名片是人际交往中不可或缺的工具。一般而言，名片的基本用途有如下几种。

（1）介绍自己　初次与交往对象见面时，除了必要的口头自我介绍外，还可以用名片作为辅助的介绍工具。这样不仅能向对方明确身份，而且还可以节省时间，强化效果。

（2）结交他人　在人际交往中，商务人员如欲结识某人，往往以递送本人名片表示结交之意。因为主人递交名片给初识之人，既意味着信任友好，又暗含"可以交个朋友吗"之意。在这种情况下，对方一般会"礼尚往来"，将其名片也递过来，从而完成双方结识的交往的第一步。

（3）保持联系　大多名片都有一定的联络方式印在其上。利用他人在名片上提供的联络方式，即可与对方取得并保持联系，促进交往。

（4）通报变更　商务人员如果变更了单位名称、调整了职务、改动了电话号码或者迁至新办公地点后，都会重新制作自己的名片。向惯常的交往对象递交新名片，就能把本人的最新情况通报对方，以一种更简单的方式避免联系上的失误。

知识小看板 5-4

常见的法文缩略语及其对应含义

n. b. 意为"注意"；

p. c. 意为"谨唁"，凭吊、追悼时用；

p. f. 意为"祝贺"，庆祝节日时用；

p. m. 意为"备忘"，提请对方注意某事时使用；

p. r. 意为"谨谢"，接受礼物、款待、祝词之后，或者收到别人庆祝、吊唁之类名片后使用；

p. p. 意为"介绍"，向对方介绍某人时用；

p. p. c. 意为"辞行"，调离、离任时，向同事告别时使用；

p. p. n. 意为"慰问"，问候病人时用；

p. f. n. a. 意为"新年愉快"。

4. 名片的交换

名片的交换是名片礼仪中的核心内容。商务人员如何交换名片，往往是其个人修养的一种反映，也是对交往对象尊重与否的直接体现。

（1）名片的携带　商务人员参加正式的商务活动之前，都应随身携带自己的名片，以备交往之用。名片的携带应注意以下三点。

一是足量适用。所携带的名片一定要数量充足，确保够用。所带名片要分门别类，根据不同交往对象使用不同名片。

二是完好无损。名片要保持干净整洁，切不可出现折皱、破烂、肮脏、污损、涂改、增删等情况。

三是放置到位。名片应统一置于名片夹、公文包或上衣口袋之内，在办公室时还可放于名片架或办公桌内。切不可随便放在钱包、后裤兜或裤袋之内。

（2）名片的递交

① 讲究顺序。双方交换名片时，应当首先由位低者向位高者发送名片，再由后者回复前者。但在多人之间递交名片时，不宜以职务高低决定发送顺序，最佳方法是由近而远、按顺时针或逆时针方向依次发送。

② 先行招呼礼。递上名片前，应当先向接受名片者打个招呼，令对方有所准备。既可先作一下自我介绍，也可以说声"对不起，请稍候""可否交换一下名片"之类的提示语。

③ 姿势得体，表现谦恭。要起身站立主动走向对方，动作要从容，面含微笑，表情亲切、自然。上体前倾15度左右，以双手或右手持握名片，用拇指夹住名片，其余四指托住名片反面，名片的文字要正面朝向对方。然后将名片举至胸前，一边自我介绍，一边递过名片。切勿以左手持握名片。

（3）名片的接受

案例小故事 5-5

2005年9月，广州商品交易会，各方厂家云集，企业家们济济一堂。新华公司的杨总经理在交易会上听说宏业集团的王董事长也来了，想利用这个机会认识这位素未谋面而又久仰大名的商界名人。午餐会上他们终于见面了，杨总彬彬有礼地走上前去，"王董事长，您好，我是新华公司的总经理，我叫杨刚，这是我的名片。"说着，便从随身带的公文包里拿出名片，递给了对方。王董事长显然还沉浸之前的与人谈话中，他顺手接过杨刚的名片，"你好"回应了一句并草草看过，放了一边的桌子上。杨总在一旁等了一会儿，并未见这位王董有交换名片的意思，便失望地走开了。

小思考 5-5

你认为双方问题出在哪里？是你的话你会如何做？

① 要态度友好。在接受他人名片时，要暂停手中一切事务，起立相迎，面含微笑，双手或右手接过名片，不得使用左手。然后说声"谢谢""很高兴认识您"等。

② 要认真阅读。接过名片后，可用一分钟时间将其从头至尾默读一遍，遇有显示对方荣耀的职务、头衔不妨轻读出声，以示尊重和敬佩。

③ 要精心存放。接到他人名片后，切勿将其随意乱丢、乱折，更不能在名片上压东西，或者乱写乱画做标记等。切忌把客人名片放在手里摆弄玩，而应将名片置于名片夹、公文包、办公桌或上衣口袋之内。

④ 要有来有往。接受了他人的名片后，一般应当即刻回送给对方一张自己的名片，否则将会被视为无礼拒绝之意。

（4）名片的索要 依照惯例，除非有特殊原因，否则最好不要直接开口向他人索要名片。但若想主动结识对方或者有其他原因有必要索取对方名片时，应委婉表达，可采取如下办法。

① 互换法。即以名片换名片。在主动递上自己的名片后，对方按常理会回给自己一枚他的名片。

② 暗示法。即用含蓄的语言暗示对方。例如，向尊长索要名片时可说："请问今后如何向您请教？"向平辈或晚辈表达此意时可说："请问今后怎样和你联系？"

（二）介绍礼仪

介绍是人际交往中与他人进行沟通、增进了解、建立联系的最基本、最常规的方式之一，也是初次见面陌生的双方开始交往的重要桥梁。良好的沟通与合作往往从介绍开始。商务交往中的介绍有三种：一是自我介绍；二是他人介绍；三是集体介绍。

1. 自我介绍

自我介绍，就是在社交场合，把自己介绍给其他人，以使对方认识自己。自我介绍是推销自身形象和价值的一种方法和手段。

（1）自我介绍的适用场合

① 应聘求职时或应试求学时。

② 在社交场合，与不相识者相处时或打算介入陌生人组成的交际圈时。

③ 交往对象因为健忘而记不清自己时。

④ 有求于人，而对方对自己不甚了解，或一无所知时。

⑤ 拜访熟人遇到不相识者挡驾，或是对方不在，需要请不相识者代为转告时。

⑥ 在出差、旅行途中，与他人不期而遇，且有必要与之建立临时关系时。

⑦ 前往陌生单位，进行业务联系时；因业务需要，在公共场合进行业务推广时。

⑧ 有不相识者表现出对自己感兴趣时或要求自己做自我介绍时。

（2）介绍的内容 在一般情况下，自我介绍的内容应当兼顾实际需要、双边关系、所处场合等，而且应具有一定的针对性。一般分为四种。

一是应酬式。此种方式最简单，通常只有姓名一项即可。

二是问答式。这种方式即有问必答。

三是交流式。主要内容有籍贯、学历、兴趣等。

四是工作式。主要内容包括单位、部门、职务、姓名等内容。

（3）自我介绍的方法

① 讲究时间和效率。

自我介绍应在适当的时间进行。进行自我介绍，最好选择在对方有兴趣、有空闲、情绪好、干扰少、有要求之时。

要力求简洁，有针对性地介绍，尽可能地节省时间。常以半分钟左右为佳，如无特殊情况最好不要长于1分钟。

② 态度自然、语言清晰。

态度要保持自然、友善、亲切、随和，整体上讲求落落大方，笑容可掬。在长者或尊者面前，语气应谦恭；在平辈和同事面前，语气应明快，直截了当。

充满信心和勇气。忌讳妄自菲薄、心怀怯意。要敢于正视对方的双眼，显得胸有成竹，从容不迫。

语气自然，语速正常，语言清晰。自我介绍模糊不清，含糊其词，流露出羞怯自卑的心理，会使人感到不能把握自己。此外，生硬冷漠的语气、过快过慢的语速，或者含糊不清的语音，都会严重影响自我介绍的形象。

③ 友善礼貌、注意方法。

进行自我介绍，应先向对方点头致意，得到回应后再向对方介绍自己。

2. 他人介绍

案例小故事 5-6

（1）这位是×××公司的人力资源部张经理，他可是实权派，路子宽，朋友多，需要帮忙可以找他。

（2）约翰·梅森·布朗是一位作家兼演说家。一次他应邀去参加一个会议，并进行演讲。演讲开始前，会议主持人将布朗先生介绍给观众，下面是主持人的介绍语：先生们，请注意了。今天晚上我给你们带来了不好的消息。我们本想要求伊塞卡·马克森来给我们讲话，但他来不了，病了。（下面嘘声）后来我们要求参议员布莱德里奇前来，可他太忙了。（嘘声）最后，我们试图请堪萨斯城的罗伊·格罗根博士，也没有成功。（嘘声）所以，结果我们请到了——约翰·梅森·布朗。（掌声）

（3）我给各位介绍一下；这小子是我的铁哥们儿，开小车的，我们管他叫"黑蛋"。

小思考 5-6

以上介绍各存在什么问题？在交际场合中进行介绍应注意哪些规范？

他人介绍是指作为第三方为彼此不相识的双方引见、介绍的一种介绍方式。介绍他人通常是双向的，即将被介绍者双方各自均作一番介绍。

（1）介绍的时机

① 与家人外出，路遇家人不相识的同事或朋友。

② 本人的接待对象遇见了不相识的人士，而对方又跟自己打了招呼。

③ 在家中或办公地点，接待彼此不相识的客人或来访者。

④ 打算推介某人加入某一方面的交际圈。

⑤ 受到为他人做介绍的邀请。

⑥ 陪同上司、长者、来宾时，遇见了其不相识者，而对方又跟自己打了招呼。

⑦ 陪同亲友前去拜访亲友不相识的人。

（2）介绍的顺序　根据礼仪规范，在处理为他人做介绍的问题上必须遵守"尊者优先了解情况"规则。也就是在为他人介绍前，先要确定双方地位的尊卑，然后先介绍位卑者，后介绍位尊者，使位尊者先了解位卑者的情况。根据这个规则，为他人做介绍时的商务礼仪顺序有以下几种。

① 介绍上级与下级认识时，先介绍下级，后介绍上级。

② 介绍长辈与晚辈认识时，先介绍晚辈，后介绍长辈。

③ 介绍女士与男士认识时，应先介绍男士，后介绍女士。

④ 介绍公司同事与客户时，应先介绍同事，后介绍客户。

⑤ 介绍已婚者与未婚者认识时，先介绍未婚者，后介绍已婚者。

⑥ 介绍同事、朋友与家人认识时，应先介绍家人，后介绍同事、朋友。

⑦ 介绍来宾与主人认识时，应先介绍主人，后介绍来宾。

⑧ 介绍与会先到者与后来者认识时，应先介绍后来者，后介绍先来者。

（3）介绍的方法　在工作中，在为他人做介绍时，由于实际需要的不同，介绍时所采取的方式也会有所不同。常见的介绍方法如下。

① 一般式。也称标准式，以介绍双方的姓名、单位、职务等为主。这种介绍方式适合于正式场合。

② 引见式。介绍者所要做的是将被介绍者双方引到一起即可，适用于普通场合。

③ 简单式。只介绍双方姓名一项，甚至只提到双方姓氏，适用一般的社交场合。

④ 附加式。也可以叫强调式，用于强调其中一位被介绍者与介绍者之间的特殊关系，以期引起另一位被介绍者的重视。

⑤ 推荐式。介绍者经过精心准备再将某人举荐给某人，介绍时通常会对前者的优点加以重点介绍。通常，适用于比较正规的场合。

⑥ 礼仪式。是一种最为正规的他人介绍，适用于正式场合。介绍语气、表达、称呼上都更为规范和谦恭。

（4）介绍时的注意事项

① 介绍人的问题。在商务交往中，为他人做介绍的人一般为社交活动中的东道主、一方职务最高者、社交场合中的长者、家庭聚会中的女主人、公务交往中的公关或秘书人员。

② 介绍者为被介绍者介绍之前，一定要征求一下被介绍双方的意见，切勿上去开口即讲，显得很唐突，让被介绍者感到措手不及。

③ 被介绍者在介绍者询问自己是否有意认识某人时，一般不应拒绝，而应欣然应允。实在不愿意时，则应说明理由。

④ 在介绍他人时要眼睛正视被介绍对象，切勿东张西望，不仅不礼貌而且易惹人反感。

⑤ 介绍人和被介绍人都应起立，以示尊重和礼貌；待介绍人介绍完毕后，被介绍双方应微笑点头示意或握手致意。在宴会、会议桌、谈判桌上，视情况介绍人和被介绍人可不必起立，被介绍双方可点头微笑致意；如果被介绍双方相隔较远，中间又有障碍物，可举起右手致意，点头微笑致意。

⑥ 介绍完毕后，被介绍者双方应依照合乎礼仪的顺序握手，并且彼此问候对方。问候语有"你好""很高兴认识你""久仰大名""幸会幸会"，必要时还可以进一步做自我介绍。

3. 集体介绍

集体介绍是他人介绍的一种特殊形式，被介绍者一方或双方都不止一人，大体可分两种情况：一种是一人为多人做介绍；另一种是多人为多人做介绍。

（1）集体介绍的时机

① 规模较大的社交聚会，有多方参加，各方均可能有多人，为双方做介绍。

② 大型的公务活动，参加者不止一方，而各方不止一人。

③ 涉外交往活动，参加活动的宾主双方皆不止一人。

④ 正式的大型宴会，主持人一方人员与来宾均不止一人。

⑤ 演讲、报告、比赛，参加者不止一人。

⑥ 会见、会谈，各方参加者不止一人。

⑦ 婚礼、庆典、生日晚会，当事人与来宾双方均不止一人。

⑧ 举行会议，应邀前来的与会者往往不止一人。

⑨ 接待参观、访问者，来宾不止一人。

（2）集体介绍的顺序

进行集体介绍的顺序可参照他人介绍的顺序，其基本规则是：介绍双方时，先卑后尊。而在介绍其中各自一方时，则应当由尊而卑。

① "少数服从多数"，当被介绍者双方地位、身份大致相似时，应先介绍人数较少的一方。

② 两边都是集体的话，强调地位、身份。一般要把地位低的一方先介绍给地位高的一方。所谓地位低的一方一般是东道主，所谓地位高的一方一般是客人。若被介绍者双方地位、身份存在差异，虽人数较少或只一人，也应将其放在尊贵的位置，最后加以介绍。

③ 单向介绍。在演讲、报告、比赛、会议、会见时，往往只需要将主角介绍给广大参加者。

④ 人数多的一方的介绍。若一方人数较多，可采取笼统的方式进行介绍。如："这是我的家人""这是我的同学"。

⑤ 人数较多各方的介绍。若被介绍的不止两方，需要对被介绍的各方进行位次排列。排列的方法：以其负责人身份为准；以其单位规模为准；以单位名称的英文字母顺序为准；以抵达时间的先后顺序为准；以座次顺序为准；以距离介绍者的远近为准。

（3）**集体介绍注意事项**

集体介绍的注意事项与他人介绍的注意事项基本相似。除此之外，还应再注意以下两点。

① 不要使用易生歧义的简称，在首次介绍时要准确地使用全称。至于其具体内容，与自我介绍、他人介绍的做法基本相似。

② 不能开玩笑，要很正规。介绍时要庄重、亲切。

知识小看板 5-5

见面文明礼仪技巧

（1）问候时最好点名道姓。迈进会客室的门，你的第一句话可能是："你好，见到你很高兴。"但这却不如说："李经理，你好，见到你很高兴。"后者比前者要热情得多。

（2）张口莫问"还记得我吗"。见面时不可向仅有数面之缘的朋友提问"你还记得我吗？"。得体的方式应该自我介绍说："我是某某，我们曾在某地见过面。"

（3）慎说"代问夫人好"。如果您遇到一位好久没有联系的朋友，又不太了解对方的近况，在问候时应注意不要轻易说"代问夫人好""代问先生好"这样的话。见面应该笼统问候，比如说"代问家人好""最近忙吗"等，再确定下面的话题。

（4）少让小孩行吻礼。孩子行吻礼无论是采用用自己的小手贴在自己嘴上"啪"一下的"分吻"的方式，或者直接亲在大人的脸上，都不符合现代卫生观点。因此建议少让孩子行吻礼。

（5）和尊长握手请您伸双手。如果长辈伸出手来，您则应该伸出双手，并轻握住长辈的手后停留几秒钟，以示尊重。还要记得道别时也别忘行个礼。

（6）若对方没请你坐下，你最好站着。坐下后不应掏烟，如对方请你抽烟，你应说："谢谢。"

（7）不要急于出示你随身带的资料、书信或礼物。只有在你提及了这些东西，并已引起对方兴趣时，才是出示他们的最好时机。当对方询问你所携带资料中的有关问题时，你应给予详细的解释或说明。

（8）主动开始谈话，珍惜会见时间。尽管对方已经了解到你的一些情况和来访目的，你仍有必要主动开口。你可再次对某些问题进行强调和说明。这是礼貌的需要，也反映一个人的精神面貌。

【**实训设计**】

项目一

项目名称：见面招呼礼仪技能训练。

项目目的：通过实训练习，掌握见面礼仪中寒暄、称谓、鞠躬礼、握手等规范。

项目简介：日本公司驻香港分公司的总经理 Yamamoto（山本）到 A 公司查看订单生产进度，并打算与 A 公司拓展新的合作业务。A 公司的张总经理安排总经理助理刘小姐和司机开车到 A 公司附近机场迎接山本及其助手 Kusaka（日下）两人，并安排两人在 A 公司总经理办公室会面。

项目要求：

（1）根据以上场景，模拟总经理助理刘小姐在机场见到两位日本客人的情景。

（2）根据所可能发生的情景，模拟演示双方从见面时的问候、称谓、鞠躬礼、寒暄等。

项目说明：

（1）模拟机场接人情境。要有一张写有两位日本客人姓名的欢迎牌。

（2）学生每 4 人为一组，其中 1 人扮演日方香港公司总经理山本先生、1 人扮演其随行人员日下先生；1 人扮演 A 公司总经理助理刘小姐、1 人扮演 A 公司司机。

（3）本实训要演示从机场到到达公司总经理办公室之前的全过程，要尽可能注意细节问题，并要注意日方客户的礼仪习惯和称谓，时间约 1 课时。

项目二

项目名称：商务交往礼仪技能训练。

项目目的：通过实训练习，掌握名片使用和介绍的礼仪规范。

项目简介：澳大利亚某户外产品经销公司的董事长罗伯特先生要到上海考察，顺便提出与 H 公司张总经理在上海会面，洽谈进一步的合作。H 公司生产的户外产品在过去的一年里很受澳大利亚消费者喜爱，此次会面关系着澳大利亚公司是否大批量订购 A 公司更多型号和款式的产品事宜。H 公司的张总经理亲自带领销售部黄经理、总经理助理兼翻译刘小姐、司机李先生一起开车到上海，在罗伯特先生下榻的和平饭店一楼咖啡厅会面。

项目要求：

（1）根据以上场景，模拟张总经理一行在上海见到罗伯特先生的情景。

（2）根据可能发生的情景，模拟演示双方见面时的问候、介绍、握手、名片、寒暄等。

项目说明：

（1）模拟见面情境，假设罗伯特先生不懂汉语，刘小姐是一直负责与澳大利亚公司开展外贸销售的人员兼翻译，要准备一些必要的英文问候与介绍语。

（2）学生每 5 人为一组，其中 1 人扮演澳大利亚公司董事长罗伯特先生、1 人扮演 H 公司的张总经理、1 人扮演总经理助理刘小姐、1 人扮演销售部黄经理、另外 1 人扮演司机李先生。

（3）本实训要演示在咖啡厅双方见面的全过程。注意双方以往虽有业务联系但从未会面，此次洽谈关系日后的长久合作，至关重要。要尽可能用到问候、称谓、介绍、握手、名片礼仪，特别是刘小姐的"他人介绍礼仪"、罗伯特和张总经理的"自我介绍"与"名片礼仪"、销售部黄经理的"新产品介绍"。时间约 1 课时。

【知识小结】

在人际交往中，见面礼仪使用得当，会给对方留下深刻而又美好的印象，直接体现出施礼者良好的修养。并为双方建立良好的人际关系奠定坚实的基础。

见面礼仪包括见面招呼礼仪——寒暄与问候、致意、鞠躬礼、拥抱和吻礼、握手礼、称谓礼仪；见面交往礼仪——名片礼仪、介绍礼仪。

在商务交往中，我们要掌握见面礼仪的基本技巧和规范，恰当地向人们致以寒暄与问候，以发挥问候的积极作用。要根据场合庄重地行鞠躬礼，还要分清对象慎用拥抱礼和吻礼。握手要按一定顺序、合乎标准，并注意一些禁忌。在日常交际中我们还要重视称谓的使用，要细心揣摩，认真区别。

在见面交往活动中，介绍和名片礼仪发挥着桥梁和纽带作用，得体的介绍和正确的名片使用都会为人们发展良好的人际关系锦上添花。

【思考训练】

想一想

（1）基本概念

致意礼　鞠躬礼　握手礼　称谓　自我介绍　他人介绍　集体介绍

（2）如何根据场合恰当运用致意、拥抱和吻礼？

（3）正确的握手方式应该注意哪些问题？

（4）称呼他人时的主要禁忌是什么？

（5）介绍有几种形式？为他人做介绍时，如何确定介绍的先后顺序？

（6）名片有哪些主要途径？如何正确地交换名片？

练一练

（1）请同学面对镜子自己进行鞠躬、握手、介绍、递接名片的正确姿势的练习，纠正错误姿势。

（2）在一次房地产商联谊会上，有一家装饰公司的经理（王女士）想请你把她介绍给某位知名房产公司的总经理（张某，男），请问你怎样做介绍？

（3）判断以下说法的正误

① 介绍时一般先把年长者介绍给年轻者。（　　）

② 鞠躬礼是最常使用、适应范围最广泛的见面致意礼节。（　　）

③ 握手礼没有先后次序。（　　）

④ 出示名片时应把名片正面朝向对方并把握好时机。（　　）

（4）单项选择题

① 在社交场合，下列一般介绍顺序，哪个是错误的（　　）。

A.将男性介绍给女性

B.将年轻的介绍给年长的

C.将先到的客人介绍给晚到的客人

② 在商务活动中，与多人交换名片，应讲究先后次序，正确的次序是：（　　）。

A.由近而远　　　B.由远而近　　　C.左右开弓，同时进行

③ 接受别人递给你名片之后，你应把它放在哪里？（　　）

A.名片夹里或者上衣口袋

B.西装内侧的口袋里

C.裤袋里面

④ 社交场合男女握手时，应当由谁先伸手（　　）。

A.男士　　　　　B.女士　　　　　C.无所谓

⑤ 国际商务活动中，下列关于交换名片的表述哪个是错误的（　　）。

A.名片上的字体应该朝向对方

B.交换名片时一定要双手

C.收到名片后，应该仔细审视一下，最好读出来

⑥ 介绍两人相识的顺序一般是：（　　）。

A.先把上级介绍给下级　　　　　　B.先把晚辈介绍给长辈

C.先把客人介绍给家人　　　　　　D.先把早到的客人介绍给晚到的客人

谈一谈

（1）刺猬站在门口，双手抱在胸前，嘴里哼着一支小曲，他正唱得高兴，忽然想起到田里转转，去看看自己种的西红柿长得怎么样了。菜地就在他家附近，他关上大门，向田里走去。刚走不远，就遇见了兔子。

"早上好！"刺猬很有礼貌地打招呼。

兔子自以为是个高贵的先生，他傲慢地问刺猬："你一大早跑出来干什么？"

"我出来散步。"刺猬说。

"散步？"兔子笑着说："我看你还是用自己的腿去做别的事吧！"

这话刺伤了刺猬的心。他的腿是弯的，不愿意别人说他的腿。

思考：

① 兔子违反了问候中的哪些禁忌？

② 请你把故事改编，为兔子设计符合交际礼仪的问候语。

（2）两位商界的老总，经中间人介绍，相聚谈一笔合作的生意，这是一笔双赢的生意，而且做得好还会大赢，看到合作的美好前景，双方的积极性都很高，A老总首先拿出友好的姿态，恭恭敬敬地递上了自己的名片；B老总单手把名片接过来，一眼没看就放在了茶几上。接着他拿起了茶杯喝了几口水，随手又把茶杯压在名片上，A老总看在了眼里，明在心里，随口谈了几句话，起身告辞。事后，他郑重地告诉中间人，这笔生意他不做了。当中间人将这个消息告诉B老总时，他简直不敢相信自己的耳朵，一拍桌子说："不可能！哪儿有见钱不赚的人？"立即打通A老总的电话，一定要他讲出个所以然来，A老总道出了实情："从你接我的名片的动作中，我看到了我们之间的差距，并且预见到了未来的合作还会有许多的不愉快，因此，还是早放弃的好。"闻听此言，B老总放下电话痛惜失掉了生意，更为自己的失礼感到羞愧。

思考：

① B老总违反了哪些礼仪？

② B老总应该怎么做？

任务六　商务交谈礼仪

【学习任务】

（1）把握语言交谈礼仪的方式、特点及基本要求、规则。
（2）学会运用恰当的交谈礼仪技巧进行商务沟通。
（3）能运用恰当的电话语言进行商务交际。

【情境设计】

中外合资的荣成贸易有限公司杨姗姗小姐是位刚从大学毕业的学生，因总经理秘书吴小姐即将升任公共关系部经理，总经理安排杨小姐跟随学习，有意让其接任吴小姐的职位。近一段时间，总经理正好有事出差。由于吴小姐的努力，公司的一切倒也井井有条。这一天，吴小姐代表公司外出协商一件事，杨姗姗坐镇办公室。下面是杨小姐与对方的一段谈话。

来电者："是荣成贸易有限公司吗？"
杨小姐："是。"
来电者："你们老板在吗？"
杨小姐："不在，我是他的秘书，有什么事请跟我讲。"
来电者："你们的乳胶手套多少钱一打？"
杨小姐："1.8美元。"
来电者："1.6元卖不卖？"
杨小姐："不行，对不起。"
杨小姐说完，"啪"挂上电话。

任务

从这段对话中你能看出什么问题吗？为什么杨小姐最后没有谈成这笔生意？如果是你接听这个电话，你应如何处理？

解决问题

在日常交往和商务活动中，恰到好处地与人交谈，不仅可以表现出跟人的亲切、友好与善意，还能传递出对交往对象的尊重。从杨小姐与人交谈中可以看出她语言不够礼貌，进行商务洽谈时，语气生硬，语言内容不够委婉，没有留有余地，所以这笔可能潜在的大生意就从她手中溜走了。作为一个合格的商务人员遇到这种常见的询价事宜时，应委婉陈述，如确是自己不熟悉或不能决定的事，可询问其他人或者转给其他部门，而不是生硬的拒绝。

【核心知识】

一、交谈礼仪概述

（一）语言艺术概述

1. 语言及语言艺术

语言是声音和意义相结合的、传递信息的符号系统，是人类特有的用来表达情感、进行交际、达到相互了解的工具，是一种特殊的社会现象。它是以语音为物质外壳、以词汇为建筑材料、以语法为结构规律而构成的体系，具有社会性、全民性和体系性的特点。

语言艺术是指用语言来把握主客观世界的独特方式、技巧和手段，或者说是为了提高语言表达效能而有目的地、有意识地运用的各种特殊的技艺、技法和技巧。不仅体现着对客观世界的审美规律，而且反映出语言运用的原则、特点和基本技巧。

2. 语言的形式

（1）有声语言　即以说和听为形式的口头语言。它包括：交谈式，在答问、谈话、接待等活动中，常需要交谈来完成彼此间的沟通。独白式，在演讲、报告、会议发言、工作汇报等活动中经常使用。其特点是有声性、直接性、灵活性、暂留性、双刃性。

（2）书面语言　即将有声语言用文字记录下来，进行信息传递的形式就是书面语言。

（3）态势语言　为准确的传递信息，除了运用自然有声语言以外，还需借助面部表情、手势动作、身体姿势等非自然无声语言的手段来帮助和加强表达，态势语言又称为"行为语言""人体语言""动作语言"。

美国一位心理学家曾经通过许多实验，总结出这样一个公式：
信息的总效果＝7％的有声语言＋38％的语音＋55％的面部表情

从体态语的部位和表现力着眼，可以把体态语分为三大类，如图 6-1 所示。

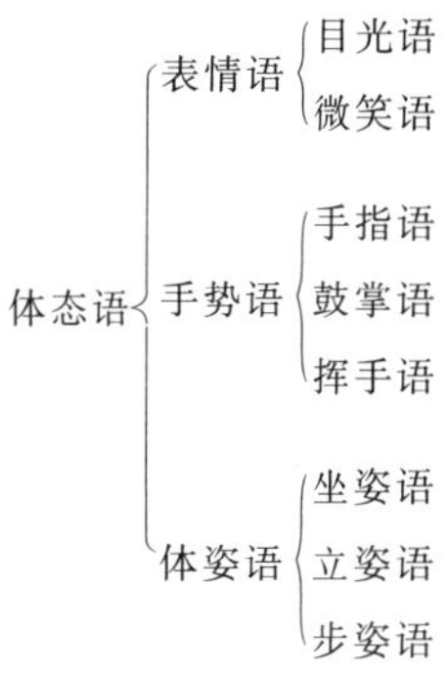

表情语是通过面部表情来交流情感，传递信息的语言。表情语是体态语中的重要成员，在 70 万种人体语言中，表情语就有 25 万种，占人体语言的 35.7％，其中表现力较强而又与公关传播关系较密切的是目光语和微笑语。

体态语 ｛ 表情语 ｛ 目光语 / 微笑语 ； 手势语 ｛ 手指语 / 鼓掌语 / 挥手语 ； 体姿语 ｛ 坐姿语 / 立姿语 / 步姿语 ｝

图 6-1　体态语的分类

（二）交谈礼仪概述

1. 交谈的含义

交谈是由两个或两个以上的人，为实现交流思想、沟通感情、互通信息、协调行为等目的所进行的口头交流活动，也是人与人之间分享欢乐、分担忧愁的一种好形式。它以对话为基本形态，包括交谈主体、交谈客体、交谈内容三个方面。"一人之辩重于九鼎之宝，三寸之舌强于百万之师"，在人类发展史上，交谈作为一种社会现象，是和人类劳动、生活、交际活动一起发展起来的，是人际交往的主要手段。

2. 交谈的特征

（1）真实自然　交谈应表达流畅，感情自然流露。

（2）相互了解　交谈是一种双向或多向的活动，它要求各方积极参与，达成共识，产生共鸣，达到互动，而不能只是单向的"一言堂"。

（3）相互包容　在交谈中，每个人都要有容人的雅量，不仅要自己说话，而且也要允许对方说话，要彼此适应，求同存异，大家平等。

（4）信息传递　交谈在实际操作中往往能得到真实的信息，这是任何媒介也做不到的。

（5）内容多样　进行交谈，可以有一个主题，也可以自由漫谈，但应该使它有的放矢，使人有所获益。

3. 交谈的作用

（1）交谈是建立良好人际关系的重要途径，是连接人与人之间思想感情的桥梁，是增进友谊、加强团结的一种动力。"良言一句三冬暖，恶语伤人六月寒"，说明交谈在交往中的作用是举足轻重的。

（2）交谈不仅是人们交流思想的重要手段，而且是学习知识、增长才干的重要途径。善于同有思想、有修养的人交谈，就能学到很多有用的知识，英国文豪萧伯纳曾经说过："你我是朋友，各拿一个苹果，彼此交换，交换后仍各有一个苹果；倘若你有一种思想，我也有一种思想，而朋友相互交流思想，那么，我们每个人就有两种思想了。"因此，掌握交谈的礼仪要求、提高交谈的语言艺术，对于提高工作水平和工作效率也具有极其重要的作用。

（3）交谈的优劣直接决定着交谈的效果。所谓"酒逢知己千杯少，话不投机半句多"。与人进行一次成功的谈话，不仅能获得知识、信息的收益，而且感情上也会得到很多补偿，会感到是一种莫大的享受；而参与一场枯燥无味、死气沉沉的交谈，除了是时间上的浪费之外，还会有一种受折磨的感觉。

小思考6-1

语言学家王力说："泼妇骂街往往口若悬河，走江湖卖膏药的人更能口若悬河，然而我们并不承认他们会说话。"你对这句话是如何理解的？

（三）交谈礼仪的规则

案例小故事6-1

1984年10月，日本青年来华与我国青年友谊联欢，人们看到，不论是公开场合的演讲，还是私下的交谈，日本青年显得落落大方，侃侃而谈。相比之下，我国青年就显得过于拘谨。即使在国内的一些公开场合，甚至在大学生中组织讨论，也往往是你让我先说，我让你先讲，推来操去。小伙子变成了拘谨羞涩的大姑娘，而姑娘们更是"千呼万唤始出来，犹抱琵琶半遮面"，一旦发言，也是"没词""随便说两句"，简短得很。

小思考6-2

中日两国青年的不同表现说明了什么问题呢？

语言交谈是交际主要工具，是沟通不同个体心理的桥梁，在交谈中必须遵循一定规范，讲究交谈艺术，才能达到双方交流信息、沟通思想的目的。

1. 真诚的交谈

交谈目的是为了沟通和交流情感，融洽关系，因此任何人都不能也不应"想怎么说就怎么说"，说话人必须顾及对方的情感和因自己的谈吐而激起的对方的反应。谈话时要态度诚恳，即要求文雅、真挚、平易、热情、稳重、坦率、互相信赖，使谈话亲切自然。

2. 亲切自然的表情

表情是人体语言最为丰富的部分，是人的内心情感的流露，人的喜怒哀乐都可通过表情来体现和反映。表情由目光和脸部表情来体现。

交谈时目光应同对方相对而视，处于同一水平线上，可使双方有一种平等感。凝视对方不能太久或紧盯对方，可偶尔将视线移开。

谈话时的面部表情贵在自然，最适宜的表情是微笑。表情要根据言谈内容做调整，以表示情感呼应，或温文尔雅，或热烈，或感激，或同情，或高兴，不能一脸茫然，也不可过分做作与夸张，而拘谨木然、故作姿态就更不可取了。

3. 平和沉稳的语调

案例小故事6-2

意大利著名的悲剧家罗西有一次应邀为外宾表演，他在台上用意大利语念起一段台词，尽管外宾听不懂他念的是什么内容，但却为他那满脸辛酸、凄凉、悲怆的语音、声调、表情所感染，大家禁不住泪如泉涌。当罗西表演结束后，翻译解释说，刚才罗西念的根本不是什么台词，而是大家面前桌子上的菜单。

> **小思考 6-3**
> 罗西能在听众听不懂的情况下感染他们,靠的是什么呢?

心理学家试验证明,八个人读字母,能表达出十种不同感情:愤怒、害怕、高兴、妒忌、难受、紧张、骄傲、悲伤、满足、同情。没有实在内容的声音形式,尚且有如此般的感情沟通作用,可见语气语调在语言表达中的位置是何等重要。

恰当运用语气语调,就是根据不同的交际对象,善于运用不同的语言恰当得体地表现不同的思想感情。如果是长辈、领导、师长,所表达的是敬爱之情感,语气语调为"气平声谦",给人敬重感;下级、晚辈等,表达关心与爱护的情感,语气语调为"气舒而声长",给人以亲切感;若是陌生人,语气语调则是"气缓声轻",给人以客气礼貌之感。

4. 用语要文雅

> **案例小故事 6-3**

一个刚刚参加工作的小秘书奉命来招待一个公司客户,客户来到公司大楼,小秘书看见了,上来就说:"陈先生,我们经理叫您上去。"这位陈先生一听,心想:我又不是你下属,凭什么你叫我上去我就上去。一气之下对秘书说:"你们要想做生意,让你们经理去宾馆找我。不想做就别去。"

> **小思考 6-4**
> 为什么陈先生会拂袖而去,小秘书到底错在哪里?

在人们交流过程中,言谈用词要文雅,多使用礼貌用语。在交谈中,要对"您好""请""谢谢""对不起""再见"五句十字的礼貌用语经常加以运用。

(1)常用的礼貌用语

① 问候语:人们在交际中,根据交际对象、时间等的不同,常采用不同的问候语。最常使用的是"您好""早上好"等。在信奉伊斯兰教的国家,人们见面常用"真主保佑"互相问候,而信奉佛教国家,人们见面时常用的是"菩萨保佑"。

② 欢迎语:交际双方一般在问候之后常用欢迎语。如"见到您很高兴""欢迎您"。

③ 答谢语:在社会交往中,人们在接受对方问候、欢迎或鼓励、祝贺之后,使用答谢语以表示感谢。答谢语应用的范围很广,有些表示对对方的感谢,如"非常感谢""劳您费心";有些表示对对方的应答,如"不必客气""这是我应该做的"。只要受到对方的热情帮助、鼓励、尊重、赏识、关心、服务等时,都可使用。

④ 道歉语:做了不当的或不对的事,给交际对象带来麻烦或损失,或是在未能满足对方的要求和需求的情况下,应该立即向对方道歉。如说"对不起,实在抱歉""请原谅""打扰您了,先生"。

⑤ 祝贺语:当他人取得成果或有喜事使用,如"恭喜""祝您节日愉快"。祝贺语根据实际需要进行选择,常用有"祝您成功""祝您福如东海,寿比南山""祝您好运"等。

⑥ 请托语:请托语常用在向他人请求,带有征求的语气。如"请问""拜托您帮我个忙""请多多关照""劳驾""借光"。

⑦ 征询语:当要为他人服务时常用征询语。如"需要我帮忙吗""我能为您做些什么吗"。

⑧ 告别语:用于分别时的告辞或送别。如"再见""晚安""走好""慢走""再来"。

知识小看板 6-1

多用敬语，展示风度

点头初次见面说"久仰"；许久不见说"久违"。
客人到来说"光临"；等待客人说"恭候"。
探望别人说"拜访"；起身作别说"告辞"。
中途先走说"失陪"；请人别送说"留步"。
请人批评说"指教"；请人指点说"赐教"。
请人帮助说"劳驾"；托人办事说"拜托"。
麻烦别人说"打扰"；求人谅解说"包涵"。

（2）运用礼貌语言时要注意的问题

① 运用时机要恰当得体。在什么时间、什么场合用什么语言有一套固定的格式，用错了地方，就会出笑话。一次某单位邀请著名学者来讲学，单位领导专门设宴欢迎学者的光临。开宴前，处长高举酒杯来句祝酒词："欢迎王教授能再次光临我们这儿讲学！"这句本该用在告别宴会上的语言，却用在了欢迎宴会。好在这位王教授灵活机变，接上一句："感谢您的真诚预邀，我将尽力争取！"

② 表述口吻真诚自如。使用礼貌用语时，要赋予其更深刻的含义，即它是表述我们真诚美好情感的窗口，这样表述就会亲切自然，言必由衷，富有感染力和艺术性。如某酒店一位前厅服务人员，第一次见到 M 先生时，面带微笑致意："您好！欢迎光临本店。"当 M 先生第二次来到是，这位服务员认出他，行礼道："欢迎您再次到来，我们经理有安排呢，请！"时隔数日，当 M 先生第三次踏入酒店时，那位服务员脱口而出："欢迎您又一次光临！" M 先生夸赞他"不呆板，有水平。"

③ 用语要入乡随俗。使用礼貌用语应按照本民族本地区约定俗成的习惯，不拘一格。没有必要把外国的礼仪语言搬到中国，也没有必要把正式社交场合的礼仪语言塞到平常生活中。

5. 准确流畅

交谈时，做到口音标准、咬字要清楚，语句符合规范，停顿要准确，避免词不达意、前言不搭后语、咬文嚼字、使用似是而非的语言。

准确流畅还表现在让人听懂，因此言谈时尽量不用书面语或专业术语，以免理解困难。古时有一笑话说有一书生，突然被蝎子蜇了，便对其妻子喊道："贤妻，速燃银烛，你夫为虫所袭。"他的妻子没有听明白，书生更着急了："身如琵琶尾似钢锥，叫声贤妻，打个亮来，看看是什么东西！"其妻仍未领会，书生疼痛难熬，不得不大声吼道："快点灯，我被蝎子蜇了！"

6. 委婉得体

（1）表达委婉　交谈是一种复杂的心理交往，自尊心往往起着重要的控制作用，触及它，就会产生不愉快。因此，对一些只可意会不可言传的事情、人们回避忌讳的事情，不能直接陈述，只能用委婉、含蓄、动听的话去说。

① 避免使用主观武断的词语，比如"只有""一定""唯一""就要"等不带余地的词语，要尽量采用与人商量的口气。

② 先肯定后否定，学会使用"是的……但是……"句式，把批评的话语放在表扬之后。

③ 间接提醒他人的错误或拒绝他人。

（2）说话得体，掌握分寸　交谈是双方或多方进行，为了增进感情，要有放有抑有收，把握分寸；说话要察言观色，三思而后行，注意对方的情绪；不能只顾自己，不顾对方；不能不分场合喋喋不休评论，一心只谈自己感兴趣的事；交谈时见人择言，因地制宜，因人而异，俗语说"到什么山上唱什么歌"。

任何人，在任何场合说话，都有自己的特定身份。交谈时要符合表达主体的身份、地位以及特定的目的、任务和要求，措辞得体，言必中的，切中心理。有一则故事说，19世纪，维也纳的上层社会妇女时兴戴一种装饰五颜六色羽毛的帽子，一进入剧场，后面观众看不到台上演出，这时经理说："凡年老的女士可以照顾不脱帽。"于是所有的帽子都摘掉了。

（四）交谈的内容

人与人交谈时，首先遇到的问题是"说什么"，即谈话的内容。话题对交流的进程有重要影响，选择话题不当交流就容易中断、陷入困境。选择交谈的话题时，注意两个问题：一是有所不为，即什么话不能谈；二是有所为，即哪些话题可以谈。

1. 宜选择的话题

（1）目的性话题　目的性话题，即交谈双方已经约定，或者其中某一方先期准备好的内容。例如，求人帮助、征求意见、传递信息、讨论问题、研究工作一类的交谈，往往都属于内容既定的交谈。选择这类内容，最好双方商定，至少也要得到对方的认可。它适用于正式交谈。

（2）内涵性话题　内涵性话题，即内容文明、优雅，格调高尚、脱俗的话题。例如，文学、艺术、哲学、历史、地理、建筑等。它适用于各类交谈，但忌讳不懂装懂，或班门弄斧。

（3）时尚性话题　时尚性话题，即谈论起来令人轻松愉快、身心放松、饶有情趣、不觉劳累厌烦的话题。例如，文艺演出、流行时装、美容美发、体育比赛、电影电视、休闲娱乐、旅游观光、名胜古迹、风土人情、名人轶事、烹饪小吃、天气状况，等等。它适用于非正式交谈，允许各抒己见，任意发挥。

（4）时代性话题　时尚的主题，即以此时、此刻、此地正在流行的事物作为谈论的中心。以2008年为例，国内时尚的交谈主题就有汶川大地震、北京奥运会、房地产风云、股市持续疲软等。它适合于各种交谈，但变化较快，在把握上有一定难度。

（5）对象性话题　对象性话题，指交谈双方，尤其是交谈对象有研究、有兴趣、有可谈之处的主题。兴趣是谈话者的共同契机，只有双方对这个话题都感兴趣，交谈才能继续下去。话题选择方法，应以交谈对象为中心。例如，与医生交谈，宜谈健身祛病；与学者交谈，宜谈治学之道；与作家交谈，宜谈文学创作，等等。它适用于各种交谈，但忌讳以己之长对人之短，否则"话不投机半句多"。因为交谈是意在交流的谈话，所以不可只有一家之言，而难以形成交流。

2. 不宜选择的话题

（1）不涉及隐私　与人交往要热情，但要做到有度、尊重个人隐私。商务场合中，一些涉及个人隐私的话题是不能谈论的，尤其是在涉外交往中。

① 不问年龄。女性年龄，尤其是年轻白领女性的年龄不该问。其实有不少男性也不愿意被人问这个问题，年轻人怕说"嘴上无毛，办事不牢"；人到中年时面临事业是否有成的压力，尤其是处于提职与否的敏感年龄阶段，不愿意与别人比来比去。所以，不论是男性还是女性，在交谈中都不要问年龄。

② 不问婚姻状况。这是个人隐私，是不可随意打听的。

③ 不问收入支出。人们的收入来源五花八门，水准也相差很多，即使是同一个单位的员工，年终奖金也未必相同，而且有些单位规定员工之间不允许互相打听工资、奖金，所以

问收入就成了忌讳。

也不要问别人的支出,比如买房用了多少钱,旅游花了多少钱,"这件衣服真漂亮,多少钱买的?"这些都属于不该问的。

④ 不问健康。人们见面时,有时会以"最近身体怎么样"开头,这并不表明他真的关心你的身体状况,只不过是一种寒暄,所以不必认真地谈及自己的病痛。

⑤ 不问家庭住址、私人电话。在公务名片上不印家庭住址和私人电话,也不要轻易告诉别人。这是为了保证自己的个人空间和时间不被打扰,保证安全。

⑥ 不问政治和宗教信仰。政治和宗教信仰是非常敏感的话题,在公务交往和涉外交往中不要谈论。如果有人涉及这些,应该用别的话题引开。在涉外活动中,这不仅是礼仪问题,更是政治问题,必须慎重对待。

⑦ 不问个人经历。与人交往的时候,人们都有一种心理,如果知道对方以前的一些经历,心里会踏实一点。在公务活动中,人们也会尽量收集合作对象或谈判对手的背景资料。但是如果不是人力资源部的人,不是在招聘员工,最好不要当面打听对方的经历。

(2) 不得背后非议他人 不要随意贬低他人,在背后谈论别人的短处,这不仅会让听的人感到尴尬,也自贬身份,是修养不高的表现。

(3) 不得犯倾向错误 在谈话之中,倾向错误的内容,例如,违背社会伦理道德、生活堕落、思想反动、政治错误、违法乱纪之类的主题,亦应避免。

(4) 不谈悲痛之事 有时,在交谈中因为不慎,会谈及一些令交谈对象感到伤感、不快的话题,以及令对方不感兴趣的话题,这就是所谓令人反感的主题。碰上这种情况不幸出现,应立即转移话题,必要时要向对方道歉,千万不要没有眼色,将错就错,一意孤行。这类话题常见的有凶杀、惨案、灾祸、疾病、死亡、挫折、失败,等等。

(5) 不谈格调不高之事 交谈中,很多人喜欢散播家长里短、小道消息、男女关系等格调不高之事,让人觉得素质不高,有失教养。

知识小看板6-2

与人交谈十禁忌

(1) 出现争辩时,也要给对方一点退路;
(2) 不要过于卖弄自己;
(3) 不要喋喋不休发牢骚,向别人诉说自己的不幸;
(4) 在朋友痛苦无助的时候,不要谈自己得意的事情;
(5) 不要用训斥的口吻说别人;
(6) 回避隐私;
(7) 在和人交谈时,不要做一些不礼貌的动作;
(8) 不要只注重一个人而冷落了他人;
(9) 打断别人的谈话是不礼貌的;
(10) 不要谈对方不懂的话题。

二、交谈礼仪技巧

(一) 闲聊的技巧

 案例小故事6-4

1986年10月25日,邓小平会见英国女王伊丽莎白二世和她的丈夫菲利普亲王。邓小平同志说:"这几天北京的天气很好,这也是对贵宾的欢迎。当然北京的天气比较干燥,要是能借一点伦敦的雾那就更好了。我小时候就听说伦敦有雾,在巴黎时,听说登上巴黎铁塔就能看见伦敦的雾。我曾经登上过两次,可是很遗憾,天气都不好,没有看见伦敦的雾。"菲利普亲王说:"伦敦的雾是工业革命的产物,现在没有了。"邓小平风趣地说:"那借你们的雾就更困难了。"亲王说:"可以借点雨给你们,雨比雾好,你们可以借点阳光给我们。"

小思考 6-5

作为一次正式的外交活动,邓小平和菲利普亲王真的在谈天气吗?从交谈的角度分析这段交谈,有哪些值得借鉴的地方?

音乐始于序曲,交谈起于闲聊。正式交谈之前的闲聊,不仅是一种必不可少的客套,而且可以为交谈作情绪情感的铺垫。敬语,不仅可以表现使用者的修养、风度,而且可以为交谈的友好发展增添催化、促进的因子。如果熟人见面,视而不见,不打招呼,擦肩而过,会给人留下傲慢无礼的不良印象,怎样才能积极有效地闲聊呢?

1. 要争取主动

闲聊的目的是为了拉近感情举例,接近对方,因此初次见面时应主动问候,表情自然,调整出一个愉快的状态,让对方感觉到自己待人真诚。

2. 选择合适话题

闲聊话语是互相见面时互致问候之意,时间不长,要慎重选择话题。常见的话题有询问对方身体、工作、家人等近况;称赞对方的衣着、发型、饰物;描述对方正在做的事,如"上班去";不太熟悉的人可以谈论天气,如"今天真够冷的啊!"。注意以下几个问题。

其一,内容是日常生活有关的。

其二,问候语是与问候对象正在进行的活动有关的。

其三,问候语是与了解对方的行动目的有关的。

其四,问候语是与夸耀对方有关的。

其五,问候语是不具体涉及交谈对方的。

3. 把握好时间的长短

闲聊是相见时的招呼方式,本身并没有太多实际意义,时间不能太长,一般以两三个问答往复的过程最为适宜。

4. 考虑交往环境,交往对象与交往目的

不应当将闲聊用语到处乱套,对不同的人应使用不同的问候语。比如,对头上长有疮疤来作客的人,就不能用"灯光真亮"作为开头语。只有适度的问候才能引起交际对方的交谈兴趣与欲望,才能活跃交谈气氛,使交谈友好、亲切地进行下去。

小思考 6-6

如果碰到这些情景,你应该如何问候:在路上匆忙行走时碰见一位同事;下班时,在电梯里碰到一位好友;遇到一位多年不见的老前辈。

（二）有效倾听的技巧

案例小故事 6-5

纽约电话公司在几年前遇到这样一件事:有一位顾客不仅漫骂公司接线生,拒绝支付电话基本费,甚至还四处投诉、指控。公司为此专门派了一名经验丰富的说客登门拜访,所作的唯一的事就是倾听对方的发泄。最后事情圆满解决。受到重视的满足感获得胜利。

美国毛料供应商朱利安·戴莫一次碰到一位怒气冲冲的顾客,他欠钱后,公司的信用部门坚持让他偿付欠款。这位顾客后来跑到他办公室,扬言拒付款,他很认真地听完,并且说:"非常感谢你告诉我这些话,因为,我的信用部门会冒犯你,也会冒犯其他顾客。"

1. 创设良好的倾听环境

宽松的倾听环境,不仅包括自然条件因素,而且包括社会因素,人的心理、生理因素。

(1) 非威胁环境　双方感觉平等的环境。如交谈时座位安排为环形座位、并列座位或面对面座位。

(2) 适当的空间　保证交谈双方不受打扰和干扰的空间。可以设置足够的私人空间,如黄线、一米线、小客厅。

(3) 充足的时间　交谈时,保证足够的沟通时间,使双方都有表达的机会,有助于倾听者全面准确地理解对方说的话,并做出正确的判断。

(4) 平和的情绪状态及正确的态度　认真倾听要避免先入为主的猜测和结论。

2. 克服倾听中的障碍

(1) 身体不适　头疼、疲倦等身体的不适都会影响一个人的倾听能力和对说话者的关注程度。

(2) 倾听者的情感倾向　对他人的好恶会使倾听者在交流中带有较强烈的主观情绪,从而影响倾听效果。

(3) 分散注意力的一些外界因素　交谈时发生在外界的各种声音、动作、时间等,都会使人无法专心倾听。如电话铃声、打字机声、脚步声等。

(4) 预先下结论　自己对对方的话有了事先的判定,对别人提出的问题便听不下去了,甚至会阻止对方说下去,喜欢打断对方或谈自己的感受。

(5) 有选择地听　仅仅听取对方所说的话中自己想听的内容或自己觉得有必要听的信息,影响摄取内容的全面性。

(6) 心不在焉　对说话者的内容没有任何兴趣;在桌上敲击手指;眼神转向窗外;总是集中精力思考自己的事。

3. 正确的倾听

(1) 表现出真诚、认真的态度　坐姿端正、神态专注、眼睛注视对方、身体稍前倾、点头示意等。如果确实没有时间,可以直接告知,比如"我很想听你说,但今天我还有一件事"。

(2) 善于抓住对方话语的重点和实质　倾听者善于在听的间隙思索对方话语,捕捉信息,从中推断说话者的真正意图。也善于用"换位思考"的方法,把自己置身于对方的立场来思考,能理解言外之意。

(3) 适时作出反馈　倾听的过程中,应采取提问、赞同、简短评述等来表述自己的观点。比如改换说法,重述内容:"你的话是不是可以这样概括""你对你的工作不太满意"。发表相似看法,使谈话能顺利下去:"我可能没有听懂,你能再讲具体一点吗?""这几条建议,你认为哪一条最好呢?""这很有趣,请接着说。"

插话时要掌握时机,不能随意打断别人的谈话。一般应在对方的话说完或告一段落时再插话。

(三) 适当的提问

1. 提问的类型

(1) 从目的看,有探询型,比如采访和调查访问;问难型,为刺探对方的秘密、揭露问题、驳斥；引导型，提问是为了引起对方的思考。

（2）按问句的指向范围分，有封闭式提问和开放式提问。开放式提问是可以让讲话者提供充分的信息和细节；封闭式提问将问题限制在一定的范围内，以得到比较确定的回答。比如同是问客人要喝什么，开放式问题是："您要喝点什么？"；而封闭式提问则是："您要喝咖啡还是茶？"

2. 提问的技巧

（1）因人而异，看清对象　提问要针对不同环境与不同的人，从对方的年龄、身份、职业、性格、知识水平以及不同的民族文化背景出发，选择不同的提问方式。如面对上级的询问、同事间的信息交流、亲密朋友之间的沟通，可直接提问；谈判时想诱使对方回答你需要的结论，可用设问。

（2）瞄准时机　不要过早，也不要过迟，就当前的事情提问。一般来说，对方很忙时不宜提琐碎的问题；对方伤心或失意时，不宜提太复杂、太生硬、会引起对方不愉快的问题；对方遇到困难或麻烦时，不要提问题。

案例小故事 6-6

美国推销员帕特为了推销一套空调设备，与某公司已周旋了好几个月，但对方仍迟迟不做决定，当时正值春夏之交，在董事会上，帕特面对对他的推销毫无兴趣的董事们心急如焚，全身冒汗。突然，他"热"中生智，提出一个问题："今天天气很热，能允许我脱去外衣吗？"说罢，他边脱衣边用手帕不停地擦汗。这时产生了一个奇特的现象——董事们纷纷脱去外衣，感觉闷热难忍，于是探讨起购置空调机的问题来。

小思考 6-7

帕特在此抓住了什么时机一击而中？他采用的是什么提问方式？

（3）抓住关键　提问要有针对性，提的具体而且提出自己想要知道的信息，引导对方的思路。如意大利著名女记者法拉奇采访邓小平时，提的第一个问题就是："天安门上保留下来的毛主席像，是否要永远保留下去？"这个问题具体而丰富，暗含了我党和全国人民对毛泽东及其思想的评价问题。

3. 讲究提问的方法

（1）斟酌词语　要抠准字眼、用词贴切，方能取得最佳效果。如餐厅服务员问顾客："您今天要些什么？"而不是问："您要些什么？"将客人看成老主顾，使客人心里热乎乎的。

（2）精选类型　提问的方式有以下几种。

① 直接式。开门见山，直接提出问题。如"中国是怎样把十三亿人凝聚在一起的？"

② 铺垫式。先表述某种情况，或引述某种观点和看法，作为因由，再提出问题。比如"我的中国朋友曾经说过，中日之间的历史问题，中国人要努力忘记，日本人要努力不忘记，您认为历史中最重要的问题是什么？"

③ 迂回式。绕着弯子提问，目的多为避开对象的心理防线，以问出对象不便说、不愿说或不敢说的问题；对不善言谈的人发问多用迂回问，引导其发言。比如在一次中外记者招待会上，有一个日本记者问朱镕基总理"对于您的继任者您有什么样的建议？""有没有想过是不是还要再干一任"。其目的要打听朱总理会不会卸任。

④ 步步追问式。为同一个目的变换着提出一系列问题。

（3）问题合适　要问得具体，适合对象回答，比如对一位久违的人，你问："这些年怎么样"，他可能回答"还好"，如果从身体、工作、学习、家庭等具体发问，就会跟你一一介绍；选择合适角度，如有人打探某青年是否已婚，问："你常年在外，家里人不记挂你吗？"问得委婉。

(4) 注意方法和分寸　常见的方法有"透过于人"、实现"打预防针"等，如"我想扮演一下吹毛求疵的角色，有个问题可能让你为难"。欲诘先褒，如问一位厂长"近几年你们厂生产、销售、经济效益都上去了，但据说现在存在问题"。运用委婉，如问一位癌症患者什么时候发现得病，可以问："你什么时候感觉不舒服？"

4. 提问的禁忌

(1) 不要问对抗性的问题。

(2) 不要在任何时候都提出问题而不看时机。

(3) 不要问显示自己精明的问题。

(4) 不要中断别人的话题，去提自己的问题。

小思考6-8

某公司经理听说有个资深工程师在私下里帮竞争对手的公司做事，由于没有证据也不好直接向他发问。于是，经理在一次谈话中对工程师说："在人力资源管理这个问题上，如果员工对公司不忠诚，在职期间与对手企业有合作行为，您觉得这样的员工公司应该怎样对他进行处理呢？"

你认为该经理的提问有何优点？

(四) 赞美的技巧

美国学者威廉·詹姆斯说，人性最深刻的原则，就是恳求别人对自己加以赞赏。对赞美的需要是人的本能，也是有效的交往技巧。有一个故事讲两个猎人一起去打猎，各得两只野兔。甲的女人冷冷地说："只打到两只？"第二天甲空着手回来了。而乙的女人欢喜地说："你竟打到两只！"乙说："两只算什么？"第二天，乙打了四只回家。赞美的力量可见一斑。

1. 赞美的原则

(1) 要真实、真诚　即是说赞美要发自内心，出于诚意、诚恳坦白，有真实的情感体验。带有情感体验的赞美既能体现人际交往中的互动关系，又能表达出自己的美好感受，对方也能够感受到你对他真诚的关怀。比如当你的同事确实做好了一件事，你说："你干得真好！"，对方会增加对你的好感；而他可能做得马马虎虎，你也这样说，会认为你是挖苦他。

(2) 因人而异，因场合而异　要选择符合对象心理需求的词汇进行赞美。比如对老师赞其学生；对母亲赞其孩子；对老人赞其一生。如果相交不深，又是有求于人。此时赞美的作用是为了提出请求创造一个融洽的气氛。这种赞美往往具有恭维的性质。经常同寒暄连用，起到缓和双方心理的作用。赞美也不要局限于求助之人。

(3) 要具体明确、符合实际　一是要实事求是。赞美必须有真凭实据，明明这个人的学习成绩不如人，你却说他："名列前茅，百里挑一，才智过人，聪明绝顶"，他心里并不会舒坦。二是要注意适度，措辞得当。赞美要适合被赞美者的身份及与赞美者的关系。适度的赞美会令对方感到欣慰，肉麻的恭维、空洞的奉承，或者赞扬的频率过多，都会令对方感到不舒服。如对某人在某方面的成就，可以说："你在这方面真有研究"或"你是这方面的专家"，这就很有分寸；但如果说成是"你真不愧是个著名的专家"，别人就会反感。

2. 赞扬技巧

(1) 直接赞扬，善于发现优点

① 针对优点。用直截了当的话当面赞扬优点。如老师赞美学生、领导赞扬部下等。对

女性多赞美她的衣着、容貌，对男性则要更多赞美他的才华、他的事业、他的成功、他的气质等。赞扬对方要先从多种渠道多了解对方的优点、长处，做到心中有数，赞扬时有针对性。赞扬可用含多层意思的话，使对方不自觉地向好的方面理解。

② 针对缺点。学会找出别人值得赞扬的地方，甚至从对方的缺点中找出有积极意义的东西来，这确实是门学问。比如，某人爱做白日梦，她可能想象力丰富，富有创意；某人专断，好自作主张，你可赞他有策略，满脑子都是主意，有主见等；某人吝啬小气，你可赞他节俭；某人较为轻浮，你可赞她热心活泼。

（2）间接赞扬

① 全称法赞扬。可以通过赞美对方的职业、单位、民族、习俗、地域等，间接达到赞美他本人的目的。如"你们北方人都很豪爽"等。

② 对比性的赞扬。就是把被赞美的对象和其他对象比较，以突出其优点。常用"比××更……"或"在××中最……"等句式表示。对比性赞美给人一个很具体的感觉。在比较时就不应该用贬低其他人的方法，以免引起矛盾。

③ 感受性的赞扬。就赞美对象的某一点表达出自己的良好感受，也体现了赞美的具体性。运用这种赞美要做到：一是把对方值得肯定的优点"挑"出来；二是让对方知道你对他的优点很满意。

④ 借用第三者的口吻赞扬。赞美的话由自己说出难免有恭维、奉承之嫌。比如："你看来还那么年轻"这类话，如果换个方法来说："你真是年轻漂亮，难怪某某总是夸你！"对方必然会很高兴。

⑤ 反语赞扬。在人际交往中，反语成了表达批评和讽刺的语言定势。实际上，赞扬时恰当使用反语，新奇、幽默、含蓄、耐人寻味，能收到比一般赞美更好的效果。

（3）背后赞扬

在人背后赞扬人，是各种方法技巧中最能使人高兴的、也是最有效的。罗斯福的一个属下叫布德，对赞扬和恭维有过出色的见解：背后颂扬别人的优点，比当面恭维更有效。如果赞语当着我们的面说，或许会怀疑对方的诚心或有所企图，但是如果有人告诉你：某某人说了什么什么关于你的好话，你绝对无一例外地高兴，因为你认为那是真心的赞扬。

知识小看板 6-3

人们需要赞美

JR人才调查中心一份调查报告显示："中国每100位头脑出众、业务过硬的人士中，就有67位因人际关系不畅而在事业中严重受挫，难以获得成功。他们共同的心理障碍是：难以启齿赞美别人。"

1921年，美国钢铁大王安德鲁·卡内基擢升查理·夏布为美国钢铁公司第一任总裁，年薪100万（当时，年薪50万已经过得去了）。夏布说："我从不批评他人，我喜欢赞美而讨厌吹毛求疵。"

著名企业家洛克菲勒是一位非常有"吸引力"的领袖。一次，爱德华·贝弗在南美做错一宗买卖，给公司造成了100万美元的损失。洛克菲勒本来可以狠狠地指责贝弗一番，但他知道贝弗已经尽了他最大的努力，而且事情也已经无法挽回了。于是，在与贝弗谈话时，就故意找些值得称赞的事，以使谈话变得不那么沉重，他恭贺贝弗幸而保全了投资金额的60%，"棒极了！"洛克菲勒说，"我们没法每次都能那么幸运。"

（五）幽默的技巧

幽默是以愉悦的方式让别人获得精神上快感的一种语言形式，是最富喜剧性和审美价值的一种艺术性的交际语言。美国一位心理学家说过:"幽默是一种最有趣、最有感染力、最具有普遍意义的传递艺术。"幽默的语言,能使社交气氛轻松、融洽,利于交流。

1. 幽默的作用

(1) 幽默可以缓解冲突,解决纠纷　幽默能够融洽人际关系,生动表达情感和态度,从而达到缓解矛盾的目的。

早期美国麻省议会开会时,一个议员发表了一篇很长的演说,另一位议员便低声通知他缩短,结果却得到了:"请你滚出去。"于是,议员告到麻省议长那里,议长说:"是的,我也听见了他的这句话,但是后来我在法律文件中从头到尾仔细找了一遍,发现其中没有这一条,所以你尽可不必听从他的话滚出去。"议长用善意的幽默化解了一场一触即发的纠纷。

(2) 幽默可以消除尴尬,摆脱困境　有时会遇到一些尴尬的处境,这时如果用几句幽默的语言来自我解嘲,就能在轻松愉快的笑声中缓解紧张尴尬的气氛,从而使自己走出困境。

钢琴演奏家波奇,有一次在美国密歇根州的福林特城演奏,发现全场座位坐不到五成,他自然很失望,但他走向舞台的脚灯,对听众说:"福林特这个城市一定很富有。我看到你们每个人都买了两三个座位的票。"这时屋子里充满了笑声,尴尬消除了,而观众也更喜欢他。

(3) 幽默可以解决问题　运用幽默的语言含蓄委婉提出要求,往往具有暗示性、启发性,可以在快乐的同时解决问题,如果对方不能接受,也无关大局。

有一次,梁实秋的幼女文蔷自美返台探望父亲,他们便邀请了几位亲友到饭店饮宴。酒菜齐全,唯独白米饭就是等不来。经一催二催之后,仍不见白米饭踪影。梁实秋无奈,待服务员上菜时,戏问:"怎么饭还不来,是不是稻子还没收割?"服务员答道:"还没插秧呢!"

(4) 幽默塑造交际中的自我形象　幽默体现着说话者的自信、能力、气质和心境。"97％的主管人员相信,幽默在商业界具有很重要的价值。"幽默的风度是良好性格特征的外露,具有幽默感的人,一定是一个机智、敏捷、善于应付各种棘手问题的能手。

2. 幽默的培养

(1) 拥有积极、健康的心态　幽默总是与真诚、爱心结伴。做趣味思考是幽默的基本手法。只有心胸开阔,以乐观信念和高尚情趣面对人生的人,才会趣味思考。试想一个整天愁眉苦脸、满心算计的人怎么会有幽默感呢?只有放松自己,摆正乐观的态度,展现真诚,才能有利于幽默感的培养。

(2) 培养敏锐的观察力和想象力　幽默的谈吐具有反应迅速的特点,任何幽默都是临场启迪灵感的结果。同时,幽默又是一种穿透力较强的语言方式,能一语中的、击中问题的关键。所以需要培养自己的观察力和想象力,还要有能言善辩的能力。

(3) 领会幽默的内在含义　机智而又敏捷地指出别人的缺点或优点,在微笑中加以肯定或否定。幽默不是油腔滑调,也非嘲笑或讽刺。浮躁难以幽默,装腔作势难以幽默,钻牛角尖难以幽默,捉襟见肘难以幽默,迟钝笨拙难以幽默。只有从容、平等待人、超脱、聪明透彻才能幽默。

(4) 扩大知识面,提高文化修养　幽默是智慧的表现,它必须建立在丰富知识的基础上。一个人只有具备审时度势的能力、广博的知识,才能做到谈资丰富,妙言成趣。因此培养幽默感必须广泛涉猎,充实自己,既要博古通今,又要了解各方的风土人情,才会在各种场合说出充满智慧与哲理的幽默语言。

(六) 拒绝的技巧

 案例小故事 6-7

很久以前,蜈蚣分别与公鸡、鹿是好朋友。公鸡头上长着一对美丽的角,鹿非常喜欢,就请蜈蚣去向公鸡借，说是戴一下就还给公鸡。公鸡碍不过蜈蚣的面子，就把角给了鹿。鹿戴上公鸡的角后，却拒绝归还。这样，公鸡见了蜈蚣就啄，而蜈蚣见了鹿就咬。在厮杀中，蜈蚣把鹿皮一块一块咬了下来，自己也被踩扁。

> **小思考 6-9**
> 三个好朋友为什么最后变成了争斗者呢？

1. 原则

（1）礼貌尊重，诚心诚意　不能伤对方的自尊心，不能使对方难堪，拒绝而不得罪。必须让对方知道你的拒绝是无奈之举，尽可能地避免误会，避免对方遭拒绝后的那种抗拒感。

（2）给出心理准备　在心理上必须坚定，否则就很可能被对方说服。

（3）做好"善后"　即帮别人另想办法，以便更好地愈合对方心理上的不适，因为拒绝别人，在社交中是一种逆势状态，必然在对方心理上造成失望或不愉快。

2. 技巧

（1）直截了当法　对那些不能接受的要求，如实陈述己方的困难和理由，或出示实物资料、实地观看，说明接受后对对方、己方、双方可能造成危害，让对方放弃。切忌模棱两可，以免对方产生误解。

语气要诚恳，要向对方耐心地解释你拒绝的理由，表示歉意，请求对方谅解。委婉拒绝无效，可使用敬语，拉开心理距离。

（2）客观借口法　以己方的条件、能力、权限、规章制度等客观原因为借口予以拒绝。

（3）先发制人，主动出击　当你知道对方要向你提你不愿意答应的要求时，可运用此法，堵住对方的嘴，让他感到不好意思张口或意识到提了要求也没用。

（4）转移目标　这是一种转移别人注意力的技巧。对那些碍于情面的要求，你不便马上拒绝，可以转移话题，暂时把对方说话的焦点转移开，达到间接拒绝的目的。比如甲问："这笔生意能赚大钱吗？"乙答："你那笔生意正在进行吗？"

（5）缓兵之计　遇到棘手问题，对方提出请求后，不必当场拒绝，可以采取拖延的办法。你可以说："让我再考虑一下，明天答复你。"这样，既使你赢得考虑如何答复的时间，也会使对方认为你是很认真对待这个请求的。如有人想约你，问你："今天晚上八点钟去跳舞，好吗？"你可以回答："今天不巧，回头再说吧，到时候我给你联系。"

（6）贬低自己　通过对自己的贬低而间接抬升对方。比如说拒绝媒人的提亲时，可以说："对于我来说，她真是太过于完美了……"或者"她太优秀了，而我根本无法与她相配。"不管是否真实，其效果都要强于直接拒绝。对方知道自己遭拒绝，也会因为这些话得到心理安慰，抗拒感也就自然而然地消失了。

（7）条件堵塞法　对方提出问题后，并不马上作明确的回答，而是提出一些条件或反问一个问题，诱使对方自我否定，自动放弃自己原来提出的要求。"如果你能……的话，我……"

（8）先肯定后否定　对对方的请求不是一开口就说"不行"，而是先表示理解、同情，然后再陈述无法答应的缘由，讲清自己的困难，获得对方的理解，自动放弃请求。如有可能，可为对方引荐别人，建议其他弥补的办法。这样，对方不但不会因被拒绝而失望、生气，反而会对你的关心、帮助表示感谢。

（9）预设伏笔，适当时候再拒绝　从人际关系的角度考虑，要尽可能把拒绝的理由讲得充分，从接受者的心理考虑，要让他有足够的思想准备。为此，先不拒绝，而是强调不利因素，为自己留下退路，在适当的时候再用适当方法（如电话告知、请人带口信等）拒绝，这样,即使他的要求没有得到满足,也不会恨你。

(10) 暗示拒绝　对那些难以言明的拒绝,不用有声语言,可用一些体态语来暗示自己拒绝的意思。如:用身体欠佳、疲劳、倦怠、打呵欠的举止使对方感到不安;或中断微笑、目光老向别处看等,暗示对他人的要求不感兴趣等。

知识小看板 6-4

你说话具有说服力的十项提示

(1) 要以权威的腔调讲话。为了达到这个目的,你必须熟悉你讲话的内容,你对你的题目了解得越多越深刻,你讲话就会越生动越透彻。

(2) 使用简单的词汇和简短的句子。最简洁的文章总是最好的文章,其原因就是它最容易理解,关于讲话和对话也可以说是同样的道理。

(3) 使用具体和专门的词汇和词语。绝对掌握了这种技艺的人是耶稣,他说话使用的词汇和发布命令所使用的词语都是简单、简洁、一语中的并且容易理解的。例如,他说的"跟我来"不会有人不明白。

(4) 避免使用不必要的词汇和说一些没有用的事。

(5) 说话要直截了当且中肯。如果你想取得在你所说的各种事情上都能驾驭人的卓越能力,一个最基本的要求是:集中一点,不要分散火力。相信你肯定会击中靶心。

(6) 不要夸口。不但永远不要夸口或者言过其实,而且在陈述你的情况时还要动脑筋为自己留有余地,这样你就不必担心会遇到什么责难。

(7) 对待听众不可盛气凌人。即使你可能是你要讲的这个专题的权威人士,你也没有任何理由可以盛气凌人地对待听众。我还从来没有遇到过一个人不在某个方面比我更精通。

(8) 要有外交手腕及策略。圆滑老练是指在适当的时间和地点去说适当的事情又不得罪任何人的一种能力。尤其是当你对付固执的人或者棘手的问题时,你更需要圆滑老练,甚至使用外交手腕。要说做起来也很容易,就像你对待每一个女人都像对待一位夫人一样,对待每一个男人都像对待一位绅士一样。

(9) 要为你的听众提出最好的建议,不要为你自己提出最好的建议。如果你能做到这一点,那谁都没有办法从你的脚下抢走一块地盘,你也就永远立于不败之地。

(10) 要坦率而开诚布公地回答所有问题。如果你能按照我前面给你列出的九项提示去做,你就会自然而然地做到这一条。

三、电话交谈礼仪

(一) 电话礼仪基本要求

案例小故事 6-8

小高到兴隆公司实习,第一天上班,被安排到接电话的岗位,心里感觉非常不舒服,心想:"电话谁不会打?几岁起就接电话了。"第一次遇到外来电话,铃声刚响,他就抓起话筒,结果电话断了,部门经理批评了他。第二次接电话,是对方拨错了号,小高一听边说:"你打错了!""啪"地挂上了电话。正好被刚进来的总经理看到了,总经理当场批评了他。小高傻眼了。

小思考 6-10

如果你是小高的实习指导教师,你应该指出小高错在哪里?

1. 语言文明

（1）重要第一声　打电话给某单位，若一接通，就能听到对方亲切、优美的招呼声，双方对话就能顺利展开。在通话之初，要向对方恭恭敬敬地问一声"您好"；不要一上来就"喂"或开口便道自己的事情。问候后自报家门，一般报本人所在单位。比如："你好，这里是××公司。"终止通话时，必须先说一声"再见"。

（2）亲切稳重的语气语调　打电话是远距离传送信息，发音清晰、咬字准确是保证通话质量的重要条件，而温和、亲切、自然、稳重的语气有助于交往的进行。

打电话时语调应平稳柔和、安详，这时如能面带微笑地与对方交谈，可使声音听起来更为友好热情。千万不要边打电话边嚼口香糖或吃东西。

2. 态度文明

当电话需要通过总机接转时，要对总机话务员问好和道谢，从而使他们感到受尊重；应使用"请、麻烦、劳驾"之类的谦辞。

如果要找的人不在，需要接听电话的人代找或代为转告、留言时，态度更要礼貌；应向代接电话者询问对方的去处和联系方式，或把自己的联系方式留下，让对方回来后回电话。

感谢对方或代接电话者，并有礼貌地说声"再见"。

通话时电话忽然中断，应立即再拨，并说明通话中断是由于线路故障所致，不要等对方打来电话。

如果拨错电话号码，应对接听者表示歉意。

3. 举止文明

通话过程中虽然不直接见面，但也应该注意举止文明。

打电话时不要把话筒夹在脖子下，也不要趴着、仰着、坐在桌角上，更不要把双腿高架在桌子上；不要以笔代手去拨号；通话时的嗓门不要过高，免得令对方感到"震耳欲聋"；话筒和嘴的最佳距离保持3厘米左右；挂电话时应轻放话筒；不要骂骂咧咧，更不要采用粗暴的举动拿电话机撒气。

小思考 6-11

你认为"接打电话的言行举止体现了个人素质"这句话对吗？

知识小看板 6-5

电话应对基本要诀

（1）听到铃响，快接电话；（2）先要问好，再报名称；（3）姿态正确，微笑说话；
（4）语调稍高，吐字清楚；（5）听话认真，礼貌应答；（6）通话简练，等候要短；
（7）礼告结束，后挂轻放。

（二）拨打电话的礼仪

案例小故事 6-9

小欧一次八点钟就给新疆的一位老板打电话，"喂，是张总吗？""你是谁？""我是××集团人力资源部的办公室秘书。""对不起，我在吃早餐，等会过来好吗？""噢，好的。"小李一次给客户打电话，铃声响了五声之后还没有人接，他就挂了电话。

小思考 6-12
你能判断小欧和小李的做法是否正确吗?

1. 选择适宜时间

(1) 选择最佳通话时间　按照惯例,最好选择双方预约的时间,或选择方便的时间。一般不在节假日时间、休息或用餐时间之内打电话;避开通话高峰时间、业务繁忙时间、生理厌倦时间;尽量在受话人上班 10 分钟后或下班 10 分钟前拨打。

(2) "通话 3 分钟原则"　国际惯例通话时间一次不超过 3 分钟,基本要求是表达清楚、主次分明,"以短为佳,宁短勿长"。

(3) 体谅对方　询问对方是否方便;超过 3 分钟,可征求对方意见;不得已打扰对方,要讲明原因;他人上班时不要为私事而通话妨碍对方。

2. 选择合适地点

(1) 需要保密的电话,不宜在公共场合打。

(2) 不用单位电话拨打私人电话。

(3) 不借用外人或外单位电话,尤其是拨打时间长或拨打国内、国际长途。

3. 内容全面简洁

为了节省通话时间并获得良好的沟通效果,打电话之前和之中都要认真斟酌通话的内容,做到"事先准备、简明扼要、适可而止"。

(1) 事先准备　在通话之前,就应该做好充分的准备。牢记 5W1H 技巧,即 When 何时、Who 何人、Where 何地、What 何事、Why 为什么、How 如何做。

(2) 简明扼要　通话内容一定要简明扼要。通话时,最忌讳吞吞吐吐,含糊不清,东拉西扯。经过简短的寒暄之后,就应当直奔主题,力戒讲空话、说废话、无话找话和短话长说。

(3) 适可而止　一旦要传达的信息已经说完,就应当果断地终止通话。按照电话礼节,应该由打电话的人终止通话。因此,不要话已讲完,依旧反复铺陈,再三絮叨。否则,会让人觉得做事拖拖拉拉,缺少素养。

4. 礼貌问候

当听到对方声音后,首先应简单问候,作自我介绍;使用敬语,说明要找通话人的姓名或委托对方传呼要找的人。如果对方接电话没有自报家门,就应先确认对方的身份再自报家门。通常做法是:"您好!请问是××单位吗?我是××单位的××。"如果对方自报家门,你就可以选择灵活的通话方法:"您好!我是××单位的×××,麻烦你找××经理接电话。"

然后按事先的准备逐条简述电话内容,确认对方是否明白或是否记录清楚。通话结束后,应有致谢语和再见语,如"谢谢""麻烦你了""再见"等。等对方放下电话后,自己再轻轻放下电话。

如发觉自己打错了电话,应马上说一声"对不起,我打错了电话。"

如已拨过一次未接通,可再拨。

5. 若对方不在

(1) 事情紧急时,而且自己还有要找的人其他联系方式时,可用"对不起打扰了,再见"的话直接结束通话。

(2) 事情紧急而不能联系时,要向对方请教方便的联系方式或时间可采用:"请问我什么时候打来比较合适"或"我有要紧的事,要找××,不知道有没有其他方式可以联系?"

（3）可以请求留言。如："如果可以，麻烦您转告他"或是"请问我可以留言吗？"

（三）接听电话礼仪

 案例小故事6-10

小孙一次因工作被领导批评了，心情很不好，恰好电话响了，铃声响了两声以后，她拿起话筒说："喂，你找谁？"当得知对方打错电话时，她很不耐烦地说了声"您打错了。"就将电话给挂了。小董接到了一个投诉电话，对方态度还可以，她一边接电话，一边翻阅当天的文件。

 **小思考6-13**

小孙和小董的行为错在哪里？

1. 接听及时

一般要求在铃响三声内接，最好响第二声后提起话筒，不让铃声响得太久。太早接听不够稳重，太晚则影响形象。若是响五六声再接一定要向对方说明迟接的原因并致歉。

2. 应对谦和

自报家门，致以问候，不允许接电话时以"喂，喂"或者"你找谁呀"来接听电话，特别是不允许开口问"你找谁""你是谁"，或者"有什么事儿呀"。

通话时要聚精会神，谦恭友好；在接待外来的电话时，理当一律给予同等的待遇，不卑不亢。

通话中断后，要耐心等候对方重拨；通话结束时，要等对方放下话筒，自己再放下话筒。

对方误拨时，应礼貌告知对方；对方如果道了歉，不要忘了以"没关系"去应对，切勿发脾气"耍态度"。

3. 分清主次

认真倾听对方的电话事由，记下或问清对方通知或留言的事由、时间、地点和姓名，按照5W1H做好记录，并复述或回答给对方听。

在接听电话时，适逢另一个电话打进，可先对通话对象说明原因，要其稍候片刻，然后去接另一个电话。接通后，先请对方稍候，或过一会儿再拨进来，随后再继续方才正打着的电话。

4. 转接电话

接听别人电话时，首先应确认对方身份，如："请问您是哪里？"。需传呼他人，应请对方稍候，然后轻轻放下电话，去传呼他人。如对方不便等待，可以说："对不起，××一时走不开，如果方便的话，就让××给您回电话。"

接听电话的人不在时，可采取以下方式应对：一是告诉对方什么时候再打来，如："对不起，他正好不在，估计一小时后回来。"二是请对方留下联系方式，便于以后联系。

5. 接听电话的禁忌

（1）接电话时不与人交谈，或边看文件或东西边接电话。

（2）在通话途中，不要对着话筒打哈欠或是吃东西。也不要同时与其他人闲聊。不要让对方由此感到在受话人的心中无足轻重。

（3）打喷嚏或咳嗽，偏过头，掩住话筒，道歉。

（4）开会时来电可及时说明原因，稍后联系。

（5）不过度盘问对方。

（6）不可中断通话，不得已时应向对方道歉。

（四）手机的使用

1. 携带：置放到位

（1）常规位置　随身携带的公文包之内；上衣口袋之内，不影响衣袋整体外观；不宜在不使用时执握手中，或挂于上衣口袋之外。

（2）暂放位置　参加会议时，可将其暂交秘书、会务人员代管；与人交谈时，将其暂放手边、身旁、背后等不起眼之处；挂在脖上、腰上、手上均不雅观。

2. 使用场合的礼节

（1）遵守公共秩序　在下列场合中应该限制或慎重使用手机：人来人往的公共场合；要求保持安静的公共场所；上班期间；开会、会见等聚会场合。

（2）注意安全　驾驶汽车途中不要随意接听电话；在易燃易爆场所、病房之内、飞机飞行期间应关闭手机。

（3）与人方便　在双向收费的情况下，说话更要简洁明了，以节约话费。一般先拨客户的固定电话，找不到时再拨手机。在嘈杂环境中，听不清楚对方声音时要说明，并让对方过一会儿再打过来或您打过去。不宜经常出现关机；改换手机时，应尽早告知交往对象。

知识小看板 6-6

交际语言技巧自测题

请回答以下的问题，在选定的数字下打√以确定你与他人交流中的优缺点。

1＝从不这样　　2＝很少这样　　3＝有时这样　　4＝经常这样　　5＝每次这样

内容	1	2	3	4	5
与人交谈时，我发言时间少于一半					
交谈一开始，我就能看出对方是轻松还是紧张					
与人交谈时，我想办法让对方轻松下来					
我有意识提些简单问题，使对方明白我对他的话题感兴趣					
与人交谈时，我留意消除引起对方注意力分散的因素					
我有耐心，对方发言不打断人家					
我的观点与对方不一样时，我努力理解他的观点					
我不挑起争论，也不卷入争论中					
即使我要纠正对方，我也不会批评他					
对方发问时，我简要回答，不做过多的解释					
我不会突然提出令对方难答的问题					
与人交谈时，头30秒钟我就把我的用意说清楚					
对方不明白时，我会把我的意思重复或换句话说一次或总结一下					
我每隔若干时间问问对方有何反应，以确保他听懂了我的意思					
我发现对方不同意我的观点时，我就停下来，问清楚他的观点。等他说完之后，我才就他的反对意见发表我的看法					

表现	得分
你与人交谈的技巧很好	60～75
你的交谈技巧不错	45～59
你与人交谈时表现一般	35～44
你的交谈技巧较差	35以下

说明：

通过以上测试，你对自己的交谈技巧就有个大概印象。请你找出自己语言交际的薄弱环节，改进自己的谈话技巧，三个月后再进行测试，看有多大的提高。

【实训设计】

项目一

项目名称：商务场合交谈礼仪技能训练。

项目目的：通过实训练习，掌握商务场合交谈的语言技巧、行为举止等规范。

项目简介：A公司与B公司合作开发建筑涂料市场，A公司提供产品，B公司在华中地区销售。双方为进一步加强合作，商定在武汉××酒店8楼举行商务会谈。B公司安排秘书小刘乘坐轿车迎接对方张总经理一行3人到××酒店8楼会议中心洽谈有关协议。洽谈后双方在该酒店3楼餐厅用餐。

项目要求：

(1) 根据情景内容，模拟秘书小刘在会谈现场为双方做介绍并引导就座的情景。

(2) 根据情景内容，模拟演示双方从会谈开始的问候、致敬、商务交谈，注意举止和目光。

(3) 根据情景内容，模拟双方用餐时的交谈用语。

项目说明：

(1) 模拟一个商务会谈的环境。要有一张长条桌，两边放置椅子数张。桌椅摆放要符合商务会谈位次安排的礼仪。

(2) 学生每6人为一组，其中1人扮演B公司王总经理、1人扮演销售部陈经理、秘书小刘；1人扮演A公司张总经理、其余2人扮演随行人员。

(3) 本实训要演示会谈整个过程，内容可自由发挥，但要注意交际技巧和语言禁忌，时间约1课时。

项目二

项目名称：商务场合电话礼仪技能训练。

项目目的：通过实训练习，掌握电话接听技巧。

项目简介：

(1) 假如你是某公司业务员，突然接到一个投诉电话，客户要求赔偿由于迟交货物所造成的全部损失。

(2) 假设你正在电话里和一个客户谈生意，另一部电话突然响起。

(3) 如果有个电话是你接听，所找的人为你的同事，而你的同事恰好不在。

项目要求：

根据情景内容，模拟在三个场景下的电话接听礼仪技巧及交谈内容。

项目说明：

(1) 模拟一个办公室环境。要有两张办公桌，办公桌可相隔一定距离。

(2) 学生6人为一组，每组自由组合，演示上述三个场景，现场若无电话可用手机替代。

(3) 本实训要注意接听电话规范，时间约1课时。

【知识小结】

交谈是人际交往中最迅速、最直接的一种沟通方式。交谈是建立良好人际关系的途径，是人们交流思想的手段。交谈的优劣决定交谈的效果。

交谈有一定技巧，要合理运用语言方式，遵循一定交谈规则。交谈态度要真诚，神态要专注，表情要亲切，用语要文明，善于选择话题。

商务礼仪

交谈要达到沟通情感的目的，要充分运用交谈的各种技巧，学会问候寒暄，巧妙接近对方，善于有效倾听和提问，学会赞美别人，掌握幽默的谈吐和拒绝的技巧。总之要创造一种心理交融的谈话气氛。

电话是商务人员进行商务沟通的最便捷的工具，商务人员每天需接听大量电话。接打电话是个人素质的体现，要讲究技巧，遵循礼仪规范。接打电话要态度礼貌友善，传递信息简洁，控制语速语调，使用礼貌用语。

【思考训练】

想一想

(1) 基本概念

语言　态势语　交谈

(2) 简述交谈中有声语言和无声语言的关系。

(3) 举例简述交谈中拒绝的技巧。

(4) 简述在商务活动中接听电话的礼仪规范。

练一练

(1) 请你设计一份电话记录单。

(2) 下面几个问候的例子，请分析哪些是恰当的，哪些是不恰当的。从中总结出问候应注意的事项。

① 校园内，师生迎面走来。学生低着头，与老师擦肩而过时匆匆叫了一声："老师好！"老师当时刚好看到那位学生后面不远处走过他正要找的同事，担心那位同事走远，眼睛边看着同事回答了一声"好"，边叫："张老师！"

② 张良和李纲是老同学，长时间没联系了。一天在车站突然相遇："好久不见，你老兄气色这么好，看来混得不错呀！""彼此彼此，你也发福多了。""最近做股票赚了不少吧？""唉！还说呢，全套牢了。""噢，太遗憾了！"

③ 一天下午，上海电视台的主持人张颖路过淮海路、常熟路口，一位老太太走过来对她说："张颖，你好！"张颖以为遇上熟人了，忙礼貌地回答："您好！""我是你的观众。"老太太笑着说，"我喜欢你的主持风格，清清爽爽，文文静静，我们当学生时都是那样打扮的。""谢谢！"张颖感动地看着老人。临走时老人又说："你可不要变哟。"老太太走远后张颖还忍不住回头张望老太太的背影。

(3) 请将下列说语换一种说法，体会效果有何不同。

①"你找谁？"

②"来不了！"

③"不行就算了！"

④"干不了！"

⑤"有事吗？"

(4) 礼仪测试

请判断以下情景中对电话的使用是否符合礼仪。

① 一男士夜间休息，电话铃响，被惊醒。

② 一男士在办公室内打电话："这球太臭，真的，那个6号！"

③ 一男士接听电话："您好！北方公司。您找西海公司？抱歉！您拨错了电话。需要的话，我可以替您查一下西海公司的电话。"查手册，又道："它的电话是211211。不客气，再见。"

④ 一男士接电话："你好！北方公司。你找西海公司？下次看清楚，我们是北方公司！"
⑤ 一商务会议正在进行。上司居中讲话，全场安静。一手机铃声响，另一手机铃声响。

请判断下列交谈的话题是否合适。

① 你是位年轻有为的经理人，在与一位资深女经理交谈时，为了恭维她出道早，经验丰富，你说道："从年龄上讲，您就比我大八岁，但您的经验却十分丰富，我理应多向您学习。"

② 同事小刘今天上班穿了一身漂亮的新套装，大家都纷纷夸赞，你也想上前赞美一番，于是，说道："小刘，你真是越来越会打扮了！这套衣服想必一定不便宜！"

③ 乔治先生是一家外国公司派来的考察员，在陪他参观你的公司时，你发现他对中国情况很了解，于是，你说："乔治先生，您以前来过中国吗？您一定读过很多关于中国的书吧。"

谈一谈

在某地一家饭店餐厅的午餐时间，来自台湾地区的旅游团在此用餐，当服务员小张发现一位70多岁的老人面前是空碗时，就轻步上前，柔声问道："请问老先生，您还要饭吗？"那位先生面露不快地摇了摇头，服务员又问道："那先生您完了吗？"只见那位先生冷冷一笑，说："小姐，我今年70多岁了，自食其力，这辈子还没有沦落到要饭吃的地步，怎么会要饭呢？我的身体还硬朗着呢，不会一下子完的。"结果可想而知。由此可见，由于服务员小张用词不符合语法，不合规范，不注意对方的年龄，尽管出于好心，却在无意之中伤害了客人，这不能怪客人的敏感和多疑，以至于双方都感到不快。

思考：

（1）该饭店服务员在服务时违反了语言交际礼仪中的哪些原则？

（2）请你为该饭店服务员设计符合语言交际礼仪的语言。

任务七　餐饮礼仪

【学习任务】

（1）了解常见的宴会形式及如何组织宴会，并掌握一般赴宴的礼仪。

（2）能熟练运用中、西餐礼仪，熟悉饮用礼仪。

【情境设计】

唐宋是保险公司的一名推销员。这一年，他签下了不少的保单，取得了不错的销售成绩。为了感谢客户的支持、同事的帮助、上司的指点，他决定举办一次宴会，宴请所有帮助他成功的人。好友知道了他的决定后，就建议他好好筹划一下。但唐宋不置可否地笑笑："瞧你，那么紧张干什么？不就是请人吃饭吗？有钱付账不就行了！"好友听了他的话只好默不作声。到了宴会那天，宾客们按时来到了宴会地点。看到唐宋，宾客们无一例外叹了一口气，因为这个餐厅地处偏僻，交通不便，是经过多番打听才找到，而有一些宾客则通知唐宋，因为他们找不到举办宴会的餐厅，所以不能来到，请唐宋见谅。唐宋引导客人入座时，又发现了另一个问题，因为他不懂得位次的排列礼，事先又没有安排好，所以此时他也不知道应让每位客人坐在哪里，只好硬着头皮让大家随便坐。宴会进行中问题层出不穷，不是菜不合客人口味，就是服务生的服务不到位。宾客们怨声载道，唐宋则忙得焦头烂额。送走宾客之后，唐宋回顾宴会整个过程，才意识到：宴请宾客真的并非易事！

任务

请问唐宋以上的行为，有哪些做得不当的地方？应该怎样做呢？

解决问题

宴请，是主办方为表达谢意、敬意或为了扩大影响等，盛情邀请宾客以聚餐为形式的一种交际活动。一项正式的商务宴请，从宴会的设计到宴会的组织实施，每个环节、每个过程都要考虑周到，以确保宴会的顺利进行。一次宴会的成功与否、能否达到所预期的目的与宴会前的准备密切相关。

【核心知识】

一、宴请礼仪

（一）宴请的形式

当前国际上通用的宴请形式有宴会、招待会、工作餐、茶会等，而采取何种形式，一般根据活动的目的、邀请对象以及经费开支等因素来决定。

1. 宴会

宴会，宴会指比较隆重、正式的设宴招待。根据举办的时间，有早宴、午宴、晚宴之分，一般认为，晚宴最为隆重正式。根据举办的规格，又有国宴、正式宴会、便宴和家宴之分。

（1）国宴　国宴是国家级庆典宴会。举办方为本国政府首脑、国家元首，或为来访的外国元首、政府首脑。举办国宴一般要悬挂双方国旗，奏双方国歌。宴会上主人和主宾均要致辞，席间要奏音乐。国宴讲究排场，对宴会厅的陈设、菜肴的数量，以及服务员的个人礼仪都有严格的要求。

（2）正式宴会　正式宴会，是一种隆重而正规的宴请。除了不挂国旗、不奏国歌、出席者级别不同外，其余都与国宴相似。它往往是为宴请专人而精心安排的、在比较高档的饭店或是其他特定的地点举行的、讲究排场及气氛的大型聚餐活动。对于到场人数、穿着打扮、席位排列、菜肴数目、音乐演奏、宾主致辞等，往往都有十分严谨的要求和讲究。

（3）便宴　便宴常见的有午宴、晚宴，有时候也举行早宴。便宴简便、灵活，通常都形式从简，并不注重规模、档次。一般来说，便宴只安排相关人员参加，不邀请配偶。对穿着打扮、席位排列、菜肴数目往往不做过高要求，而且也不安排音乐演奏和宾主致辞。

（4）家宴　它是在家里举行的宴会。家宴最重要的是要制造亲切、友好、自然的气氛，使赴宴的宾主双方轻松、自然、随意，彼此增进交流，加深了解，促进信任。为了使来宾感受到主人的重视和友好，基本上要由女主人亲自下厨烹饪，男主人充当服务员；或男主人下厨，女主人充当服务员，来共同招待客人，使客人产生宾至如归的感觉。

2. 招待会

招待会是指各种不配备正餐的宴请类型，一般备有食品和酒水，通常不排固定的席位，可以自由活动，常见的有酒会与冷餐会两种。

（1）酒会　又称鸡尾酒会，鸡尾酒是用多种酒按一定比例放入容器，并放入适量果汁调配成的酒，最上等的是香槟鸡尾酒。现在的酒会不一定非喝鸡尾酒，但酒的品种要多一些，一般少用或不用烈性酒，略备小吃，如炸春卷、小香肠、三明治等，多以牙签取食。不设座椅，仅置小桌或茶几。客人可以随意走动，接触交谈，从服务员所托盘子中取食。举行时间在中午、下午或晚上均可。客人可在此间任何时候入席、退席，来去自由。参加者衣着方面不用过于讲究，尽量整洁即可。

（2）冷餐会　又称自助餐，它可在室内外举行，参加者可坐可站，并可自由活动，菜肴以冷食为主，酒和菜均可自取，也可请服务员端送，也可将酒、菜事先陈放在桌上。

3. 工作餐

在通常情况下，工作进餐是在商务交往中合作伙伴比较繁忙时采用的一种方便快捷的非正式宴请形式。工作进餐意在以餐会友，借进餐的形式继续进行商务活动，把餐桌当成会议桌或谈判桌。

工作进餐一般规模较小，通常在中午举行，时间、地点临时选择，常采用分餐制的方式。在用工作餐的时候，还会继续商务上的交谈。工作餐是主客双方的"商务洽谈餐"，所以不适合有主题之外的人加入。如果正好遇到熟人，可以打个招呼，或是将其与同桌的人互做一下简略的介绍。但不要自作主张，将朋友留下。

4. 茶会

茶会是一种简便的招待形式，一般在下午4点左右或上午10点左右举行。地点通常设在客厅，厅内摆茶几、座椅，不排席位。但若是为贵宾举行的茶会，在入座时，主人要有意识地和主宾坐在一起，其他出席者可相对随意。

茶会，顾名思义就是请客人品茶，故对茶叶、茶具的选用要十分考究。要根据客人的喜好选择上等茶叶，要用精致的陶瓷茶具斟茶，茶叶不能直接冲饮，要用茶壶或袋装冲饮，茶水不宜太浓太满，盖杯要放在茶托上一同敬给客人，尽量体现出茶文化的特点。也有以咖啡代替茶的，其组织安排与茶会相同。招待外国客人一般用红茶和咖啡。

小思考 7-1

某公司拟举行周年庆典，公关部根据此次活动宾客众多的特点，策划了一种既经济实惠、又自由随意的宴请形式，效果很好。你认为公关部选用的是哪一种宴请形式？

（二）宴请的原则

商务宴请礼仪，指的就是商务人员以食物、饮料款待他人时，以及自己在宴请活动中，必须认真遵守的行为规范。一般来说，商务宴请的礼仪有下列两条基本原则。

1. 适量原则

宴请的适量原则是指在商务宴请活动中，对于宴请的规模、参与的人数、用餐的档次以及宴请的具体数量，都要量力而行。务必要从实际需要和实际能力出发，进行力所能及的安排。切忌虚荣好强、炫耀攀比，甚至铺张浪费、暴殄天物。

2. 4M 原则

4M 原则是在世界各国广泛受到重视的一条礼仪原则。其中的 4M 指的是四个以 M 为字头的单词，即：Menu（精美的菜单）、Mood（迷人的气氛）、Music（动人的音乐）、Manners（优雅的礼节）。

4M 原则的主要含义，就是要求在安排或者参与宴请活动时，必须优先对菜单、气氛、音乐、礼节等四个方面的问题加以高度重视，并应力求使自己在这些方面的所作所为符合律己、敬人的行为规范。

（三）宴会的组织

一次宴请的成功与否，往往取决于筹办过程中的组织准备工作。由于宴请的种类和形式不同，宴请的前期准备工作也不一样。正式宴会的组织工作最为复杂。

1. 确定宴请的规格和对象

（1）了解宴请的目的和名义　宴请的目的可以是为某人或某事而举行，如节庆日聚会、贵宾来访、会议闭幕等；宴请的名义是指以谁的名义出面邀请，可以个人的名义，也可以单位名义出面邀请；确定邀请名义和对象的主要依据是主客双方的身份，就是说，主客双方的身份应当对等。

（2）确定宴请的对象范围　邀请范围主要是指哪些方面人士，请到哪一级别，请多少人，主人一方请些什么人出来作陪等。这些都需要根据宴请的性质、主宾的身份、国际或地方惯例、对方对我的做法，以至于当前的政治气候等多方面的因素来确定。一般选择与主宾身份地位接近的人；宴请人数应该是双数，每个人在宴会上都有谈话对象。

（3）确定宴请的规格　宴请的规格分为低规格、对等规格和高规格三种，规格高的宴请要安排在高级酒店（或饭店）。一般根据宴请的目的和主宾地位、职务和身份，确定宴请规格。正式、规格高、人数少的以宴会为宜；人数多则冷餐会或酒会更为合适。总之，可以根据当时、当地的实际灵活选择。

2. 确定宴请的时间

宴请的时间应对主、客双方都合适。最好是先征求主宾的意见，了解对方的时间安排，然后再来决定。

在国际交往与民族交往中，宴请时间注意不要选择对方的重大节日、假日、有重要活动或有禁忌的日子和时间。如对信奉基督教的人士不要选十三号，更不要选十三号的星期五；伊斯兰教在斋日内白天禁食，故宴请伊斯兰教徒宜在日落后举行。

3. 宴请的地点

宴请地点的选择除考虑规格高低的因素外，应尽量选择交通便利、环境优美、干净卫生、设施完备、有特色菜肴的饭店。一般来讲，比较正式的宴会最好选择主人较为熟悉的地点，主人对它的环境、供应和服务都有所了解，不致妨碍计划的实施。

4. 布置宴会厅

宴会厅的布置，要根据活动的性质和形式。正式宴会厅的布置，应严肃、庄重、大方，可摆常青树、鲜花、盆景等作装饰。宴会休息室可按客厅布置。

冷餐会的菜台用长方桌，通常靠四周，也可放在中间。酒会一般摆小圆桌或茶几，以便放干果、点心、花瓶等。

餐具的准备。根据宴请人数和酒、菜的道数准备足够的餐具。餐桌上的一切用品都要十分清洁卫生。

5. 确定菜单

无论哪一种宴请，事先都应开列菜单。选菜应考虑宾客，特别是主宾的饮食习惯、口味与禁忌。菜单定好后，如果是大型、正式的宴会，亦可印制精美一些的菜单。菜单确定后，中途不能更改。

（1）要量力而行。根据宴请规格、经费预算来确定菜肴品种、数量和价位。

（2）要搭配合理。菜肴要冷热、荤素、甜咸、色香味搭配。时令菜与传统菜肴搭配，菜肴与酒水搭配。

（3）要体现出特色。如本地特色、饭店的特色菜、家庭主妇的拿手菜等。

（4）不得触犯客人禁忌。

宗教禁忌。穆斯林不吃猪肉、不饮酒等。

民族禁忌。西方很多人不能接受"山珍海味"。

职业禁忌。驾驶员工作时不得饮酒，国家公务员参加公务宴请时不得饮烈性酒等。

个人禁忌。个人的习惯性禁忌，尤其是主宾的禁忌。

知识小看板 7-1

西方人六不吃

① 忌吃动物内脏；

② 忌吃动物的头脚；

③ 忌吃宠物（猫、狗、鸽等）；

④ 忌吃珍稀动物；

⑤ 忌吃淡水鱼；

⑥ 忌吃无鳞无鳍的鱼（鳝、鳅、鲶、蛇等）。

6. 制发请柬

除便宴和工作餐外，宴请活动均应发送请柬，这既是礼貌，也供客人备忘用。如果是便宴、工作餐，也可通过口头或电话的方式邀请，可发亦可不发请柬。如果是邀请最高领导者作为主宾参加活动，还需单独发邀请信，其他宾客发请柬。

（1）对所有邀请者要一视同仁　请柬应提前一周至二周发出，便于被邀请人早做准备。

（2）要求回复　请柬发出后，应及时落实出席情况，以便安排、调整和布置。

一般在请柬的下部写上"敬请回复"（法文缩写：R.S.V.P）字样。如果接到需回复的请柬，被邀请人应及时回复。

（3）请柬的格式　请柬的封面一般用红色印制，上面有"请柬"二字，被邀请者的姓名、职务及敬称有时也可在封面上出现。

请柬的正文内容包括被邀请人的称谓、宴请的名义、形式、时间、地点、主办人或主办单位，要用敬语，行文一般不用标点符号。如要求被邀请人回复，则应在请柬下角注明。正式宴会，最好能在发出请柬之前安排好座位，并在请柬的信封下角注明席位号（Table No.）。

按国际习惯，对夫妇两人可发一张请柬；国内若是凭请柬入场的宴请则每人发一张。

请柬正文示例如下。

> 尊敬的×××先生：
>   为答谢贵公司对我公司的大力支持，谨定于×月×日上午×时在××宾馆举办宴会，恭请您偕夫人光临。
>   请答复
>   电话：××××××××
>
>   ×××（盖章）
>   ×年×月×日

7. 确定席次和座次

正式宴请都要事先安排好席次和座次。位置是礼仪中很重要的问题，它体现了主人对客人的尊重。席次和座次草拟后一定要呈报上司确认。由于中西餐礼节不同，桌次与席次的排列有所区别。

（四）赴宴礼仪

案例小故事 7-1

一位客户经理为了挽救公司业绩开设了两场宴会。第一次宴会中，从客人的左手边拿起酒杯，倒了满满的一杯酒；第二次宴会中，在开席前几分钟，向女同事借来了发胶和梳子，把头发整理了一番，还夸夸其谈地说："这样才能表现我对客人的尊重！"可是两场宴会过后，公司业绩不但没有提高，而且还出现了滑坡的现象。

小思考 7-2
案例中客户经理的行为有哪些地方不当？赴宴应有哪些礼仪呢？

1. 宴会程序

（1）迎宾　主人在宴会厅门口或休息室迎接客人，随从人员可在大门处等候客人，引领客人到宴会场所。如有尊贵客人，还应列队欢迎；如举办大型宴会，主办方要在宴会厅门口挂桌次简图，或将其印制好发给每位客人。客人进门后先到休息室小坐，如果没有休息室可以直接进入宴会厅，但不正式落座。等主人陪同主宾进入宴会厅后，全体人员才正式就座，宴会开始。

（2）入席　人数较多的正规宴请，应该事先在桌上摆放名牌，主人可示意按名牌入席。如果未放置名牌，主人要邀请客人坐上座。

（3）宴会致辞、祝酒　正式宴会，一般均有致辞，但安排的时间不尽一致。有的一入席双方即讲话致辞；也可在热菜之后甜食之前，由主人致辞，接着由客人致答词。致辞时，服务人员要停止一切活动，参加宴会的人员均暂停饮食，专心聆听，以示尊重。

致辞毕则祝酒。故在致辞行将结束时，服务人员要迅速把酒斟足，供主人和主宾等祝酒用。

（4）进餐　主人先向客人敬酒、为客人布菜，还要主动与客人交谈，选择彼此都感兴趣的话题，创造愉快和谐的进餐氛围。

（5）适时结束、送客　一般宴会应掌握在 90 分钟左右，最多以不超过 2 小时为宜。一般服务人员端上水果吃完后，宴会即可结束。此时，先由主人向主宾示意，请其做好离席的准备。然后主人与主宾起立，主人宣布宴会到此结束，并对各位宾客莅临宴会表示衷心感谢。宴会结束时，主人要招呼宾客带上纪念品。主人及相关陪客应先将主宾送至门口，热情握手告别。主宾离去后，原迎宾人员应顺序排列，与其他宾客礼貌握别。

2. 赴宴前的礼仪

（1）应邀礼仪　接到邀请赴宴的请帖后，首先应弄清对方举行的宴会形式和目的，使自己有所准备。能否出席都要尽早答复对方。赴宴者一般不可同时参加两处宴会，如已明确答复赴宴，不应失约。特殊情况不能出席，必须立刻电话或函告对方，婉言道歉，甚至亲自登门表示歉意。

（2）赴宴服饰　出席宴会前，一般应梳洗打扮，女士要适当化妆，男士要梳理头发并剃须。衣着要求整洁、大方、美观，使仪容、仪表打扮符合宴请场合的要求。请柬上有服装要求的，如"Formal（着礼服）"，那么男士一般要打领带、穿深色西服套装；女士身着长裙或旗袍、高跟鞋，化淡妆。服装要根据宴会的情况和自身的条件来选择，其基本原则就是做到美观大方、自然协调。

（3）备礼　可按宴请的性质和当地的习惯以及主客双方的关系，准备赠送的花篮或花束，在宴会开始前送给主人。参加家庭宴会，可给女主人准备一束鲜花。赠花时要注意对方的禁忌。礼品价值不一定很高，但要有意义。

3. 赴宴中的礼仪

（1）按时抵达　一般来说，出席宴会要根据各地的习惯，身份高者可略晚些到达，一般客人宜略早些到达。一般情况下，可以正点或提前两三分钟到达，或按主人的要求到达，不要提前十五分钟以上。万一因特殊原因不能及时到达，应及时通知主人并致歉。

（2）问候、赠礼　抵达宴会活动地点，如主人已在那里恭迎，则应趋前向主人握手、问好、致意，随主人或迎宾人员引导，步入休息厅或宴会厅。如单独到达，则先到衣帽间脱挂大衣和帽子等物，然后前往迎宾处，主动向主人问候，并对在场的其他人微笑点头致意。如果是庆祝活动，还应表示祝贺。同时，将事先备好的礼物双手赠送给主人。

（3）礼貌入座　入座应听从主人安排，不可随意乱坐。若是正式宴会，进入宴会厅之前，应先掌握自己的桌次和座位，入座时注意桌上座位卡是否写有自己的名字，不可坐错座位。

入座要讲究顺序，礼让尊长，注意方位。从左侧入座，背对座椅，落座轻、稳。若与他人一起入座时，应礼貌地邀请对方首先就座或与对方同时就座；主动把上座，如面门的座位、居中的座位、右侧的座位、舒适的座位让给尊长。入座后，可与同席的人随意交谈，等待用餐。

（4）举止行为要礼貌

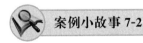

案例小故事 7-2

李先生剔牙

小王为答谢好友李先生一家，夫妻两人在家设宴。女主人的手艺不错，清蒸鱼、炖排骨、烧鸡翅……李先生一家吃得津津有味。这时，有肉丝钻进了李先生的牙缝。于是，李先生拿起桌上的牙签，当众剔出滞留在牙缝中的肉，还将剔出来的肉丝吐在烟灰缸里。看着烟灰缸里的肉丝，小王夫妇一点胃口也没有。

小思考 7-3

李先生的不文明行为表现在哪儿？假如是你，如何处理？

① 坐姿要端正。餐桌上坐姿的基本要求是身体应保持挺直，两脚齐放在地板上。用餐时，上臂和背部要靠到椅背，腹部和桌子保持约一个拳头的距离。吃东西时，手肘最要离开桌面。

暂停用餐时，双手可放于桌面，以手腕底部抵住桌子边缘；或者把手放在桌面下的膝盖上。

在餐宴进行当中，当有客人晚到时，若是女性，则在场的所有男士应该起立欢迎，而女士不需起立。若迟到者为男性，则男士也不必起立相迎，但来人若为长辈或德高望重的男士，在场男士仍须起立相迎，以示对对方的尊重。

② 私人物品摆放礼仪。手提包、手套、钥匙、打火机、香烟等私人物品，不要放在桌上。大衣、外套、伞具、包裹等物，皆可交给服务人员放置衣帽间；手套等零碎物品放进手提包里，手提包则靠在椅背上；随身重要物品可放在椅脚前下方。

（5）交谈、敬酒　席间，无论作为客人、陪客或宾客都应与同桌的人亲切交谈，特别是左右邻座，不可静坐不语或只与几位熟人或一两人交谈。若不认识，可自我介绍。

席间交谈应注意礼仪、礼貌；与人交谈时，不要先用手碰人家一下；不要隔着第三者交谈；同身旁人说话时，不要背向着另一个人；不要过分地向旁边的女士劝菜而讲个不停；不要对菜肴评论挑剔，也不要抱怨服务员的工作。因健康或习俗等原因在吃某道菜时，不要做太多解释，更不要谈自己的疾病；不要打断别人谈话，也不要打听餐桌上别人谈话的内容。

当主人依次向所有宾客敬酒或按桌敬酒后，客人也应向主人回敬或每桌派一位代表到主人餐桌回敬。宴会上相互敬酒，表示热烈的气氛，互致友谊。但宾主都应量力而行、适可而止。

（6）礼貌离席　起身轻稳。离开餐桌时，应把椅子再挪回原处。男士可帮助身边的女士移开座椅，然后再将座椅放回餐桌边。动作要缓慢轻稳，不能猛起猛出，最好不发出声响。

自左离开。同入座一样，坚持"左入左出"，礼貌如一。

站好再走。离座要自然稳当，右脚向后收半步，然后起立，起立后右脚与左脚并齐，再从容移步。

（7）告辞、致谢　参加宴请活动，告辞不宜过早也不宜过迟。如果是主宾，应当先于其他宾客向主人告辞。如果是一般客人，则应在宴会结束主宾告辞后，及时向主人告辞。一般不要中途退席。若确有急事，应向主人说明，表示歉意，并向其他宾客招呼后再离去，也可事前打招呼到时悄悄离去。

告辞时，应礼貌地向主人握手道谢。通常是男主宾先向男主人告别，女主宾先与女主人告别，然后交叉，再与其他人告别。主宾告辞后，一般宾客再用同样方法向主人和其他人握手告别。除主人特别示意作为纪念品的东西外，各种招待品包括点心、糖果、香烟、酒水、饮料等都不能带走。

4. 赴宴后的礼仪

出席宴请活动后，为了表达对主人殷勤招待的感激，往往回家后立即给他写信、打电话或致以便函，告诉对方你已平安抵家，并对这次访问中受到的款待再次表示感谢。这样显得格外注重礼貌礼节。

二、中西餐礼仪

（一）中餐礼仪

案例小故事 7-3

一次中餐的宴会上，主人、主宾、第二主人、第二主宾及陪同一一落座。主人和第二主人相伴而坐，主宾和陪同相伴而坐。

小思考 7-4

这种座次安排是否合理?请你给他们进行座次安排。

1. 席次与座位的安排

中餐席位的排列,是整个食礼中最重要的一项,它关系到来宾的身份和主人给予对方的礼遇。一般可以分为桌次排列和位次排列两个方面。

(1) 桌次排列　在中餐宴请活动中,往往采用圆桌布置菜肴、酒水。排列圆桌的尊卑次序有两种情况。

① 由两桌组成的小型宴请。这种情况,可以采取两桌横排或两桌竖排的形式。两桌横排时,桌次讲究以右为尊,以左为卑(左和右的位置由面对正门的位置来确定);两桌竖排时,桌次讲究以远为上,以近为下(远和近是以距离正门的远近而言)。如图 7-1 所示。

② 由三桌或三桌以上的桌数所组成的宴请。在安排多桌宴请的桌次时,主要有"面门为主""右高左低""各桌同向"三个基本的礼仪惯例。

"面门为主"是指,在每张餐桌上,以面对宴会厅正门的正中座位为主位,通常应请主人在此就座。

"右高左低"是指,在每张餐桌上,除主位之外,其余座位位次的高低,应以面对宴会厅正门时为准,右侧的位次高于左侧的位次。

"各桌同向"是指,在举行大型宴会时,其他各桌的主陪之位,均应与主桌主位保持同一方向。

应兼顾其他各桌距离主桌的远近。一般来讲,距离主桌越近,桌次越高;距离主桌越远,桌次越低。如图 7-2 所示。

① ②　　　　①　　　　　①　　　①②　　　②③
　　　　　　　②　　　　②③　　　③④　　　④⑤
两桌横排　　　两桌竖排　　　三桌花排　四桌正排　五桌花排

　　　　　　　　　　　　①②　　　②③　　　②③
　　　　　　　　　　　　③④　　　④⑤　　　⑤⑥
　　　　　　　　　　　　⑤⑥　　　⑥⑦　　⑨⑦⑧⑩
　　　　　　　　　　　　六桌竖排　七桌花排　十桌正排

图 7-1　两桌宴请 　　　　　　　　图 7-2　多桌宴请

③ 在安排桌次时,所用餐桌的大小、形状要基本一致。为使宴请时赴宴者能够及时、准确地找到自己所在的桌次,可以在请柬上注明对方所在的桌次、在宴会厅入口悬挂宴会桌次排列示意图、安排引位员引导来宾按桌就座,或是在每张餐桌上摆放桌次牌号(用阿拉伯数字书写)。

(2) 位次排列　宴请时,每张餐桌上所安排的用餐人数应限在 10 人以内,通常应为双数。每张餐桌上的具体位次也有主次尊卑的区分。排列位次的基本方法如下。

① 主人大都应面对正门而坐,并在主桌就座。第二主人(副主人)位设于正主人位的对面,正副主人位与桌中心呈一条直线相对。

② 举行多桌宴请时,每桌都要有一位主桌主人的代表在座。位置一般和主桌主人同向,有时也可以面向主桌主人。

③ 各桌位次的尊卑，应根据距离该桌主人的远近而定，以近为上，以远为下。

④ 各桌距离该桌主人相同的位次，讲究以右为尊。也就是说，以该桌主人面向为准，右为尊，左为卑。

如图 7-3 所示。

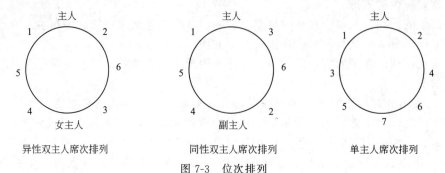

图 7-3　位次排列

2. 中餐上菜顺序

通常，中餐一般讲究先凉后热，先炒后烧；咸鲜清淡的先上，甜的味浓味厚的后上，最后是饭菜。有规格的宴席，热菜中的主菜如燕窝席里的燕窝、海参宴里的海参应该先上，即最贵的热菜先上，再辅以溜炒烧扒。

中餐宴席里的大致顺序如下。

（1）茶　在酒店里，因为要等待，所以先来清口茶。但不是必需的。

（2）凉菜　冷拼，花拼。

（3）热炒　视规模选用滑炒、软炒、干炸、爆、烩、烧、蒸、扒等组合。

（4）大菜　指整只、整块、整条的高贵菜肴。如整头乳猪、全羊等。不是必须的。

（5）甜菜　包括甜汤。如冰糖莲子、银耳甜汤等。

（6）点心　一般大宴不供米饭，而以糕、饼、团、粉，各种面、包子、饺子等。

（7）饭　如果客人需要米饭时，可上一些米饭。

（8）水果　爽口、消腻。

3. 餐具的使用

一般情况下，分为主餐具与辅餐具两类。中餐的主餐具，包括有筷、汤匙、碗、食碟等；辅餐具有水杯、湿巾、水盂、牙签等。

（1）筷　正确的使用方法讲究是用右手执筷，大拇指和食指捏住筷子的上端，另外三个手指自然弯曲扶住筷子，并且筷子的两端一定要对齐。在使用过程当中，用餐前筷子一定要整齐码放在饭碗的右侧，用餐后则一定要整齐地竖向码放在饭碗的正中。

知识小看板 7-2

用筷十忌

① 忌仙人指路。仙人指路，是指拿筷子时用大拇指和中指、无名指、小指捏住筷子，而食指伸出。在吃饭时同别人交谈并用筷子指人，也不好的意思。

② 忌颠倒乾坤。颠倒乾坤，是指用餐时将筷子颠倒使用，这种做法是非常被人看不起的。

③ 忌三长两短。三长两短，是指在用餐前或用餐过程当中，将筷子长短不齐地放在桌子上。在过去，中国人认为这代表着"死亡"。

④ 忌交叉十字。交叉十字，是指在用餐时将筷子随便交叉放在桌上。这种做法是对自己的不尊敬，因为过去吃官司画供时才打叉子，这也无疑是在否定自己。

⑤ 忌品箸留声。品箸留声，是指将筷子的一端含在嘴里，用嘴来回去嘬，并发出咝咝声响。出现这种做法一般都会被认为是缺少家教。

⑥ 忌泪箸遗珠。泪箸遗珠，是指在用筷子往自己盘子里夹菜时，手里不利落，将菜汤流落到其他菜里或桌子上。这种做法往往是被视为严重失礼的。

⑦ 忌落地惊神。落地惊神，是指不甚失手将筷子掉落在地上，这是严重失礼的一种表现。

⑧ 忌寻觅刨物。寻觅刨物，是指或是用筷子来回在菜盘里寻找，或是用筷子在菜盘里不住地扒拉，此种行为是典型的缺乏修养的表现。

⑨ 忌插筷。因故离开餐桌时，要把筷子轻轻地搁在桌子上或餐碟边，千万不要插在食物、菜肴上，在中国，只有祭祀时才这样做。

⑩ 忌用自己的筷子为客人夹菜。

（2）汤匙　在一般情况下，尽量用筷子取菜。以汤匙取食时，不宜过满。必要时，可在舀取食物后，在其原处"暂停"片刻，待其汤汁不再流出时，再移向自己。

一般用右手拿汤匙的柄端，食指在上，按住汤匙的柄，拇指和中指在下面支撑。

知识小看板 7-3

汤匙的使用

① 用汤匙取用食物后，应当食用，而不要把它再次倒回原处。
② 用汤匙进食时，尽量不要把汤匙塞入口中，或反复吮吸它。
③ 若取用的食物过烫，不可用汤匙将其折来折去，也不要用嘴对它吹来吹去。
④ 暂且不用汤匙时，应置之于自己的食碟上。不要把它直接放在餐桌上，或是让它在食物之中"立正"。
⑤ 用汤匙舀汤喝时，要从外往里舀着喝，不可端起直接喝，喝时不要发出声音。

（3）碗　在中餐里，碗的主要用途是盛放主食、羹汤等。食用碗内盛放的食物时，以筷、勺加以辅助，不要双手端碗进食。碗内若有食物剩余时，不可将其直接倒入口中或用舌头舔。暂且不用的碗内不宜乱扔东西。不能把碗倒扣过来放在餐桌上。

（4）食碟　食碟的主要作用是用来暂放从公用的菜盘里取来食用的菜肴。不要一次从菜盘里夹取过多的菜肴；不取多种菜肴堆放在一个食碟里；不宜入口的残渣、骨、刺应将其轻轻放在食碟中的前端，必要时再由侍者取走、换新碟。

（5）辅餐具　辅餐具有水杯、湿巾、水盂、牙签等。其具体使用如下。
① 水杯。主要是供盛放清水、汽水、果汁、可乐等软饮料时使用。
② 湿巾。在中餐用餐前，通常会为每位用餐者上一块湿毛巾，它只能用来擦手，不可用以擦脸、擦嘴、擦汗。擦手之后，应将其放回盘中，由侍者取回。有时，在正式宴会结束前，会再上一块湿毛巾，只能用来擦嘴，却不能揩脸、抹汗。
③ 水盂。品尝中餐者需要手持食物进食，往往会在餐桌上摆上一个水盂，专用来洗手。在水盂里洗手时，应两手轮流沾湿指尖，然后轻轻浸入水中涮洗。洗毕，应将手置于餐桌之下，用纸巾擦干。
④ 牙签。主要用来剔牙。用中餐时，尽量不要当众剔牙。要剔时，应以另一只手掩住口部进行。

4. 用餐礼仪

 案例小故事 7-4

中国考察团在巴黎

一天傍晚，巴黎的一家餐馆来了一群中国人，老板安排了一位中国侍者为他们服务，交谈中得知他们是一个考察团，今天刚到巴黎。随后侍者向他们介绍了一些法国菜，他们不问贵贱，主菜配菜一下子点了几十道，侍者担心他们吃不完，何况菜价不菲，但他们并不在乎。

点完菜，他们开始四处拍照，竞相和服务小姐合影，甚至跑到门外一辆凯迪拉克汽车前面频频留影，还不停地大声说笑，用餐时杯盘刀叉的撞击声，乃至嘴巴咀嚼食物的声音始终不绝于耳，一会儿便搞得杯盘狼藉，桌子、地毯上到处是油渍和污秽。坐在附近的一位先生忍无可忍，向店方提出抗议，要求他们马上停止喧闹，否则就要求换座位。侍者把客人的抗议转述给他们，他们立刻安静了。看得出来，他们非常尴尬。

 小思考 7-5

这个考察团成员的行为有哪些不得体的地方？公众场合应注意哪些用餐礼仪规范？

（1）喝汤的礼仪

① 喝汤不能发出响声。喝汤时应该姿势端正，把汤送到嘴边慢慢咽下，不宜发出声响。

② 不可以口对着热汤吹气。汤太热，可将汤倒入碗里用汤匙慢慢地舀，再一口一口地喝。切不要用口对着汤碗猛吹。

③ 不要将汤碗直接就口。正确的做法，应是用左手端碗，将汤碗稍微侧转，再以右手持汤匙舀汤。如果盛汤用的是汤杯，那完全可以手持杯耳喝汤，这是合乎礼仪的。

（2）吃面食的礼节 吃面或条状的面食，最方便的方式是用筷子，但动作要轻，防止面带着汤乱溅。吃细长的面条时，用筷子卷绕面条，不宜太多，约只卷四五条。卷绕时要慢，让所有的面条结实地卷绕在筷子上，然后就可以将它送入口中。

（3）取食带骨食物的礼节

① 鸟类。吃如鹌鹑等小鸟肉时，尽量使用筷子，然后只用单手来吃，直到小鸟身上没有任何细嫩美味的肉丝留下为止。但要注意的是，用手拿的部分应是小鸟的翅膀和腿，不能拿身体部分。

② 鸡肉。吃鸡肉或任何一种家禽时，应该使用筷子来吃。是否可以动手将剩余的部分拿起来吃个干净，应视情况而定。

③ 鱼类。吃鱼要当心鱼刺。正确的方法是先将鱼骨剔出，然后将鱼平着分开，取出鱼骨食用。如果吃进了鱼刺，应用拇指和食指捏出。

（二）西餐礼仪

 案例小故事 7-5

"绅士"的迷惑

有位绅士独自在西餐厅享用午餐，风度优雅，吸引了许多女士的目光。当侍者将主菜送上来不久，他的手机突然响了，他只好放下刀叉，把餐巾放在餐桌上，然后起身去回电话。几分钟后，当那位绅士重新回到餐桌的座位时，桌上的酒杯、牛排、刀叉、餐巾全都被侍者收走了。

 小思考 7-6

请问那位绅士失礼之处何在？正确的做法什么？

人们常说"西餐吃情调，中餐吃味道"，这句话说明了西餐与中餐宴请的不同风格。西餐讲究浪漫温馨的氛围、清幽雅静环境，注重营养，但口味较清淡。

1. 西餐的座次

（1）座次排列的规则　在绝大多数情况下，西餐的座次问题更多地表现为位次问题。桌次问题，除非是极其隆重的盛宴，一般涉及较少。

① 恭敬主宾。在西餐中，主宾极受尊重。即使用餐的来宾中有人在地位、身份、年纪方面高于主宾，但主宾仍是主人关注的中心。在排定位次时，应请男、女主宾分别紧靠着女主人和男主人就座。

② 女士优先。在西餐礼仪里，女士处处备受尊重。在排定用餐位次时，主位一般应请女主人就座，而男主人则须退居第二主位。

③ 以右为尊。在排定位次时，以右为尊依旧是基本方针。就某一特定位置而言，其右位高于其左位。

④ 面门为上。它所指的是面对餐厅正门的位子通常在序列上要高于背对餐厅正门的位子。

⑤ 距离定位。一般来说，西餐桌上位次的尊卑，往往与其距离主位的远近密切相关。在通常情况下，离主位近的位子高于距主位远的位子。

⑥ 交叉排列。男女交叉排列、陌生人与熟人交叉排列、夫妻交叉排列。目的据说是可以广交朋友。不过，要求用餐者最好是双数，并且男女人数各半。

（2）座次的具体排列　在西餐用餐时，人们所用的最常见、最正规的西餐桌当属长桌，也有方桌，有时还会以之拼成其他各种图案。

① 长桌。以长桌排位，一般有两个主要办法。一是法式就座法。男女主人在长桌中央对面而坐，餐桌两端可以坐人，也可以不坐人；二是英美式就座法。男女主人分别就座于长桌两端。如图7-4、图7-5所示。

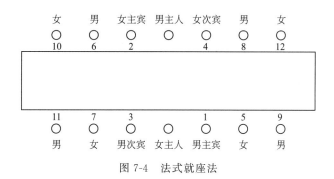

图7-4　法式就座法

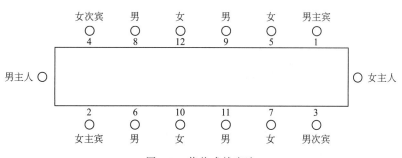

图7-5　英美式就座法

② 方桌。以方桌排列位次时，就座于餐桌四面的人数应相等。在一般情况下，一桌共坐8人，每侧各坐两人的情况比较多见。在进行排列时，应使男、女主人与男、女主宾对面而坐，所有人均各自与自己的恋人或配偶坐成斜对角。

2. 上菜顺序

西餐菜单上有开胃菜、汤、沙拉、海鲜、肉类、点心等几大类。应先决定主菜。主菜如果是鱼，开胃菜就选择肉类。正式的全套餐点上菜顺序如下。

（1）头盘　也称为开胃菜。开胃菜的内容一般有冷头盘和热头盘之分，常见的品种有鱼子酱、鹅肝酱、熏鲑鱼、鸡尾杯、奶油鸡酥盒、焗蜗牛等。多以各种调味汁凉拌而成，色彩悦目，口味宜人。味道以咸和酸为主，而且数量少，质量较高。

（2）汤　西餐的汤大致可分为蔬菜汤、清汤、奶油汤和冷汤等四类。品种有各式奶油汤、牛尾清汤、海鲜汤、意式蔬菜汤、俄式罗宋汤、美式蛤蜊汤、法式葱头汤。冷汤的品种较少，有俄式冷汤、德式冷汤等。

（3）副菜　鱼类菜肴一般作为西餐的第三道菜，也称为副菜。品种包括各种淡、海水鱼类和贝类及软体动物类。通常水产类菜肴与面包类、蛋类、酥盒菜肴品都称为副菜。西餐吃鱼类菜肴讲究使用专用的调味汁，品种有荷兰汁、鞑靼汁、酒店汁、大主教汁、白奶油汁、美国汁和水手鱼汁等。

（4）主菜　肉、禽类菜肴是西餐的第四道菜，也称为主菜。肉类菜肴的原料取自牛、羊、猪、小牛仔等各个部位的肉，其中最有代表性的是牛肉或牛排。牛排按其部位又可分为沙朗牛排（也称西冷牛排）、"T"骨牛排、菲利牛排、薄牛排等。其烹调方法常用烤、煎、铁扒等。肉类菜肴配用的调味汁主要有西班牙汁、浓烧汁、蘑菇汁、白尼斯汁等。

（5）蔬菜类菜肴　蔬菜类菜肴在西餐中称为沙拉。一般用生菜、西红柿、黄瓜、芦笋等制作。沙拉的主要调味汁有法国汁、醋油汁、奶酪沙拉汁、千岛汁等。还有一些蔬菜是熟的，如炸土豆条、花椰菜、煮菠菜等。熟食的蔬菜通常和主菜的肉食类菜肴一同摆放在餐盘中上桌，称为配菜。

（6）甜品　西餐的甜品是主菜后食用的。它包括所有主菜后的食物，如布丁、煎饼、冰淇淋、奶酪、水果等。

（7）果品　常用的干果有核桃、杏仁、榛子、开心果、腰果等。菠萝、草莓、香蕉、苹果、葡萄、橙子等则是在西餐桌上最常见的鲜果。此道菜可上也可不上。

（8）热饮　在用餐结束之前，应当为用餐者提供热饮，以此作为"压轴戏"。最正规的热饮，是红茶或什么都不加的黑咖啡。二者只能选择其一，而不同时享用。西餐的热饮，可以在餐桌上喝，也可以换上一个地方，离开餐桌去客厅或休息厅里喝。

3. 西餐的餐具

广义的西餐餐具包括刀、叉、匙、盘、杯、餐巾等。其中盘又有菜盘、布丁盘、奶油盘、白托盘等；酒杯更是讲究，正式宴会几乎每上一种酒，都要换上专用的玻璃酒杯。

狭义的西餐餐具则专指刀、叉、匙三大件。刀分为食用刀、鱼刀、肉刀（刀口有锯齿，用以切牛排、猪排等）、黄油刀和水果刀。叉分为食用叉、鱼叉、肉叉和虾叉。匙则有汤匙、甜食匙、茶匙。公用刀、叉、匙的规格明显大于餐用刀叉。

（1）餐具的摆放　餐盘放在餐席的正中心，盘上放折叠整齐的餐巾或餐纸（也有把餐巾或餐纸折成花蕊状放在玻璃杯内的）。

两侧的刀、叉、匙排成整齐的平行线，距桌边距离相等，所有的餐刀放在餐盘的右侧，刀刃朝内，匙放在餐刀右边，匙心朝上。餐叉则放在餐盘的左边，叉齿朝上。一个座席一般只摆放三副刀叉。

面包碟放在客人的左手边，上置面包刀一把，面包刀又称黄油刀，专供抹奶油、果酱用，而不是用来切面包的，不可与竖放的刀、叉发生交叉现象。

各类酒杯和水杯则放在右侧。

餐具与菜肴相配，根据食用菜肴的先后顺序，从外向内依次码放。具体摆放见图7-6。

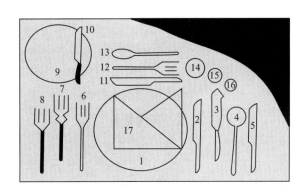

图7-6 餐具摆放

1—装饰盘；2—餐刀；3—鱼刀；4—汤匙；5—头盆刀；6—餐叉；7—鱼叉；8—头盆叉；9—面包盘；10—奶油刀；11—水果刀；12—甜品叉；13—甜品匙；14—水杯；15—红酒杯；16—白酒杯；17—餐巾

(2) 餐具的使用

① 刀叉

刀叉的用途。一般桌上最多只能放置三副刀叉。刀是用来切割食物的，右手拿刀。有三种不同规格的刀同时出现，正确的用法是带小小锯齿的用来切肉制食品；中等大小的用来将大片的蔬菜切成小片；而小巧的、刀尖是圆头、顶部有些上翘的小刀，则是用来切开小面包，然后用它挑些果酱、奶油涂在面包上面。要左手拿叉，叉起食物往嘴里送时，动作要轻。不要咬叉，也不要让刀叉在齿上或盘中发出声响。

刀叉的放置。在正规的西餐宴会上，通常都讲究吃一道菜要换一副刀叉；即在吃每道菜时，都要使用专门的刀叉。便宴可能从头至尾只用一副刀叉。享用西餐正餐时，出现在每位用餐者面前的餐桌上的刀叉主要有三：吃鱼所用的刀叉和吃肉所用的刀叉，应当餐刀在右、餐叉在左地分别纵向摆放在用餐者面前的餐盘两侧。餐叉的具体位置，应处于吃黄油所用餐刀的正下方。吃黄油所用的餐刀，没有与之相匹配的餐叉。它的正确位置，是横放在用餐者左手的正前方。吃甜品所用的刀叉，一般被横向放置在用餐者正前方。

刀叉的使用。英国式：右手持刀，左手持叉，一边切割（大小以能轻松入口为宜），一边叉而食之。美国式：先是右刀左叉，把餐盘里要吃的东西全部切割好；然后右手餐刀斜放在餐盘前方，右手持叉食之。

刀叉的拿取。西餐正餐中，餐盘左右两侧分别摆放的刀叉会有三副，应当依次分别从两边由外侧向内侧按顺序取用。如果没有把握使用哪副刀叉，可以采用"紧跟策略"，看主人用什么。

刀叉的暗示。继续用餐：把刀叉分开放，大约呈三角形。请再给我添加饭菜：盘子已空，但还想用餐，把刀叉分开放，大约呈八字形，那么服务员会再给你添加饭菜。这是只有在准许添加饭菜的宴会上或在食用有可能添加的那道菜时才适用。用餐结束：刀口内向、叉齿向上，刀右叉左地并排纵放，或者刀上叉下地并排横放在餐盘里。服务员会在适当时候将刀叉及餐盘收走。如图7-7所示。

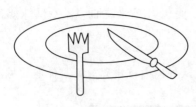 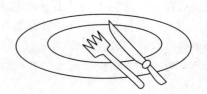

　　　用餐中刀、叉的摆放　　　　　　　　用餐后刀、叉的摆放

图 7-7　刀叉的暗示

知识小看板 7-4

使用刀叉的禁忌

不可发出碰撞声。

不可将刀刃面向他人。

不可以直接用刀叉起食物送入口中。

用餐时不可以拿到嘴边。

不可以用刀与叉同时将食物送入口中。

不可以舔食刀上沾的酱料，这样做是很危险的，很有可能会伤到舌头。

禁止挥舞刀。

已放置好的餐具不可以随便改变位置，如果是左撇子的人在吃的时候可将刀叉互换使用，不过在用完之后，一定要将餐具按右撇子的位置摆放好。

② 餐匙

餐匙的区别。在西餐的正餐里，一般会至少出现两把餐匙，即汤匙和甜品匙。相对而言，个头较大的餐匙为汤匙，通常与餐刀并列纵放在用餐者右侧的最外端。另一把个头较小的餐匙则为甜品匙，在通常情况下，它被横向摆放在吃甜品所用刀叉的正上方，并与其并列。如果不吃甜品，也会被个头同样大小的茶匙所取代。

餐匙的用法。第一，使用餐匙取食时，动作应干净利索，切勿在甜品、汤之中搅来搅去。一旦入口要一次将其用完。餐匙入口时，应以其前端入口，而不是将它全部塞进嘴去。

第二，使用餐匙时，要尽量保持其周身的干净清洁。

第三，餐匙除可以饮汤、吃甜品之外，绝对不可直接舀取其他任何主食、菜肴等。

第四，使用过的餐匙，切不可再放回原处，也不可将其插入菜肴、主食，或是令其"直立"于甜品、汤盘或红茶杯之中。

③ 餐巾

西餐里所用的餐巾，通常会被叠成一定的图案，如皇冠形、扇形、扇贝形等，它们一般放置于用餐者右前方的水杯里，或是直接被平放于用餐者右侧的桌面上。

餐巾的取用。当主人宣布开始用餐时，客人方可取下餐巾。

餐巾的铺放。从餐桌上拿起餐巾，先对折，再将褶线朝向自己，餐巾应被平铺于自己并拢的大腿上，以防止衣服弄脏。错误的做法是将餐巾抖开，围在身上，或塞在领口；把餐巾的一角塞进口、眼或腰带里。

餐巾的作用。其一，清洁作用。用餐期间与人交谈之前，应先用餐巾揩嘴。擦拭时，拿起餐巾的末端顺着嘴唇轻轻压一下即可，弄脏的部分可往内侧卷起。女士进餐前，也可用餐巾内侧轻印一下口部，以除去唇膏，避免留下唇印。通常，避免用餐巾擦汗、擦脸、擦手。尤其不可用餐巾来擦餐具。

其二，遮饰作用。在进餐时，以左手拿起餐巾挡住口部，然后以右手去剔牙。将鱼骨头或水果的种子吐出时，可利用餐巾遮住嘴，用手指拿出来后再放在餐盘上。也可以直接吐在餐巾内，再将餐巾向内侧折起。

其三，暗示作用。用餐开始，女主人铺开餐巾，等于用餐开始；用餐结束，女主人把餐巾放在餐桌上暂时离开，或将餐巾放置于本人座椅的椅面。

4. 酒水搭配

 案例小故事 7-6

在某豪华法国餐厅，英国一家大公司的两位负责人宴请中国某公司的两位董事。这是两公司的高层人物第一次在一起用餐，因为相互之间并不了解，所以双方都表现得十分谨慎。正在双方客套之时，一位带着浓重法语口音的侍者走过来问客人："请问您需要什么饮料？"英方的主人请中方的客人点酒。中方客人看不懂英、法两文的酒单，请英方代为点酒。英方点了法国的一种著名的红酒。

一会儿，侍者拿着酒瓶走过来。他打开酒瓶后，请英方的一位负责人品尝。英方按礼节请中方的客人品尝，中方的董事却坚持推却。英方的负责人就按规矩品了品酒，表示认可。随后，法国侍者为双方斟了酒。岂料中方的两位董事刚尝了一口就皱起了眉头，对侍者说道："法国的酒怎么这个味道？还是按中国的老习惯给我们在酒里加些冰，加些柠檬。"法国侍者听闻此言轻蔑地笑了一下，英方的两位主人和其他的一些人开始用奇异的眼光看待他们。

 小思考 7-7

案例中的两位中国董事错在哪里了？正确的做法应该是怎样的呢？

（1）西餐酒水的类别　在正式的西餐宴会里，酒水分为餐前酒、进餐酒、餐后酒等三种。

① 餐前酒。法语叫作开胃酒，英语叫作开胃品。它是在开始正式用餐前饮用的，或在吃开胃菜时与之配伍的。开胃酒的目的是刺激食欲，喝得太多反而没有食欲，所以，不要多喝。

② 进餐酒。也称佐餐酒。是在正式用餐期间饮用的酒水，均为葡萄酒。

正式西餐，每上一道菜，侍者就会奉上一次酒，酒随菜不同而不同。常用的葡萄酒有雪利酒、苦艾酒、香槟酒或鸡尾酒等。

在正餐或宴会上选择进餐酒，讲究"白酒配白肉，红酒配红肉"。这里所说的白肉，即鱼肉、海鲜、鸡肉等；吃这类肉时，须以白葡萄酒搭配。红肉，即牛肉、羊肉、猪肉等；吃这类肉时，应配以红葡萄酒。

③ 餐后酒。法语、英语叫作消化酒，是帮助消化的意思。最常见的餐后酒是利口酒，又叫香甜酒。最有名的餐后酒，则是有"洋酒之王"美称的白兰地酒。

一般情况下，饮不同的酒水，要用不同的专用酒杯。在每位用餐者桌面上右边餐刀的上方，大都会横排放置着三四只酒水杯。取用它时，可依次由外侧向内侧进行。在它们之中，香槟杯、红葡萄酒杯、白葡萄酒杯以及水杯，往往必不可少。

知识小看板 7-5

各国餐前酒

美国：鸡尾酒、威士忌、啤酒。

日本：啤酒、威士忌、鸡尾酒、葡萄酒。

法国：葡萄酒、威士忌、马丁尼。

英国：葡萄酒、威士忌、鸡尾酒、啤酒。

俄罗斯：伏尔加、葡萄酒。

洋酒酒瓶上的符号

*	3 年
* *	4 年
* * *	5 年
V. O.	10 年～12 年
V. S. O.	12 年～17 年
V. S. O. P.	20 年～25 年
V. U. S. O. P.	40 年
X. O.	40 年以上

(2) 饮酒的礼节

① 酒水的搭配。在西餐中，酒水应与上菜相搭配。搭配规则是：上头道菜时，配鸡尾酒，分红、黄两种，红酒较淡，供女士饮用，黄酒较浓，供男士饮用。上汤时饮白葡萄酒或雪利酒；上鱼时饮威士忌混苏打水；吃肉类菜食时配以红酒；进点心时，饮香槟或葡萄酒；喝过咖啡或吃过菜后，配以芬芳可口的利口酒。

② 斟酒的方式。一般情况下，服务人员打开酒瓶后，先用酒杯倒少许酒，请主人品尝。主人应先饮一小口仔细品评，然后再尝一口，感到所上的酒合乎要求时，再向服务员示意给客人们斟酒。

斟酒的顺序是：应从正主位右边的主宾起逐位向左走。站在客人右手边上斟，酒水瓶商标应面向客人；每斟完一杯要把酒水瓶稍收高后顺手往右轻轻一旋，以免酒水溢出流滴到桌面或客人身上。

若一手拿烈性酒，一手拿甜酒，一般先斟烈性酒，但如果客人不要烈性酒，就改斟甜酒。斟酒都不宜过满，斟至酒杯的八分满即可。

③ 饮酒的方法。饮用葡萄酒时，应"一看二闻三品"。首先拿起酒杯，欣赏酒的色彩；然后用手轻摇酒杯，闻酒香；最后轻抿小口，慢慢品味。

5. 就餐礼仪

(1) 入座礼节　客人在主人的带领下按顺序入席。男主人带领女主宾入席，女主人引领男主宾最后入席，其他人员由服务人员引领入座。每个人应由椅子的左侧入座。男士可先为左边的女士拉开椅子，帮助就座。

(2) 入座后的礼节　入座后，腰挺直，背部微靠椅背上，双手放在膝盖上。女主人拿起餐巾打开，表示宴会正式开始，客人才可以动餐巾。餐巾可以对角折，也可以对边折，小餐巾可以不折。进餐时，由主人先拿起餐具，客人不得提前食用。

(3) 退席礼节　女主人或第一主人要眼观全局，看到大家差不多吃完了，她才能放下餐具，将餐巾略微折叠，放在桌上。其他人便知宴请结束，可以放下餐具，随女主人退席。退席时从椅子的左侧退出。

(4) 进餐礼节

① 汤。喝汤时，必须用汤匙舀着喝。舀汤的方法应是由里往外，喝时要从汤匙边喝，不要从顶端喝。喝汤不出声，一汤匙可分几次喝。用双耳杯盛汤可端起喝。喝汤完毕，汤匙应搁在餐盘上。

② 面包。吃面包时，把面包用手撕开，撕一块吃一块；抹黄油或果酱时，也要掰成小块，抹一块吃一块。不可用面包蘸汤或蘸黄油吃，也不可一整块咬着吃。

③ 意大利面条。一般用叉子挑起几根面条，左手持勺，勺面抵住叉子尖，转动叉子，面条就绕在叉子上，可以一口吃下。若无勺，可以用叉子尖抵住碗壁转动。

④ 鱼、虾、海鲜。食用全鱼时，应用刀将头尾切下，堆在盘边，然后用刀轻轻切割上层鱼肉，用叉叉吃。吃完上层鱼肉后不可将鱼翻身，要用刀叉剔除其主刺后再食用下层。食用半只海虾或贝类海鲜，可用叉将其肉叉出来再食用。食用整只龙虾，可用手撕去虾壳，在飘有花瓣或柠檬片的净手钵中洗手指。

⑤ 带骨肉。吃有骨头的肉，不要直接"动手"，要用叉子把整片肉固定（可以把叉子朝上，用叉子背部压住肉），再用刀沿骨头插入，把肉切开，边切边吃。如果骨头很小，可以用叉子把它放进嘴里，在嘴里把肉和骨头分开后，再用餐巾盖住嘴，把它吐到叉子上然后放到碟子里。

⑥ 牛排、羊排、猪排。西餐牛排有三分熟、五分熟、七分熟和全熟之分。切牛排，要由外而内一下一下地切，不要来回锯切，切一块，吃一块，不要一下子全切完。也千万不要用叉子把整块肉送到嘴边，边咬、边咀嚼、边吞咽。

⑦ 色拉的吃法。将大片的生菜叶用叉子切成小块。一次只切一块，吃完再切。如果色拉是一大盘端上来，就使用色拉叉。色拉与主菜放在一起，则使用主菜叉。如果色拉是间隔菜，通常要和奶酪、炸玉米片等一起食用。如果主菜色拉配有色拉酱，可以先把色拉酱浇在一部分色拉上，吃完这部分后再加酱。直到加到碗底的生菜叶部分，这样浇汁就容易了。

⑧ 水果。吃苹果、梨时，应去皮去核，切成小块，用叉取食；吃香蕉，应先用刀将皮从中划开，用刀叉将皮向两边剥开，再将其切成小块，用叉吃；吃葡萄、樱桃等较小的水果，可以一粒粒的拈取，不要整串拿在手中吃。

⑨ 煮鸡蛋。这种鸡蛋一般是煮得半熟，蛋黄是流质的。吃的时候，要把鸡蛋放在一种供吃煮鸡蛋用的小杯子中，一只手固定住杯子，另一只手拿叉刀敲裂蛋壳，把上半部的蛋壳剥下来放在盘子上，然后用小匙舀鸡蛋吃，吃之前可以放一点食盐。

⑩ 咖啡。饮用咖啡，可以加牛奶和方糖，应该用方糖夹夹方糖。如果只有砂糖，也可用咖啡匙来舀。但一般认为，咖啡匙是专门用来搅拌咖啡的（不可发出声响），饮用时应当把它取出来，放在咖啡的托盘上，将杯子端起来喝。在鸡尾酒会或冷餐会上，宾客自由走动，可左手端杯垫，右手持杯喝咖啡，喝完后再将杯子放置在杯垫中。在固定席位上就餐，不需杯垫，只需右手拇指、食指、中指捏住杯柄，直接饮用。

（三）自助餐礼仪

案例小故事 7-7

周俭小姐有一次代表本公司去参加一家外国商社的周年庆典活动。正式的庆典结束后安排了丰盛的自助餐。尽管过去周小姐没参加过这种商务自助餐，但她发现其他用餐者表现非常随意，因此也感觉很轻松。菜品中正好有周小姐最喜欢的北极甜虾，于是，她毫不客气地替自己盛了一大盘，因为她认为如果再三地来盛，会很不好意思。但当周小姐端着盛满甜虾的盘子离开餐台时，发现有人投来异样的眼神⋯⋯

小思考 7-8

周小姐在自助餐宴会上的举动有无不当？

自助餐，有时亦称冷餐会。它是目前国际上通行的一种非正式的西式宴会，在大型的商务活动中尤为多见。

1. 自助餐的安排

（1）备餐的时间　在商务交往之中，依照惯例，自助餐大都被安排在各种正式的商务活动之后。

只要主人宣布用餐开始，大家即可动手就餐。用餐者只要自己觉得吃好了，在与主人打过招呼之后，随时都可以离去。

(2) 就餐的地点　选择自助餐的就餐地点应符合以下条件。

① 为用餐者提供一定的活动空间。

② 提供数量足够使用的餐桌与座椅。

③ 使就餐者感到环境宜人。

(3) 食物的准备　自助餐上，为了便于就餐，以提供冷食为主；为了满足就餐者的不同口味，应当尽可能地使食物在品种上丰富多彩；为了方便就餐者进行选择，同一类型的食物应被集中在一处摆放。

当然，在不同的时间或是款待不同的客人时，食物可在具体品种上有所侧重。有时，它以冷菜为主；有时，它以甜品为主；有时，它以茶点为主；有时，它还可以酒水为主。除此之外，还可酌情安排一些时令菜肴或特色菜肴。

具体来讲，一般的自助餐上所供应的菜肴大致应当包括冷菜、汤、热菜、点心、甜品、水果以及酒水等几大类型。

在准备食物时，务必要注意保证供应。同时，还须注意食物的卫生以及热菜、冷饮的保温问题。

(4) 客人的招待　招待好客人，是自助餐主办者的责任和义务。

① 要照顾好主宾。主人在自助餐上对主宾所提供的照顾，主要表现在陪同其就餐、与其进行适当的交谈、为其引见其他客人等。只是要注意给主宾留下一点供其自由活动的时间，不要始终伴随其左右。

② 要充当引见者。作为一种社交活动的具体形式，自助餐要求其参加者主动进行适度的交际。在自助餐进行期间，主人一定要尽可能地为彼此互不相识的客人多创造一些相识的机会并且积极为其牵线搭桥，充当引见者，即介绍人。

③ 要安排服务者。根据常规，自助餐上的侍者须由健康而敏捷的男性担任。他的主要职责是：为了不使来宾因频频取食而妨碍了同他人所进行的交谈，而主动向其提供一些辅助性的服务。

2. 享用自助餐的礼仪

案例小故事 7-8

小江是一家公司的普通职员，他为人诚恳、正直，做事认真、细致，深受老板和同事的喜爱。但是，交际圈很窄，很少出席大的场合，自然也就不太懂得正式场合礼仪方面的知识。

一天，小江意外地收到一封请柬，邀请他去参加一个自助餐会。因为是第一次收到这种请柬，所以小江很是高兴，还特地为此打扮了一番才去赴宴。

在自助餐会上，小江看着那满桌子的美食直流口水，"不管那么多了，反正是自助餐，先吃了再说。"小江心里想着，不等主人说开席，就拿了个空碟子朝餐台走去。他取了满满的一碟菜，然后坐在餐桌旁狼吞虎咽地吃起来，他那狼狈的吃相引得其他人频频侧目。

在自助餐会快要结束的时候，小江看到餐台上还有好多东西，天生节俭的他拿过一个袋子便要打包，结果被服务员礼貌地制止了。

餐会结束后，小江的几个好朋友委婉地向他指出了餐会上他做得不对的地方，小江这才恍然大悟，心想："自助餐也不是那么随便的啊，这次我可真是丢人丢大了。"

小思考 7-9

小江应注意哪些自助餐的礼仪？

（1）要排队取菜　就餐取菜时，讲究先来后到，排队选用食物。在取菜之前，准备好一只食盘。取菜时，应用公用的餐具将食物装入自己的食盘之内，然后迅速离去。切勿在众多食物面前犹豫再三，取菜时挑挑拣拣，甚至直接下手或以自己的餐具取菜。

（2）要循序取菜　具体取用何种菜肴时，一定要首先了解合理的取菜顺序，然后循序渐进。按照常识，自助餐取菜时的先后顺序应当是：冷菜、汤、热菜、点心、甜品和水果。

（3）要遵循"多次少取"原则　在根据本人的口味选取食物时，必须量力而行。在享用自助餐时，多吃是允许的，而浪费食物则绝对不允许。这一条，被世人称为自助餐就餐时的"少取"原则。

"多次"原则，即用餐者在自助餐上选取某一种类的菜肴，允许反复去取。每次应当只取用一小点，待品尝之后，觉得它适合自己，还可以再次去取，直至吃好了为止。

（4）要避免外带　所有的自助餐都有一条不成文的规定，即自助餐只允许就餐者在用餐现场里享用，而绝对不允许在用餐完毕之后携带回家。

（5）要送回餐具　自助餐强调自助，不但要求就餐者取用菜肴时以自助为主，而且还要求其善始善终，在用餐结束之后，自觉地将餐具送至指定之处。

（6）要照顾他人　参加自助餐时，须与他人和睦相处，多加照顾。在排队、取菜、寻位以及行进期间，对于其他用餐者要主动加以谦让，不要目中无人，蛮横无理。在对方乐意的前提下，可向其具体提出一些有关选取菜肴的建议。但不可自作主张地为对方直接代取食物。

（7）要积极交际　自助餐举办的目的是为了适当的交际，因此应注意与人交流。在自助餐上，交际的主要形式是几个人聚在一起进行交谈。为了扩大自己的交际面，在此期间不妨多转换几个类似的交际圈。

介入陌生的交际圈，大体上有三种方法。其一，是请求主人或圈内之人引见。其二，是寻找机会，借机加入。其三，是毛遂自荐，自己介绍自己加入。

三、饮茶酒礼仪

（一）饮酒礼仪

案例小故事 7-9

一次小明到沈阳出差，受到了接待单位的盛情邀请，在席间，接待单位的刘主任非常热情，定要和小明喝个一醉方休。小明酒精过敏，一再表示不能再喝了，刘主任并不在乎，认为小明是有意搪塞，并说"感情深，一口闷；感情浅，舔一舔"，无奈，小明只有舍命陪君子了。最后，小明被送进医院。

小思考 7-10

刘主任错在哪儿？在用餐饮酒方面我们应持有怎样的态度？

1. 斟酒的礼仪

（1）斟酒的顺序　第一次斟酒时，主人可亲自为所有客人倒酒，一般依顺时针方向进行，从坐在左侧的客人开始，最后才轮到主人自己。客人喝完一杯后，可以请坐在主人对面的人（也就是副主人）帮忙为他附近的人添酒。如果你同时准备了红酒和白酒，请把两种酒瓶分放在桌子两端。

招待客人的家宴上斟酒，一般应先给长辈、远道客人或职务、职衔较高者斟酒；如属同一辈分或夫妻之间，则应先给对方斟酒；同一辈分成员较多，则可以按年龄高低或按顺时针方向依次斟酒。

按照惯例，服务人员斟酒顺序应从男主人右侧的女宾或男主宾开始，接着是男主人，由此自右向左按顺时针方向进行。

由两人担任服务时，其中一人按上述顺序开始，至女主人或第二主人右侧的宾客为止；另一服务人员从女主人或第二主人开始，依次向右，至前一侍者开始的邻座为止。国际礼仪中，客人不会亲自倒酒，而由主人和侍者来负责斟酒。

（2）接受斟酒的礼仪　宴席上斟酒时，接受斟酒者一般应起身或俯身，以手扶杯或作欲扶杯状，以示感谢或恭敬。接受斟酒时，酒杯置于桌上原处，对斟酒者微笑致意即可。

（3）拒绝饮酒的礼仪　在宴席上，如果确实不会喝酒或由于种种原因不打算喝酒的人，通常可以采取以下办法。

① 主动地要一些非酒类饮料，如汽水、果汁、矿泉水或白开水等，并说明不饮酒的原因。

② 让斟酒者在杯子里斟上一点，但可以不喝。

③ 当斟酒者向自己杯子里斟酒时，用手轻轻敲击酒杯的边缘，意思是："我不喝酒，谢谢"。

④ 当斟酒工作是由侍者来服务时，你可轻声告诉他："我已经够了""不用了，谢谢"。而不是动手把杯子挪开，或捂住杯口。

（4）斟酒酒量适度　根据宴请形式、酒类不同，斟酒要注意定量要求。中餐宴会饮酒讲究"满酒敬人"；西餐宴会则忌满杯，以"七分满"为限。

2. 敬酒的礼仪

（1）敬酒的顺序　在正式宴席上，一般先由主人向列席的来宾或客人敬酒，会饮酒的人则回敬一杯。如果宴席规模较大，主人则应依次到各桌敬酒，而各桌可由一位代表到主人所在的餐桌上回敬。

向外宾敬酒时，应按礼宾顺序由主人首先向主宾敬酒。而在国外正式宴席上，通常由男主人首先举杯敬酒，并请客人们共同举杯。一般情形下，客人、长辈、女士不宜首先向主人、晚辈、男士敬酒。

（2）敬酒的姿势　敬酒时，上身挺直，双腿站稳。需干杯时，应按礼宾顺序由主人与主宾先干杯。正式宴会上，女士一般不宜首先提出为主人、上级、长辈、男士的健康干杯。劝酒要适可而止，尤其在国际交际场合，不宜劝酒。

（3）敬酒的态度　敬酒时态度要热情、大方，应起立举杯并且目视对方，而且整个敬酒过程中都不应将目光移开。

（二）饮茶礼仪

案例小故事7-10

小聪是上海一家大商场的业务经理。一天，上海的一家电器公司提出想和商场合作，以便打开公司电器产品的销路。商场就派小聪去电器公司洽谈一下合作事宜。

小聪到了电器公司之后，被接待人员引进了经理办公室。小聪随手将事先准备好的文件放在桌子上，然后便与经理攀谈起来。这时，公司的接待小姐进来"咚"的一声将茶放在小聪面前的桌子上，小聪放在桌子上的文件被溅上了许多水珠，她一声不响地就走了出去。那个经理目睹了整个过程，也没有向小聪道歉。小聪强压住心头的怒火，又与经理继续攀谈。虽然他装作若无其事，但是刚才的事情已经在他的心中留下阴影。最终，双方的业务洽谈不欢而散。

小思考7-11

为什么最后双方合作没有谈成？应注意哪些饮茶礼仪？

1. 茶叶的选择

按习惯,茶一般可以分为五大类,即:红茶、绿茶、乌龙茶、花茶、砖茶。以茶待客,当然应该投客人所好。

总的说来,南方人喜爱绿茶;北方人喜爱花茶;广东、福建、海南等沿海一带的人,喜欢红茶或乌龙茶;边疆地区少数民族喜爱砖茶;欧美人则爱红茶。

从年龄上看,青年人一般喜爱口味清淡的绿茶,而老年人则爱饮红茶、青茶。因此,在上茶之前,最好能询问一下客人有何偏好,或多备几种茶叶,供客人选择。沏茶之前,最好先征求客人的意见,根据客人的爱好或要求来选茶。

2. 茶具的选择

饮茶,讲究茶具,这是我国自古以来的传统,也体现出了对客人的尊重。茶的色、香、味与泡茶使用的茶具关系很大。

(1) 泥质茶具　泥质茶具中尤以江苏宜兴的紫砂茶具为珍品。用这种茶具泡茶,能保持茶叶真味,使用年代愈久,泡出的茶香味愈纯正。只是这类茶器多为褐色,较难欣赏到茶的汤色。

(2) 瓷质茶具　瓷质茶具以白为贵,能反映出茶汤色泽,且瓷杯传热,保温适中,加之瓷器造型各异,为饮茶器皿之上品。

(3) 玻璃茶具　用玻璃杯泡茶,传热快,不透气,茶香易损失,但透明度高,能增加欣赏的乐趣。

至于搪瓷杯和保温杯,一般不做居家待客之用。保温杯使茶叶泡熟,影响茶叶的品质,因此一般不大使用,尤其是在品饮高级茶时,更不宜使用。

3. 敬茶程序

(1) 泡茶　泡茶之前要先洗手。冲泡茶叶时应用茶匙或直接用茶罐倒入适量茶叶,不应用手去抓茶叶,也不应当着客人的面冲泡。

(2) 斟茶　中国人待客的礼节是"浅茶满酒""酒满茶半"。茶不要太满,以八分满为宜。如果斟满杯(碗),则有厌客或逐客之嫌。

在斟茶过程中,作为客人应该有所示意,或起身或欠欠身,或用弯曲的食指或中指轻轻敲打桌面,轻轻敲击三下,以示谢意,这叫"金鸡三点头"。斟茶时客人视若无睹或无动于衷,都是不合礼仪的。

(3) 奉茶

① 奉茶之人。在家中待客时,可由家庭中的晚辈或家庭服务员为客人上茶;若来了贵宾或重要客人,可由主人亲自为客人上茶。

公务接待客人时,一般应由秘书、专职人员为客人上茶。接待重要客人时,最好由主方在场的最高职务者为客人上茶。

② 奉茶举止。茶杯放在茶盘上,十指并拢,双手端盘,大约与胸齐高,进入会客室。若门是关着的,应敲门,进门后,立即说"对不起,打扰了"。关门时,尽量不要背对着客人。

茶盘放到茶几上,然后右手拿着茶杯的杯把,左手附在杯托附近从客人的左后侧双手将茶杯递上去,放置于桌上。上完茶后,右手向前表示"请"的动作,口中同时说"您好,请慢用"。若备有点心,应在上茶之前先上点心,也主要从客人左后侧递上。

奉茶时,还要注意以下几个问题。

其一,奉茶要谨慎小心,不可将茶杯撞在客人手上或身上。

其二,尽量不要妨碍客人的工作或谈话,不要打断客人的思路,尽量不从客人前方上茶。

其三,尽量不要用一只手上茶,尤其不要用左手上茶。

其四，切勿将手指碰到茶杯口，或将手指浸入茶杯，弄脏茶水。

③ 奉茶顺序。若来客较多，奉茶的先后顺序可遵循先客后主、先主宾后次宾、先女士后男士、先长辈后晚辈、先上级后下级的原则。

如果来宾较多，且彼此差别不大，宜采用以下四种顺序：一是以上茶者为起点，由近及远上茶；二是以进入客厅之门为起点，按顺时针方向依次上茶；三是依照客人到来的先后顺序上茶；四是由饮用者自己取用。

（4）续水　续水要看准时机。给客人上第一杯茶后，还要为其不断续水，以做到礼数周到。一般为客人奉上的第一杯茶不宜过满。当客人喝过几口茶后，就应上前续水，绝不可以让其杯中茶水见底，以表主人"茶水不尽，慢慢饮来，慢慢叙"的含义。中国自古就有"上茶不过三杯"的说法，如果一再劝客人用茶，而不在乎地聊天叙旧，则意味着逐客，很不礼貌。

在大型会议和活动中为来宾续水，宜在活动进行 30～40 分钟后进行。为客人续水，以不妨碍对方为佳。应一手持杯（或茶壶），使之远离客人身体和桌椅，另一手续水。

4. 饮茶的礼仪

（1）态度谦恭　主人以茶待客，表示对客人的欢迎和尊重。作为客人，则不应对主人的一片好意漠然置之，而应态度谦恭，以礼回应，表示敬意。

主人给客人上茶前，一般会首先询问客人喝何种茶。如果主人已给出几种选择，那么最好从中选定一种；如果主人未给出可供选择的茶叶，可答"随便"。

如果自己不习惯于饮茶，可在主人上茶前及时说明。如果主人在不知情的情况下已端上茶来，最好的做法是不喝，不要做出另换饮料的要求。

当主人或长辈亲自上茶时，应尽量站起身来，双手接杯，并表示谢意。当对方为自己续水时，也应不忘答谢，以礼相还。

在他人家中饮茶，一定要保持桌面及茶杯等物的清洁，也不可随意将茶水、茶叶弄在桌子上。

（2）认真品味　饮茶者要小口吸饮，细心品尝，最好每饮一口茶后，使其在口中稍做停留，再慢慢下咽，这样才能满口生香。喝过一口后，应对茶水加以赞赏，尤其是主人告知所饮是名茶后。

饮茶时，常常遇到茶叶漂浮在茶水表面的情况。这时可用杯盖轻轻拂去漂浮的茶叶，不要用嘴吹，不要用手自杯中取出茶叶，更不要将茶叶一起喝进口再慢慢咀嚼。茶如果太烫，不要用口吹，最好等其自然冷却后再慢慢饮用。

端茶杯，应以右手手持杯耳。若茶杯无杯耳，应以右手持握茶杯中部。注意不要双手捧杯，或以手端杯底、握杯口等，这样做既不雅观，也不卫生。

如果使用带杯托的茶杯，可以用右手端杯，杯托不动，也可以用左手将茶杯与杯托一起端起，再以右手端起茶杯饮用。

（三）饮咖啡礼仪

案例小故事 7-11

于泽是上海一家公司的部门经理，近日来，他和公司的其他同事经过多日的苦战，终于取得美国一家大公司所生产的一种产品在中国的独家代理权的合作意向。为了进一步洽谈合作事宜，美国公司派本公司负责此事的尼奥来到上海。

讲求办事效率的尼奥约于泽到他酒店附近的一家咖啡厅见面。于泽按时赶到咖啡厅，尼奥早已等候在那里。两人先是寒暄一阵，继而就谈到了合作的问题。这时，侍者为两位端上了咖啡。于泽拿起咖啡匙舀咖啡喝，尼奥立刻就感到了从四面八方投来的异样的眼光。于泽却毫不自知，还一边喝着一边口若悬河地夸夸其谈。

尼奥回到美国后立即向公司递交了一份报告。报告上指出虽然上海公司具备了代理本公司产品的实力和条件，但是他们公司的员工并不具有国际标准的举止行为和外表形象。

这样的一份报告所带来的结果是可想而知的。

小思考7-12

于泽输在哪里？

1. 咖啡的饮用时间

一般说来，本人饮用、家中待客、外出会客与宴会待客、外交聚会等不同形式中，饮用咖啡的时间不尽相同。

（1）本人饮用　自己饮用咖啡，拘束和限制不必过多，个人完全可以按照自己的生活习惯和需要饮用咖啡。但切忌一次饮用过多，导致过度兴奋，从而影响正常的工作。

（2）家中待客　在家中请友人来喝咖啡，作为一次短暂的小规模的聚会，是联络感情的重要方式。家中待客，共饮咖啡，时间不宜超过下午4点。

（3）外出会客　因公会客，或者是朋友小聚，邀人去咖啡厅饮用咖啡，应考虑到对方的时间安排，可选择两个时间，一是午后，二是傍晚，这两个时间是双方会谈的最佳时机。

（4）宴会待客　咖啡是正式西餐宴会中的最后一道菜式。正式宴会一般在晚上举行。因此，宴会即将结束时所上的咖啡也在晚间饮用。

2. 上咖啡的方式

晚宴咖啡应用小咖啡杯装，下垫咖啡碟，并附一小咖啡匙。主人应事先通知服务员在用餐处或另一个房间上咖啡。

若在用餐处喝咖啡，主人或服务员应倒好咖啡，再将咖啡杯连碟子放在客人席位桌面的右侧，小匙摆在碟上右端。倒咖啡或送咖啡应像倒酒和其他饮料一样，站在客人右手边进行，然后从客人左手边端上装奶精和糖的托盘。

另一种上咖啡的方式是，把咖啡杯、咖啡碟、一组咖啡匙、咖啡壶、糖和奶精罐的托盘摆在主人面前，由主人为客人服务。

若在另一房间用咖啡，服务员可以先把咖啡倒好放在一个大托盘里，让客人自己加奶精或糖。另一种做法是把包括咖啡壶、杯子、碟、咖啡匙、糖和奶精罐的托盘放在沙发前的咖啡桌上，主人坐在沙发上为客人服务。

3. 咖啡的饮用礼仪

（1）饮用数量及配料的添加　饮用数量上一般要做到以下两点：第一，杯数要少。一般在社交场合中，咖啡的饮用数量在一杯至三杯之间。第二，入口要少。饮咖啡时，不宜大口大口吞咽，咕咕作响，而应该小口品尝，仔细品味，动作优雅。

配料添加要注意添加方法：如果是添加砂糖，则应该用汤匙舀。如果是方糖，应用糖夹子夹取，放入汤匙内，最后放入大杯中。不宜直接取用方糖，以免溅出咖啡。应注意自主添加，稳重大方，讲究卫生。

（2）饮用方法

① 握杯礼仪。

应以右手拇指和食指捏住杯耳，将杯子端起送至嘴边，不可以手指穿杯环去拿。站立时，则应该以左手将杯、碟一起端至胸高，再以右手端起杯，送至嘴边饮用，饮用完，立即将杯子置于咖啡碟中。咖啡碟与咖啡杯不分开，即使添加咖啡时，也不要将咖啡杯从咖啡碟中拿起。

持握咖啡杯，注意不要双手握杯，不宜满把握杯，也不要俯身就着杯子去喝。

② 咖啡匙的使用礼仪。

其一，给咖啡加糖或冰块是一种常用的饮咖啡习惯。加入后应用小汤匙沿杯周边将其搅均匀。标准的搅拌手法是将咖啡匙立于咖啡杯中央，先顺时针由内向外划圈，到杯壁再由外向内逆时针划圈至中央，然后重复同样的手法。

其二，搅拌后将匙放于碟子左边或横放于靠近身体的一侧。汤匙放在杯内喝、用匙搅得杯子乱响、用匙捣碎杯中的方糖等。

其三，如果咖啡太烫，应充分发挥匙的作用，轻轻搅动，使其降温，切不可用嘴去吹。

其四，饮用咖啡时，不能以匙去喝，而应端杯饮用。

③ 咖啡的品用。

饮咖啡时，应先闻其香，然后吹开咖啡油再轻啜一小口，之后再随个人喜好加入糖、奶。

喝咖啡时，有时可以吃一些点心。取食甜点应适量；不能一手拿点心，一手拿杯，边吃边喝。吃点心时，先放下咖啡杯，吃完后，再继续饮用。

知识小看板 7-6

咖啡的种类

根据饮用咖啡添加的配料不同，可以将咖啡分为六种。

（1）黑咖啡。指的是不加糖和牛奶等其他配料的纯咖啡。这种咖啡化解油腻，帮助消化，因此，西餐中往往以黑咖啡作为最后一道菜式。

（2）白咖啡。与黑咖啡相反，白咖啡是指在饮用前加入牛奶、奶油或特制的植物粉末的咖啡。是否加入糖依据个人的喜好而定。白咖啡可以在正式和非正式场合中饮用，但在非正式场合中更为普遍。

（3）浓黑咖啡。来自意大利，原称意大利浓黑咖啡。它以特殊的蒸气加压的方法制作，极黑极浓，因此有浓黑咖啡之名。饮用时，可以加入糖或少量的茴香酒，但不宜加入牛奶或奶油。这种咖啡能使人极为兴奋，不宜多饮。

（4）浓白咖啡。全名意大利式浓白咖啡，也是经过蒸气加压方法制作而成的，与黑咖啡不同之处在于，白咖啡中加入了以牛奶为原料的奶油或奶皮，因此在饮用时，一般不再添加牛奶，但可加少许用柠檬皮榨取的汁液，糖则可以根据自己喜好选择是否添加。

（5）爱尔兰咖啡。爱尔兰式咖啡饮前不加入牛奶而加入一定数量的威士忌酒，糖的添加可由个人定夺。

（6）土耳其式咖啡。土耳其式咖啡在中东地区较为普遍。这种咖啡一般加入适量的牛奶和糖。但饮用时，其咖啡渣并未除去，而是盛入稍大的杯子一起端上来饮用。

【实训设计】

项目名称：商务宴请。

项目目的：

通过商务宴会的组织，掌握宴请的组织及其细节；桌次和座次安排；赴宴礼节和席间交流。

项目简介：

A公司与B公司是合作伙伴。B公司李董事长，销售总部吴部长，东北地区销售处刘处长，秘书小刘、小吴一行5人到A公司进行为期三天的商务洽谈，A公司张总经理，财会总监马先生，技术总监刘先生，总经理秘书小苗、小孙负责接待。

项目要求：

（1）根据情景内容，为这三天行程一日三餐的宴请做出具体安排（包括宴请形式、地点、规格、特色），并说明理由。

（2）根据情景内容，模拟演示桌次和座次的安排。

（3）根据情景，演示宴会厅门口迎接客人、引导客人入场就座的过程。

（4）演示李董事长、张总经理分别致辞、敬酒的场面。

（5）演示席间谈话交流的情景。

（6）演示秘书小刘不小心打翻了酒水，正确处理的过程。

（7）演示送客的过程。

项目说明：

（1）模拟一个宴会的环境。要有一张圆桌及数张椅子。桌椅摆放要符合商务宴请位次安排的礼仪。

（2）学生每10人为一组，分别扮演 A、B 公司的人员。

（3）本实训要演示宴会整个过程，内容可自由发挥，但要注意交际技巧和语言禁忌、服饰及行为举止。时间约1课时。

【知识小结】

宴请是商务交往活动，商务人员应掌握必要中西餐文化，从而更好地展开交往，展现中国人的现代气质。

宴会的组织注意宴请的种类与形式、原则、设宴前的准备与设宴中的礼仪要求，使学生在了解礼仪要求的基础上，注意个人素质的提高，从而熟练运用设宴礼仪规范，为实际的宴会组织与接待工作打下基础。

赴宴时应注意相关的礼仪规范，使学生能够在实际生活中严格要求自己，从而在接到别人邀请时展现出良好的素质。

中西餐礼仪均应注意席次与位次的礼仪、上菜的顺序、餐桌的礼仪及餐具的使用等方面的礼仪。

饮用礼仪是商务交往活动中经常接触到的内容，学生应掌握必要的餐饮酒、以茶待客、品饮咖啡的基本礼仪规范，从而提高接待的质量和水平，在与他人交往时也能表现出良好的素质。

【思考训练】

想一想

（1）简述宴会的形式。

（2）举例简述宴会组织的注意事项。

（3）简述在商务活动中的宴会礼仪规范。

练一练

（1）西餐刀叉的用法，每两人一组上台表演西餐刀叉的用法。

① 使用刀叉吃食物；

② 吃完一道菜后摆放刀叉；

③ 一道食品尚未吃完中途放下刀叉。

（2）自助餐的用餐礼仪。

在一张课桌上摆放若干"食物",让15个同学扮演用餐者同时取"食物"。指导教师和其他同学在台下观看并指出不符合自助餐礼仪的行为。

(3) 美国机械和中方开发经过艰苦谈判终于达成协议。中国开发拟在协议签字仪式后高规格宴请美国机械代表团全体成员(5人)。除中国开发谈判小组全体成员(5人)外,应邀出席宴会的还有政府高级官员6人、媒体代表6人以及合作伙伴代表8人。请为该宴会作出详细安排,包括但不限于以下内容。

① 宴请形式及其特色菜肴;
② 宴请时间;
③ 宴请地点及其布置;
④ 中、英文请柬;
⑤ 桌次和座次安排;
⑥ 欢迎致辞;
⑦ 中方接待人员具体分工;
⑧ 中方人员的着装要求。

谈一谈

"高规格"的接待

国外某投资集团十分看好当地独特的旅游资源,在有关部门的努力下,原则上决定斥巨资开发当地独特、优美的旅游资源。为了进一步落实投资具体事宜,该投资公司派出董事长为团长的高级代表团来到该县进行实地考察。当地县政府对这次接待活动格外重视,接待规格之高是史无前例的。县政府在代表团到达当天举办盛大欢迎宴会,出席宴会的外方代表团成员共8人,中方陪同人员100人。菜肴极其丰富,不仅有专门从海南空运过来的龙虾、鲍鱼,还专程从北京全聚德请来一级厨师制备地道的北京烤鸭,甚至还有当地特有的山龟、果子狸,其规模和档次甚至超过国宴。

然而,面对主人热情洋溢的祝酒词以及丰盛的山珍海味,外方代表团成员没有中方陪客那样兴奋,对中方的盛情款待似乎并不领情。第二天,代表团参观了当地尚未开发的旅游资源。外方赞不绝口,但没有按照以前期望的那样签署投资协议。为什么对外方如此高规格的接待却没有起到任何效果?县政府领导百思不得其解。

思考:
(1) 为什么对外方如此高规格的接待却没有起到任何效果?
(2) 在用餐上我国存在哪些陋习?请展开讨论。

情境四 商务交往公务礼仪的运用

【训练目标】

知识目标

◎ 了解和掌握公务交往过程中接待与拜访礼仪、办公室礼仪、馈赠礼仪、位次礼仪及进行商务活动时礼仪规范的基本知识。

能力目标

◎ 培养规范运用公务交往中的相关礼仪的能力;
◎ 能熟练运用接访礼仪、办公室礼仪、馈赠礼仪、位次礼仪及商务活动礼仪的技巧顺利进行商务公务交往。

素质目标

◎ 培养学生树立规范、得体的商务交往公务礼仪的行为和意识;
◎ 塑造良好的商务礼仪形象。

任务八　商务接访礼仪

【学习任务】

(1) 掌握商务接待与迎送礼仪规范，能做好相关接送工作。
(2) 能遵循办公室礼仪规范，做个有礼的商务人员。
(3) 能根据不同状况赠送礼品，沟通情感。
(4) 能区分各种场合下的位次排列。

【情境设计】

某公司的员工小萌在前台负责接待来访的客人和转接电话，还有一个同事小石和她一起工作。一天，一位与公司有多年业务关系的重要客户，约好了十点钟来公司和总经理洽谈业务。现在他提前一刻钟来到公司。小萌通知了总经理，总经理说正在接待另一个客人，请对方稍等。这时，电话铃响了。

任务
在这种情况下，如果你是小萌应该如何处理呢？

解决问题
在商务场合中经常会有迎来送往，如何才能规范做好这项工作呢？通过小萌的这件事我们就能领会。作为一个有经验的接待员，小萌应该首先对客人说："对不起，请您稍坐片刻，我接一下电话。"然后迅速接听处理电话。再去接待客人，首先说明总经理正在与预约的前一个客人会面，而不要强调是"重要客人"，然后给客人倒茶，可将杂志等给客人，以免客人等待中无事可做。

【核心知识】

一、商务接待与拜访礼仪

在商务活动中，组织之间相互拜访和接待是不可缺少的。接待与拜访是一种交流信息、沟通思想、发展友谊的公关活动。

（一）接待工作准备

接待工作中，单位的前台、会客室、办公室都是展示单位形象的窗口。初次来访的客人对单位的第一印象是从他首先看到的人和物上得到的。因此应做好接待的准备工作。所谓"主雅客来勤"。

1. 心理准备

（1）诚恳的心情　面对来访的客人，无论是预约的还是未预约的、是通情达理的还是脾气暴躁的，都要以诚心、耐心和热心去面对来宾。要让来宾通过接待感受到自己是受到欢迎、重视的。当客人较多难以对付时，心情一定不能急躁，要控制住自己的情绪，特别是面对态度恶劣的来访者，不要被对方的过激言辞和暴躁情绪激怒。

（2）合作的态度　同事之间互相协作，营造出企业良好的工作氛围，有益于提升企业形象。若同事与客人发生冲突，应出面安抚调解。

2. 环境准备

接待环境包括前台、会客室、办公室、走廊、楼梯等处。接待环境应时刻保持整齐、清洁、明亮、美观,尤其是专门会客室的环境准备。

(1) 光线明亮柔和　招待来宾,一般宜在室内进行。室内的光照应以自然光源为主,房间最好是面南。如担心阳光直射,则可设置百叶窗或窗帘予以调节。使用人造光源时,应合理配置灯具,使灯具既有照明功能,又有美化环境的艺术功能。

(2) 色彩素雅、明快　接待现场,通常应当布置得既庄重又大方。色彩选择一定要考虑对人的心理影响,应选择能够给来宾带来温暖、柔和、温馨感觉的乳白、淡蓝、浅绿、米黄等素雅色彩作为装饰颜色。色彩有意识地控制在一两种之内,最好不要令其超过三种。

(3) 温度、湿度适宜　会客室内一般都装有空调或取暖设备,将温度调节到18℃至26℃之间,以摄氏24℃左右为最佳。与此同时,室外气温较高时,室内外温差不宜超过10℃。一般认为,相对湿度为50%左右最是舒适宜人。会客室要经常打开门窗通风换气,保障室内空气的清新与流通。

(4) 安静卫生　为了使主客的正式会谈不受打扰,待客地点的安静与否至关重要。除了其具体地点的选择有一定之规外,在进行室内布置时,亦须注意下列几点:地上可铺放地毯,以减除走动之声;窗户上可安放双层玻璃,以便隔音;茶几上可摆放垫子,以防安置茶杯时出声;门轴上可添加润滑油,以免关门或开门时噪声不绝于耳。在待客的房间之内,一定要保持空气清新、地面爽洁、墙壁无尘、窗明几净、用具干净。

3. 物品准备

(1) 前厅准备　客人座椅样式要线条简洁、色彩和谐;要适时摆放资料杂志、茶水饮料等。

(2) 会客室准备　会客室中的座椅或沙发要摆放整齐;饮料茶水要准备齐全,一般客人用一次性纸杯,重要客人用正规茶具;桌上或茶几上可放些报纸杂志或本单位的宣传资料;墙上可悬挂一些装饰画或提升公司信誉的照片。必要时,还可放置一些盆花或插花、奖状、奖旗、奖杯等奖品。

(二) 接待中的礼仪

1. 接待人员礼仪要求

(1) 仪表得体,举止大方　个人形象是企业形象的具体体现。从事接待工作的商务人员应该穿着得体、气质端庄、服饰应庄重典雅。接待过程中,秘书人员的举止要优雅得体,表情要自然。

(2) 热情诚恳,耐心倾听　应以满腔的热情与来访者沟通,仔细倾听,耐心回答问题。对于来访者的要求,要在不违反原则的情况下尽量予以满足。

(3) 细致周到,礼貌待人　接待是一项事务性较强的公务活动,往往涉及多个部门,应协调好关系,细致入微地为来访者提供良好的服务。对任何来访者都要一视同仁、以礼相待,显示良好的个人修养和职业素养。

(4) 专心致志　接待工作中,与客人交谈时,一定要做到洗耳恭听,专心致志,一心一意地对待客人,要精神集中,表现出浓厚的兴趣,不要表现得心不在焉。

接待客人时,忌讳在客人面前摆架子、爱答不理、无精打采,或看书、看报、打电话,不停地看表、起身,把客人冷落一旁。

小思考 8-1

有一个外地公司的客户,慕名来到天地公司,事先没有预约,你应如何接待?

2. 接待的基本程序

接待包括迎接客人来访，包括迎客、待客、送客三个方面或环节。有人归纳了三句接待箴言——"来有迎声；问有答声；去有送声"。

（1）亲切迎客　放下工作，主动迎上，目光相接，微笑问候，热情接待。

① 遵循接待"3S"原则，即 stand up（站起来）、see（注视对方）、smile（微笑），并伴以迎客礼仪用语。

知识小看板 8-1

常用接待用语

1. 接待常用语

一般有："欢迎，欢迎！""请您稍等一下""谢谢！欢迎下次再来""实在对不起，让您久等了""感谢您的光临，请走好""对不起，您要找的不在，有需要我帮忙的吗？""没关系，我将尽力而为"，等等。

2. 接待用语注意事项

（1）多用祈使句，少用命令式的句子。如："对不起，请您等一下好吗？""对不起，请您先等一会儿，总经理正在开会，几分钟后能见您。"

（2）多用肯定句，少用否定句。如："对不起，现在总经理很忙，但是陈副经理刚好没有预约，您想不想与我们陈副经理谈一下？"

（3）委婉拒绝，而不能伤害对方的心，态度要诚恳。如："实在很抱歉，我们主任正在主持一个重要的会议，不能接见客人。您能否改一个时间，再与他见面？若可以，我将尽快给您安排。"

（4）恰当使用负正法。譬如："如果您能推迟到明天再谈，可能让你今天白跑一趟，但是，明天总经理会有更充裕的时间同你们商讨具体的细节。"和"虽然明天总经理有更充裕的时间跟您商讨具体的细节，但是，今天这一趟得让您白跑。"比较，前一句比后一句更加能让人接受。

（5）耐心倾听，注意观察宾客的表情说话。由于对象不同，时间、场合不同，要善于察言观色，使得自己的说话能说到点子上。

② 区别不同访客。

a.预约访客，有所准备，记住姓名，让客户感到来访被重视被期望，并通知被访者。

b.未预约客，应热情友好，询问来意，依具体情况判断应对方法。

c.拒绝访客，热情坚定的回绝上司明确不接待或无法接待的访客。

d.来访团组，充分准备，热情迎候，并根据拟订好的接待方案诸项落实。

③ 填写访客名册。询问对方是否事前已预约；礼貌地请他们签名，并请他们佩挂宾客名牌。

（2）热忱待客　做好引路、开关门、引见、让座、上茶、挂衣帽、送书报等工作。

① 引导客人。

a.走廊上，走在访客侧前方两至三步。当访客走在走廊的正中央时，你要走在走廊上的一旁。偶尔向后望，确认访客跟上；当转弯拐角时，要招呼一声说："往这边走。"

b.楼梯上，先说一声："在×楼。"然后开始引领访客到楼上。上楼时应该让访客先走，因为一般以位高的位置代表尊贵。在上下楼梯时，不应并排行走，而应当右侧上行，左侧下行。

c.电梯内，首先要按动电梯的按钮，同时告诉访客目的地是在第几层。如果访客不只一个人，或者有很多公司内部的职员也要进入电梯并站在一角，应按着"开启"按钮，引领访客进入，然后再让公司内部职员进入。离开电梯，则刚好相反，按着"开启"按钮，让宾客先出。如果你的上司也在时，让你的上司先出，然后你才步出。

② 引见客人。客人引领到会客室后，接过客人的外套、帽子、雨伞等物挂于衣帽间或衣帽架上，然后安排就座。若被访者已在室内等候，那么要按礼仪规范为双方做介绍。

③ 座位安排。一般而言，接近入口处为下座，对面是上座；有椅子与沙发两种座位时，沙发是上座；如果有一边是窗，能看见窗外景色为上座；西洋式的房间，有暖炉或装饰物在前的是上座。

④ 奉上茶饮。客人坐定后，接待人员应为客人送上茶、咖啡等饮料。在接待时，按照中国传统的习俗，应端茶送水。

征询客人的意愿时，你是用"您喜欢什么饮料"还是"您喝茶还是喝咖啡"的问句，为什么？

知识小看板 8-2

开关门五部曲

敲门——得到允诺才可开门。

开门——知道应用哪只手（门把对左手，用右手开；门把对右手，用左手开），明确进门顺序（外开门，客先入，内开门，己先入）。

挡门（侧身用手或身挡门，留出入口）。

请进（礼貌地用语言和手势同时示意请进）。

关门（进毕再慢慢地关门）。

（3）礼貌送客　客户表示告辞后，主方再用言语、行动送客。

① 言语热情。使用感谢语、告别语，有利于增加双方的情谊。

② 提出道别。一般来讲，应由客人提出告辞，接待人员婉言相留，离去时相送。

③ 送客行为。一般而言，送到电梯口，一定要等到电梯门关上再离开；若是送到大门口，要等客人所乘坐的车离去后再离开。无论送到哪里，都要挥手道别，目送客人远去。

3. 接待时几个常见问题

（1）多个访客时的处理

① 处理顺序。应该依访客的先后顺序在沙发上候坐，以等待登记；如令他们等候，要向访客说声："对不起，令你久等了。"

② 联络会晤人员。联络后，引领访客到会客地点并向访客说："已联络了××。他现在正在前来接待处，请先坐一下。"如需等待或会晤人员没空时，询问访客可否由其他人作代表来与他会晤。

会晤人员不在时，首先要向宾客致歉，礼貌地说声："对不起，×××有事外出了。"当访客询问会晤人员去向时，委婉的告知访客实情。继而询问是否需要留言或找别的人员，有没有什么物件需要转交给会晤人等。

（2）会客室的准备及善后工作

① 事前准备。事先检查窗户是否通风；地上是否有烟灰、纸屑；会客桌是否已抹干净；沙发是否整齐清洁；墙上挂钟的时间是否正确。

② 访客离去后。如果有吸烟的客人到访，也要将烟灰碟送给客人，同时别忘记送上打火机。当客人离去后，应该立即将窗打开，让新鲜的空气进来，将烟味吹走，清理烟灰碟，小心检查是否有烟灰或烟头在地毯上。

(3) 会谈时的行为举止

① 不要傲慢地仰靠在椅背上。坐在椅子较深的位置，伸直腰背；坐在沙发上勿坐得太深，微微向前约三分之二处，坐时挺直腰背；前往访问作客时，要浅坐，表示不会久坐。

② 穿上衣要注意的要点。接见来访的客人，必须穿上外套；外套的纽扣要扣起来，注意放下袖口；不可叉起双手或交叉脚而坐；把手叉在胸前会给人以傲慢的感觉，交叉腿而坐则显得不太检点。

③ 会客时尽量不要被打扰。

（三）拜访礼仪

无论是公事还是私事，无论是大事还是小事，无论是有事还是无事，人与人之间、社会组织之间、组织与个人之间总少不了相互拜访。有商务往来的组织之间应该经常适时地安排一些必要的拜访活动。"有事常登门，无事不见影"的拜访原则是不受欢迎的，应当多站在交际对方的角度考虑一些问题，使拜访经常化。

1. 选好时机，注重预约

商务活动中活动中的拜访有三种：一是事务性拜访；二是礼节性拜访；三是私人拜访。无论何种拜访都应注意约会的时间和地点。

(1) 掌握约会的时间　　拜访应选择在比较恰当的时间，不要在客户刚上班、快下班、异常繁忙、正在开重要会议时、节假日、凌晨、深夜去拜访；也不要在客户休息和用餐时间去拜访。晚上7点30分至8点是到私宅拜访的较好时间。最好三天前约好。

(2) 了解约定人数　　应事先通报各自到场的具体人数及其身份，避免出现令对方反感的不欢迎的人物，不随意变动人数。

(3) 要守时守约　　约定拜会时间后，就不能再更改。如有特殊原因，需要推迟或取消拜会，应尽快打电话通知对方，说明原因。

(4) 约定方式　　约会方式根据具体情况分为三种：当面向对方提出要求约会；用电话向对方约会；用书信提出约会。把访问的重要目的告诉对方，"不速之客"在绝大多数普通关系的社交场合都是不受欢迎的。

2. 拜访的准备工作

(1) 拜访主题及资料准备　　首先要阅读拜访对象的个人和公司资料，对其概况、特点、销售量以及对方的信用、在商界的信誉都要有所了解。其次，检查各项携带物是否齐备（名片、笔和记录本、电话本、磁卡或现金、计算器、公司和产品介绍、合同）。最后，明确谈话主题、思路和话语。

(2) 出发前的准备　　与客户通电话确认，以防临时发生变化。选好交通路线，算好时间出发，确保提前5至10分钟到。延误十分钟以上，应给主人打电话通知。

(3) 行为举止　　穿着与仪容要求端庄、整洁、规范；男士穿西装，女士穿套装。如提前到达，不要在被访公司溜达。

3. 做客礼仪

(1) 进入室内　　面带微笑，向接待员说明身份、拜访对象和目的。从容地等待接待员将自己引到会客室或受访者的办公室。引到会客室，向引路者感谢。如果是雨天，不要将雨具带入办公室；夏天进屋，不宜脱掉长衫、长裤。

在会客室等候时，不要看无关的资料或在纸上图画。接待员奉茶时，要表示谢意。等候超过一刻钟,可向接待员询问有关情况。如受访者实在脱不开身,则留下自己的名片和相关资料,请接待员转交。

(2) 见到拜访对象　应先敲门,听到"请进"后再进入。问候、握手、交换名片。落座时,按主人指定的座位入座;与上司一起拜访,不能先坐上位;主人允许的情况下可以挪动椅子;公文包和手袋放在地上。

(3) 会谈时　注意称呼、遣词用字、语速、语气、语调。会谈过程中,如无急事,不打电话或接电话。不谈论私人问题。访谈时间以一个小时为宜。

(4) 告辞　根据对方的反应和态度来确定告辞的时间和时机。说完告辞就应起身离开座位,不要久说久坐不走,感谢对方的接待。握手告辞。如办公室门原来是关闭的,出门后轻轻把门关上。客户如要相送,应礼貌地请客户留步。

知识小看板 8-3

细小见礼貌

(1) 不做冒失之客　坚持"客听主安排"的原则。如到主人寓所拜访,应轻轻叩门或按门铃,待有回音或有人开门相让时方可进入。若是主人亲自开门相迎,见面后应向其问好;夫妇同时相迎,应先问候女主人。若是不认识的人,则应问:"请问这是××先生的家吗?"

(2) 不做邋遢之客　仪表端庄、衣着整洁。入室之前要在踏垫上擦净鞋底;夏天不应脱掉衬衫;冬天应摘下帽子、大衣、围巾;讲究卫生;患病时不拜访客人。

(3) 不做粗俗之客　不乱翻、乱看、乱做;不随意评论或打断别人的谈话。

(4) 不做难辞之客　以半小时为宜;饭后应停留一会儿再走;在握手道别时邀请回访;勿在电梯和走廊中窃窃私语。

(5) 不做失礼之客　辞行时要道谢。尤其在外国人家做客,带花前往,或事后打电话说声谢谢。

(四) 迎候礼仪

迎来送往,是社会交往接待活动中最基本的形式和重要环节,是表达主人情谊、体现礼貌素养的重要方面。在工作往来中,对于如约而来的客人,特别是贵宾或远道而来的客人,表示热情、友好的最佳方式,就是指派专人出面,提前到达双方约定的或者是适当的地点,恭候客人的到来。对前来访问、洽谈业务、参加会议的外国、外地客人,应首先了解对方到达的车次、航班,安排与客人身份、职务相当的人员前去迎接。

1. 迎候客人方法

在人声嘈杂的迎候地点迎接素不相识的客人时,务必确认客人的身份,通常有四种方法可行。

(1) 使用接站牌　可事先准备好一块牌子,要正规、整洁,上书"热烈欢迎某某同志"或"某单位接待处",尽量不要用白纸黑字,让人感到晦气。

(2) 悬挂欢迎横幅　在迎接重要客人或众多客人时,这种方法最适用。通常,欢迎条幅应以黑色毛笔字书写于红纸上并端庄地悬挂于醒目处。

(3) 佩带身份胸卡　这种方式指迎宾人员在迎宾现场所采用的,以供客人确认本人身份的一种标志性胸卡(9厘米长、5.5厘米宽)。其内容主要为本人姓名、工作单位、所在部门及现任职务等。可别在左胸前,或戴在脖子上。

(4) 自我介绍。

2. 接到客人后礼仪

(1) 热情握手。

(2) 主动寒暄　首先问候"一路辛苦了""欢迎您来到我们这个美丽的城市""欢迎您来

到我们公司",等等。

(3) 自我介绍　向对方作自我介绍。如果宾主早已认识,则一般由礼宾人员或我方迎候人员中身份最高者率先将我方迎候人员按一定顺序一一介绍给客人,然后再由客人中身份最高者将客人按一定顺序一一介绍给主人。如果有名片,可送予对方。

(4) 有问必答。

二、办公室礼仪

(一) 办公室礼仪的基本内容和原则

案例小故事 8-1

经理对我生气

我们经理有午睡的习惯,平时我不敢进去打扰他午睡。这一段时间公司业务实在太忙,董事长经常亲自来电要材料,都是急件,必须立即到经理房间查找核对有关数据资料,经常在他午睡时我还要进出他的办公室取送文件,有时一天中午还不只一两次。为了不把经理吵醒,每次我都轻手轻脚进出,开关门也轻轻地,生怕弄出声响,可出门带手时总会出现"喀嚓"一声的门锁响。我怕这烦人的"喀嚓"声吵醒经理,有时出门时就有意将门虚掩上,不让他出现"喀嚓"声。后来我发现经理经常在午睡醒后流露出对我打扰他午睡的不满,而我为了工作又必须进出经理房间,我有什么地方失礼吗?

小思考 8-3
案例中的"我"什么地方失礼了?正确的做法应该是什么?

1. 办公室礼仪的内容

(1) 含义　办公室礼仪,指的是商务人员在自己的办公室之内,在办理公事、执行公务时所必须遵循的礼仪规范,通过施行办公礼仪达到与相应的团体或组织更好交流、沟通的目的。

每个人只有对办公环境有了认识才能更好地把握工作内容,营造良好的工作氛围,提高工作效率,树立良好的公司形象。

(2) 基本内容

① 办公室个人礼仪。包括个体在办公室中的着装礼仪和行为礼仪规范。

② 办公室环境礼仪。广义上说,办公室环境包含了个人礼仪,因为个体是构成环境的主要因素。狭义地讲,主要是指对办公室内外环境的一种安排和布置。这里主要是指狭义的理解。

③ 办公室人际交往礼仪。主要是办公室内部成员之间的人际关系。包括怎样和上司、同事等相处。

④ 办公室公务往来礼仪。主要包括办公室进行公务活动过程中所应遵循的礼仪规范。包括如何遵守工作流程、照章办事、如何处理公务往来中突发事件等内容。

2. 办公室礼仪原则

(1) 充分尊重对方　对待上级领导、下属、同事、来访者,都要给予尊重。对上不唯唯诺诺,对下不居高临下、盛气凌人,尊重任何同自己交往的一方,增强彼此间的亲切、亲近感,从而形成融洽的工作关系。

(2) 具备良好修养　要融洽关系,必须要有真诚、宽容的品质。真诚能增强彼此间的信任度,能更好地打开工作局面;胸怀宽广、宽以待人,不过分计较别人在性格、知识、修养、能力等方面的缺点,才能更好与人合作。

(二) 办公室工作环境的布置

办公室是企业的门面,是来访者对企业的第一印象。它的设计风格应是严肃、整洁、高雅、安全。办公室一般由办公场所、文件柜、电话机、办公桌四部分组成。

1. 办公室的场所布置

办公室应有鲜明的标志，在对外的房门上或门旁可以挂上一个醒目、美观的招牌。办公桌应放在采光条件较好的位置，与窗户保持1.5～2米的距离。企业一般都将办公室装修得比较豪华，以显示自己强有力的经济实力。可选择一些风景画、盆景、有特殊意义的照片、名人的字画、企业的徽标等作为办公室的装饰。办公室应保持整洁。办公桌上只放些必要的办公用品，且摆放整齐。

2. 文件柜的摆放礼仪

办公室文件柜的摆放应以有利于工作为原则。通常情况下，应靠墙角放置，柜内文件要及时清理、归档、建立目录，以便随时查找资料，整理、收藏文件。

3. 电话机的摆放礼仪

办公室电话的摆放应以便利接听为原则。一般放在办公桌或写字台的右前缘。如果在同一写字台或办公桌上要安置几部电话，则应放置在办公桌或写字台的左右前缘。

4. 办公室的环境美化

（1）办公室的绿化　办公室一般选用盆景，选择以绿色为主调的植物，既可装点办公室，也可调节情绪、净化空气。

（2）办公室的空气　空气宜保持新鲜，保持合适的温度和湿度。办公室的温度冬天一般在20～22℃，夏季在23～25℃之间为宜；在正常温度下，办公室理想的相对湿度在40%～60%之间。在这个湿度范围内工作，人会感觉清凉、爽快、精神振作。

（3）办公室的光线和声音　办公室宜尽量采用自然光线，不能太强，必要时可用百叶窗或窗帘来调节。办公室使用照明光时，要选用自然明亮、光照度充足的灯具，最好是白炽灯。

办公室应保持肃静、安宁，才能使工作人员聚精会神地从事工作。安静，并非指绝对没有声音。因为一个人在听觉通道完全没有刺激作用的情况下，会有一种恐惧感，会产生不舒服的感觉，造成工作效率下降。声音环境应有一个理想的声强值。办公室的理想声强值为20～30分贝，在这个声音强范围内工作，使人感到轻松愉快，不易疲劳。

知识小看板 8-4

美妙的背景音乐

很多企业为了给员工营造一个既安静又优美的工作环境，借用了高级宾馆的一些做法，播放轻柔曼妙、若有若无的背景音乐，以此为员工定心安神，提高工作效率。此时应注意要精心挑选播放的背景音乐。

最理想的背景音乐应该是非常美妙、非常飘逸、非常悠扬的天籁之音。尤其是长笛、竹笛、单簧管、双簧管、萨克斯、电子合成器演奏的音乐。要具有空灵的意境，使人全身得到放松，压力得到释放，心灵得到净化。

要注意控制音量，否则就会变成噪声，让人心烦意乱，甚至神经错乱。最恰当的分寸是似有似无的一直不间断播放，始终让它弥漫在空气中。

（三）办公室工作规范

1. 办公室工作礼节

（1）办公桌礼仪　办公桌应整齐干净。上班时应将写字台上的文具和文件等码放整齐，应当做到案头整齐、有条不紊，以便随时取用。下班时应将写字台上的文具和文件等码放整齐，将椅子放回原位，以给同事留下一个工作严谨、环境整洁的好印象。

（2）办公用品礼仪　不随意挪用别人的东西，统一配发的用品用后应归还原处。

(3) 办公交往礼仪　首先，办公时间，慎选话题。比如薪资问题不适宜在办公室谈论，因为许多商务企业的薪金，尤其是奖金是不同的。其次，不要诿过于人，要勇于承担风险，不推责任。最后，工作场合，男女平等；工作时间，不干私事。

2. 办公室行为举止

（1）言语上　问候应礼貌，"您好""早安"等问候语要经常使用。称呼要规范，用语要标准。

（2）办公室行为　行为要尊重他人。不在办公室吸烟和化妆；进出办公室要随手关门，声音要轻；进入办公室应脱掉大衣，摘除帽子，但西装上衣、夹克不能随便脱掉。在他人办公室不宜逗留太久，一般以不超过 20 分钟为宜。

（3）办公室用餐礼节　避免办公室用餐。如果不得已，不要将餐具长时间摆放在桌子上或茶几上，要及时处理。吃起来乱溅以及声音很响的食物最好不吃，会影响他人。食物掉在地上，马上捡起扔掉。餐后将桌面和地面打扫。有强烈味道的食品尽量不带到办公室。

午餐时间不宜过长。在一个注重效率的公司，员工会自觉形成一种良好的午餐习惯。

注意整洁。准备好餐巾纸，不要用手擦拭油腻的嘴。含着食物时不要贸然讲话。

3. 办公室服饰礼节

（1）着装要求整洁、端庄　宜选较为保守的服装，男士以西装为主，女士要美观大方，可化职业淡妆。

（2）避免脏、乱、露、透、短、紧等失仪情况。

脏，就是懒于换洗衣服，给人拖沓、疲惫的感觉，让人怀疑办事能力。

乱，是服装不合规范、不协调或不注意场合，如上衣披在身上、西服搭配牛仔裤等；更指不宜穿着的服装穿进了办公室，如夏天穿拖鞋、短裤、背心，着休闲装、运动装等去办公室。

露，指过多暴露肌体，给人不良印象。

透，指外穿衣服过于单薄透明。

短，指着装过于短小。根据礼仪规范，商务人员办公着装不应使其锁骨、肩头、肚皮、大腿暴露在外。

紧，指衣服过于包裹身体，不雅观，也不文明。

小思考 8-4

如果有人在你面前搬弄你同事的是非，你应该怎么做？

知识小看板 8-5

主管和职员的办公室准则

优秀主管应有的礼仪
① 要有良好的个人素养和宽广的胸襟；
② 团队合作精神；
③ 关心部属和他人。

称职员工的办公室礼仪
① 准时上班，按时下班，保持环境整洁；
② 穿着整洁，修饰得体；
③ 承担风险，不推诿责任；
④ 讲求效率，不干私事；
⑤ 请示上司，不得越级；
⑥ 对上司和同事讲究礼貌；
⑦ 工作场合男女平等。

(四) 办公室特殊礼仪规范

1. 与上级相处的礼仪

（1）尊重领导　作为下属，应当维护领导的威望和自尊，时时、处处、事事，都应以恭敬之心相待。在领导面前，应有谦虚的态度。不能顶撞领导。特别是在公开场合，尤其应注意，即使与领导的意见相左，也应在私下与领导说明。

（2）把握上下级关系，听从领导的指示　一个组织的正常运转是通过上传下达、令行禁止维持的，上下级要保持正常的领导与被领导的关系。领导对下属有工作方面的指挥权，对领导在工作方面的安排、指挥，必须服从。

（3）当好领导的助手　在日常工作中，认认真真、尽心尽力做好自己的本职工作，就是对上级最好的支持、配合与回报。对领导的工作不能求全责备，而应多出主意，帮助领导干好工作，不要在同事之间随便议论领导、指责领导。

（4）向领导提建议要讲究方法　在工作中给领导提建议时一定要考虑场合，注意维护领导的威信。提建议一般应注意两个问题：一是不要急于否定原来的想法，而应先肯定领导的大部分想法，然后有理有据地阐述自己的见解；二是要根据领导的个性特点确定具体的方法，如对严肃的领导可用正面建议法，对开朗的领导可用幽默建议法，对年轻的领导可用直言建议法。

2. 与同事相处的礼仪

同事之间相处如何，直接影响到自己的工作、事业的发展，和谐、融洽的同事关系会让人身心愉悦，有利于工作的顺利开展。与同事相处，应该本着相互尊重的原则进行，同时还应具有协作精神，共同做好一项工作。

（1）平等相待　与同事共处，要亲切友善，不能分亲疏远近。在一般情况下，对待同事应当一视同仁，不偏不倚。

（2）与人为善，待人以诚　对待公事时，应严于律己，宽以待人，与人为善，才能建立良好的同事关系。正常的同事关系，应当属于君子之交。

（3）相互支持，协同合作　同事是自己工作上的伙伴，在工作之中应当协同合作，并主动关心对方，帮助对方。

（4）距离适度　不管是帮助、关心、支持同事，还是对方主动有求于自己，都要注意就事论事，适可而止。

（5）戒骄戒躁，理智相处　在工作之中，要虚心待人，善于向周围的同事学习，取长补短。要真正地视同事为良师益友，认真地向对方学习。还要学会平衡各种关系，理智对待自己与他人，理智对待矛盾、分歧和误会，冷静思考，积极沟通。

注意：所谓"君子之交淡如水"，只有在相互尊重的基础上，注重相处的礼节，同事之间的关系才能融洽，才能长久。

小思考 8-5

在洗手间遇到同事，你认为应该如何处理？

知识小看板 8-6

办公室礼仪小贴士

（1）不过分注重自我形象　办公桌上摆放化妆品、镜子和靓照，还不时补妆，给人工作能力低下的感觉，且有伤大雅。

（2）切忌使用公共设施缺乏公共观念　单位里的一切公共设施都是为了方便大家，以提高工作效率。电话、传真、复印都要注意爱惜。

（3）不要零食、香烟不离口　女孩子大都爱吃零食，但在办公室最好不要摆放在明处。男士吸烟应尊重他人，避免污染环境。

（4）切忌形象不得体　打扮忌浓妆艳抹、品位低俗。工作时，语言、举止尽量保持得体大方，过多的方言土语、粗俗不雅的词汇都应避免。

（5）切忌把办公室当自家居室　中午自带饭盒加热、饭后餐具随手一放都是不可取的。

（6）切忌高声喧哗，旁若无人。

（7）不随意挪用他人东西　未经允许随意挪用他人物品，事后又不打招呼显得没有教养。

（8）切忌偷听别人讲话。

（9）切忌对同事的客人表现冷漠。

三、馈赠礼仪

（一）馈赠礼仪概述

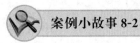

北京大学赠送连战的礼物

2005年4月29日，连战访问北京大学，获得一份特殊的礼物：母亲赵兰坤女士在76年前毕业于燕京大学的学籍档案和相片，其中包括在宗教系就读的档案、高中推荐信、入学登记表、成绩单等，大多是她亲笔写的字。在这份特殊的礼物面前，一贯严谨的连战先生也难掩内心的激动。他高举起母亲年轻的照片，然后在面前细细端详，眼里泛着晶莹的泪光。这一刻，他满脸都是幸福的微笑。

在交往中，为了表达对交往对象的尊重和敬意，或者为彼此的交往留个纪念，人们通常会馈赠给交往对象一些礼品或者其他物件。

《礼记·曲礼上》："礼尚往来。往而不来，非礼也；来而不往，亦非礼也。"馈赠是友好的表示，礼品是友好的象征。礼品贵在适时、适宜，贵在真诚。

在人际交往中向交往对象赠送适当的礼品，可以表达自己的浓浓情意，增加对方对自己的好感，加深双方的理解，从而促进双方的友谊。馈赠是表示友善和亲情的最典型的形式之一。礼品的情感价值大于礼品的物质价值。

因此，不论是国际交往还是在国内交往中，因公交往还是因私交往，人们都会经常遇到同礼品相关的问题，或是送人以礼，或是授人以礼。对此，我们都必须慎重对待，三思而行。既要使自己的好意为他人接受，或接受他人的一片心意，又要注意到自己的身份与形象。

只有遵循礼品礼仪，礼品的效用才能发挥出来。如果违反相关的礼品礼仪，则不仅不会收到预期的效果，而且可能弄巧成拙，妨碍公务。不能笼统的反对送礼。

（二）礼品的选择

1. 选择礼品的原则

（1）礼品的"对象化"　不论是国际交流，还是国内交往，是正式活动还是私人应酬，交往对象国家、民族不同，年龄、性别、职业、兴趣各异，选择时，务必要根据不同的对象选择不同的礼品，满足不同的需要。

① 明确彼此的关系现状。在选择礼品时，必须考虑到自己与受赠对象之间的关系现状，

不同的关系应当选择不同的礼品。

案例小故事 8-3

一位女士，在伦敦留学，曾在一家公司打工。女老板对她很好，在很短的时间内便给她加了几次薪。一日，老板生病住院，这位女士打算去医院看望病人，于是她在花店买了一束红玫瑰花，在半路上，她突然觉得这束花的色彩有点儿单调，而且看上去俗气，就又去买了十几枝黄玫瑰，并且与原来的玫瑰花插在了一起，自己感到很满意，走进了病房。结果，老板见到她的时候，先是高兴，转而大怒。

小思考 8-6

这位女士送花的问题在哪里？

② 要根据对方的兴趣爱好，投其所好。选择礼品，要站在受赠者的立场上，为受赠者考虑。如果礼品适合受赠者的兴趣和爱好，它的作用就会倍增。礼品不在价值高，而在受礼人喜爱。在选择礼品时，要尽可能了解受礼人的性格、爱好、修养与品位。

③ 了解受赠对象的需求。能够根据受赠对象的实际需求来选择礼品，这样，礼品就会发挥出事半功倍的效用，有助于实现送礼的正当目的。例如，若是将一块祖传古墨送给一位喜欢书法的老者，不仅会使墨尽其用，而且会让老者欢喜不已；但若将它送给一个不识文墨的人，那就是暴殄天物了。

④ 礼品要因事而异。即在不同情况下，向受礼人赠送不同的礼品，比如，出席家宴时，宜向女主人赠送鲜花、土特产和工艺品，或是向主人的孩子赠送糖果、玩具。探视病人，向对方赠送鲜花、水果、书刊、CD 为好，对旅游者，赠送有中国文化或民族地方特色的物品等。

（2）考虑目的　在礼品礼仪中，要明确送礼的目的。送礼在本质上应被视为向他人表示友好、尊重与亲切之意的途径或方式。

要根据不同的目的恰当选择礼品。礼品是用于迎接客人，还是告别远行；是慰问看望，还是祝贺感谢；是节假良辰，还是婚丧喜庆的目的。目的不同，用途不同，选择的礼品也大不相同。

（3）尊重禁忌　礼品的选择要考虑到各国的历史、文化、风俗和习惯的影响，再加上社会与宗教的压力，不同民族国家有不同的文化传统，也就有不同的文化禁忌。

① 要尊重由于风俗习惯、民族差异和宗教信仰等形成的禁忌。选择礼品要自觉地、有意识地避开对方的礼品禁忌，注意礼品的品种、色彩、图案、形状、数目和包装等。

② 要尊重个人的禁忌。每个人由于经历、兴趣和习惯的不同，可能形成个人的禁忌，选择礼品时，也要注意了解受礼对象的个人忌讳。

③ 要遵守国家的有关规定，不能选择违法违规的物品作礼品。比如，不能将涉黄、涉毒的物品作为礼品送人。许多国家对公务员接受礼品有明确的规定，送的礼品价值过重有行贿之嫌。

（4）正确认识礼品的"含金量"　在代表本单位为他人选择礼品时，应注重礼品的精神价值和纪念意义，而不能过分强调其"含金量"。在为外国友人选购礼品时，则须突出礼品的民俗特色。

选择礼品时，在坚持"以礼寓情"的前提下，应注重小、巧、少、轻。

小，是指礼品要小巧玲珑、易存易送易携带。

巧，意即立意巧妙、不落俗套。

少，是指礼品要少而精，忌多忌杂忌滥。

轻，则指礼品价格不可过高，适度即可。

2. 适宜选择的礼品

（1）礼品的种类　一般来说，礼品可以分为两种，一种是可以长期保存的，如工艺品、书画、照片、相册等；一种是保存时间较短的，如挂历、食品、鲜花等。馈赠时可根据自己的实际情况加以选择。喜礼，如朋友结婚，可送鲜花、书画、工艺品、衣物等；贺礼，如企业开张、大厦落成、厂庆等可送花篮、工艺品等。

（2）宜选礼品的特性

① 宣传性。意在推广宣传企业的形象；有的企业会设计一些带有企业 CI 标志的小礼品，这样商务交往中便于赠送。

② 纪念性。纪念性是指礼品要与一定的人、事、环境有关系，让受礼人见物思人忆事。所以选择礼品应和送礼时的事件、人物有关，要有一定的寓意。如 2002 年 2 月美国总统布什访华，时值中国农历马年，国家主席江泽民把一个与原物同样大小、青铜镀金的"马踏飞燕"仿制品作为礼物送给布什总统。马年送"马"是中国人表示吉利的做法；"马踏飞燕"是古代中国东汉时期的奇思妙想，有 1800 多年的历史了，它表达的是快捷的意思。这件礼品表达了中国希望更快地发展中美关系的美好愿望。

③ 独特性。礼品应新颖别致，使人感兴趣的礼品才会传情达意的。礼品最好体现民族性。有句话说："越是民族的东西，就越是世界的"。每个民族、国家都有自己独特的文化传统和特点。"物以稀为贵"，在送礼时这个"贵"是珍贵，不是价值贵。

④ 便携性。礼轻情谊（意）重；因此所选礼品要适用、适时和适量。

（3）忌选礼品

① 大额的现金或珠宝、信用卡、有价证券等奢侈品，有收买对方之嫌。

② 粗制滥造的物品或过季商品、有害物品，有愚弄对方、滥竽充数之嫌。

③ 不能送给对方药品或营养品，有暗示对方身体欠佳之意。

④ 有违公德和法律规章的礼品，如涉嫌黄、赌、毒之类的物品。

⑤ 带有明显广告标志和宣传用语的物品，否则有利用对方，为自己充当广告标识之意。

⑥ 选择礼品不应忽视的禁忌有四类。

第一，是因个人理由造成的禁忌，即私人禁忌。送情侣表给一位刚刚守寡的妇女，送一条三五烟给一位从不吸烟的长者，都会触犯对方的私人禁忌。

第二，是民俗禁忌。如汉族人忌送钟、鞋、药，涉外交往中对此特别要注意，不然馈赠效果会适得其反。例如，美国人以龟为长存之物，中国人则认为以龟或龟形工艺品为礼是骂人的。日本人认为送给别人一把梳子，就等于送去辛苦。法国人忌送菊花等。

第三，是宗教禁忌。如十字架、圣经等。

第四，是职业道德禁忌。如各国均规定不得将现金和有价证券送给并无私交的公务人员。

⑦ 食品选择忌禁。除特产外，食品不宜保存，故不送为佳。正式的场合尤其不要送食品。

⑧ 容易引起受礼者家庭不和的物品，如烟、酒、麻将等，也不应考虑。

（三）馈赠的时机

从礼仪的角度而言，赠送礼品需要注意两个方面：赠送礼品的时间、赠送礼品的地点。

1. 赠送礼品的时间

赠送礼品的时间是指选择赠送礼品恰当的时机及具体时间。

(1) 选择恰当的时机

① 节假日。遇到我国传统节日如春节、法定节日如元旦等都可以送些适当的礼物表示祝贺。

② 喜庆嫁娶。乔迁新居、结婚等，遇到这些喜庆日子，一般应备礼相赠，以示庆贺。商务上的交往中也有一些喜庆日子，如开业典礼、周年纪念等，备礼相送表示祝贺与纪念，可以增进社会交往关系。

③ 探视病人。亲友、同学、同事或领导有病，可以到医院或病人家中探望，顺便带去一些病人喜欢的水果、食品和营养品等，表示问候与关心。

④ 拜访、做客。这种时候可以备些礼物送给主人，特别是女主人或小孩。

⑤ 感谢帮助。当你在生活或工作中遇到困难得到别人的帮助时，为了表示感谢，可以送些礼品表示感谢。

⑥ 纪念。久别重逢、参观访问、临行话别时，或是某些具有重要意义的日子的周年纪念日，可通过赠送礼品表示纪念。

(2) 选择具体时间　赠礼贵在及时、准确。一般来说，当我们作为客人拜访他人时，最好在双方见面之初向对方送上礼品；而当我们作为主人接待来访者之时，则应该在客人离去的前夜或举行告别宴会上，把礼品赠送给对方。

2. 赠送礼品的地点

考虑赠送礼品的地点时要注意公私有别。一般来说，工作中所赠送的礼品应该在公务场合赠送，如在办公室、写字楼、会客厅；在工作之外或私人交往中赠送的礼品，则应在私人居所赠送，而不宜在公共场合赠送。如果送礼的地点选择不当，往往会引起不必要的麻烦。

一般来说，在大庭广众面前，宜送高雅、大方、体面的书籍、花束一类的礼物，只有在私下的场合，送点与衣食住行有关的生活用品才是合适的。

（四）礼品的赠送与接受

1. 礼品赠送的方式

(1) 礼品的包装

① 包装的意义。正式的礼品事先都应精心包装，良好的包装有利于受赠对象对礼品的喜爱与接受。把礼品精美地包装起来，一方面是表示送礼人把送礼作为很隆重的事，以此表达对受礼人的尊敬；另一方面，受礼人不能直接看到礼品，会使他产生一个悬念。如果是恰当的礼物，那么当受礼人打开包装看到中意的礼品时，一定会喜出望外，另有一番惊喜。这给送礼又添了一分情趣，加深了对送礼人的好印象，起到了增进关系的作用。

② 包装的要求。包装所用的材料，要尽量好一点，一般装入特制的盒子、瓶子之内；要讲究材料、包封、图像、捆扎、包装方式；在礼品包装纸的颜色、图案、包装后的形状、缎带的颜色、结法等方面，要注意尊重受礼人的文化背景、风俗习惯和禁忌，不要犯忌，如基督教国家忌十字交叉状。

(2) 礼品的解释　赠送礼品时，送礼者应对送礼原因、礼品寓意做一番明确解释。邮寄赠送或托人赠送时，应附上一份礼笺，用规范、礼貌的语句解释送礼缘由。在当面赠送礼品时，则应亲自道明送礼原因和礼品寓意，并附带说一些尊重、礼貌的吉言敬语。一般应与送礼的目的吻合，如送生日礼物时说一句"祝你生日快乐"，送结婚礼物时说一句"祝两位百年好合"等。

国人送礼时，往往对自己所赠之物加以贬低，以示谦虚。如告诉对方"这是随便挑的""这东西挺便宜的""搁在家里没用，您就收下吧"，等等。这些话实际上大可不必，万一被对方当真，则会令其有不被重视之感。不谙中国国情的国际友人，更有可能会对此大为不满。

应该说："这是为你精心挑选的。""相信你一定会喜欢。"

(3) 送礼的姿势　在面交礼品时，送礼者应起身站立，面带微笑，目视对方，双手递交。在对礼品作一解释后，与对方热情握手。

(4) 送礼的规格　注意送礼规格对等，一般应由在场的最高者出面：先长辈后晚辈，先女士后男士，先上司后下级。

2. 礼品的接受

(1) 态度大方　在一般情况下，他人诚心诚意赠送的礼品，只要不是违法、违规的物品，最好的方式应该是从容大方、友善有礼、欣然接受，切不可忸怩作态或手足无措，亦不可漠然待之、无动于衷。

(2) 双手捧接，面带微笑　当赠送者向受赠者赠送礼品时，受赠者应起身站立，微笑地面对对方，神态自然，双手接受礼品；然后伸出右手，同对方握手，并向对方表示感谢。

(3) 当众拆封，表示谢意　接过礼品后，应表示感谢。如果条件允许，不妨当众拆开包装欣赏一番，这种做法是符合国际惯例的。它表示看重对方，也很看重对方赠送的礼品。

礼品启封时，要注意动作文雅，不要乱撕、乱扯，随手乱扔包装用品。开封后，赠送者还可以对礼品稍做介绍和说明，说明要恰到好处，不应过分炫耀。受赠者可以采取适当动作对礼品表示欣赏之意并加以称道，然后将礼品放置在适当之处。对于受赠的鲜花，则应捧在胸前稍嗅其香，或者装入瓶中。不能将其倒拎，也不能随意摆放，甚至甩在一旁，或转送他人。

如果当时条件不允许，受礼者无暇欣赏礼品，则应在致谢后直接置于合适位置。过后再拆开礼物包装时，不要忘了再次致谢并对礼品加以称道。

（五）礼品的类别

礼物可简单分为纪念性礼物和问候性礼物两种。

1. 纪念性礼物

纪念性礼物包括下列几种。

(1) 喜礼　给新婚夫妇送上一份有纪念意义的礼物，以示祝贺。事前应了解对方的经济情况和环境条件，再决定送什么礼物，礼物须在婚礼前送到，喜礼切忌摆阔气，互相攀比。

(2) 开张志喜　企业或商场开张、乔迁、大厦落成、展览开幕等，送上一份礼物，表示美好的祝愿，一般以匾额、锦旗等为好。目前深圳等经济特区以及港澳地区以送花篮最普遍，既有节日气氛，且花钱不多，深为人们喜欢。

(3) 生日礼物　一般以书籍、相册、鲜花、蛋糕等为主。

(4) 鼓励性礼物　升学、毕业、调迁、受奖等，一般赠送有实用价值又有纪念意义的文化用品，如相册、羽毛球拍等。

2. 问候性礼物

问候性礼物包括下列几种。

(1) 探望病人

挚友、家人、同学、同事、领导生病时，去医院看望他们，乃是人之常情，也是社会交往的重要内容。这样彼此可以加深了解，增进感情，使病人和其家属得到精神上的安慰。问话要特别讲究，不要直接打听病人的病情，问"你怎么了？"而要委婉地问"你今天感觉好多了吧！"交谈中应该始终让病人处于主导地位，让其多谈，不要自己夸夸其谈。要乐观、有分寸地鼓励、安慰病人，不可提及使病人不愉快或伤害病人自信心的话题。

探望病人时，除携带鲜花、水果、饮料和滋补食品外，还可带些供消遣的书籍、画册等。探望病人的时间不宜过长，一般一刻钟至30分钟为宜。

(2) 吊丧礼仪

吊丧是对亲友、同事不幸的关怀、慰问，是人与人之间的崇高感情，应予认真对待。不能亲自前往吊丧的，如因相距较远，则应写信或致电哀悼。

参加追悼会，可送花圈、挽联，以表祭奠、哀悼之情。在追悼会期间，表情要严肃，服装打扮要清淡、素雅、庄重。

3. 常见的礼物

(1) 鲜花

① 送花的讲究

赠送鲜花，形式多种多样。比如，可以送花束、花篮、盆花、插花和花环。日常生活中，还可以送头花和胸花。男士可以放在西服上衣的左胸上装饰用。还可以做成花圈，在缅怀、悼念逝者的场合使用。

送花，一般情况要赠送鲜花，尽量不要用干花、纸花或者是发蔫凋零的花送人。在国际交往中要更加注意。

送花要讲究技巧，合乎礼仪，要注意不同对象、不同场合中花的不同寓意。比如，看望长辈，拜访尊敬的名人、长者，可送兰花，兰花在花草中为风雅之首，它品质高洁，花开幽香清远，被人们推崇为"天下第一香"，还有"正人君子"之称。还可以送水仙花，祝愿长者吉祥如意。

看望父母，可以买几枝代表着健康的剑兰花，送给母亲最适宜的花是康乃馨。

恋人相会时，可以送玫瑰花，表示爱情；送蔷薇花，表示热恋；送丁香花，表示对爱情的坚贞不渝。

参加婚礼或者看望新婚夫妻时，送海棠花，表示祝贺新婚快乐；送并蒂莲，祝愿夫妻恩爱，白头偕老；送月季花，表示甜蜜爱情永不衰。

朋友远行，出国学习，可以送芍药花，表示依依惜别之情；送红豆，表示相思与怀念；也可以用杉枝、香罗勒和胭脂花组成花束相赠，表示"再见，祝您一切美好！"等。

案例小故事 8-4

送　花

王艳和文军在同一个公司工作，两人是好朋友。王艳邀请文军参加自己的婚礼，为了表达心意，文军考虑要送给王艳一份特别的礼物。思来想去，文军觉得送鲜花既时尚又浪漫，最合适，而且要送红玫瑰，以表示对新婚夫妇甜蜜爱情的祝福。这天，文军捧了一大束红玫瑰参加婚礼，可当他将花束送给王艳时，王艳面部表情发生了急剧的变化，迟疑地不肯去接鲜花，王艳的新婚丈夫则脸色难看，令文军十分难堪。这件事引起了王艳丈夫的误解，破坏了他们新婚甜蜜的气氛，王艳做了多番的解释，才消除了丈夫的误会。

文军未能领会鲜花的含义，送礼时没有考虑接受的对象，因此造成了尴尬。

② 送花的禁忌

由于同一种花在不同的国家、不同的民族往往会被赋予大不相同的寓意，所以在送花时，必须要了解交往对象的风俗习惯和花的不同寓意，避免出现笑话甚至更为严重的后果。我们可以从花的品种、色彩、数量三个方面注意送花的禁忌。

a. 花的品种

同一品种的鲜花，在不同国家和地区寓意不同，甚至相反。比如，中国人喜欢荷花，是因为其"出淤泥而不染，濯清涟而不妖"，可是日本人忌荷花，认为荷花同死亡相连，所以不要送荷花给日本人。

中国人喜欢菊花，许多地方每年秋季还举办菊花展，但是菊花绝不能送给西方人。在西方不少国家，菊花寓意死亡，是只能在丧葬活动中使用的。

在一些西方人眼里,白百合花和大丽花也只能在丧礼上用,平时是不能送人的;认为石竹花有招致不幸的意思;红玫瑰只能是恋人和情人的专利,把红玫瑰送给女主人是会令人难堪的。在英国,一些美丽的花,却被赋予不吉祥的花语:天竺葵表示悲哀、忧愁;大丽花象征不稳定、变化无常;鸡冠花象征纨绔子弟;金鱼草表示冒昧、无礼;八仙花象征无情与残忍。

b. 花的色彩

鲜花的颜色万紫千红,艳丽多彩,让人喜爱。但是不同的国家和民族对鲜花的色彩却有不同的理解。

比如,中国人喜欢红色,根据中国的传统民俗,认为红色才大吉大利。新人结婚时,也是大红"喜"字、红色鲜花、红色的衣服和环境布置。在西方人眼里,白色的鲜花象征着纯洁无瑕,新人的衣裙也是白色的。但是在老一代中国人眼里,送给新人白色的花儿象征着"不吉利"。

在西方国家,送黄色的花意味着变节、不忠诚或者分道扬镳,纯红色的花儿送人则意味着向对方求爱。所以西方人送花时,多以多种颜色的鲜花组成一束赠送,很少送清一色黄色和红色。另外,送花给住在医院里治病的病人,切勿送红白相间的花,在西方,这被看成是病房中将有人死亡的征兆。此外,英国人不喜欢除玫瑰外的其他白色或红色的花,加拿大人更忌讳白色百合花。

c. 花的数量

送花的数量,也有不同的讲究。比如在中国,参加喜庆活动往往要送双数,意味着"好事成双"。而在丧葬仪式上则应送单数,以免"祸不单行"。

在西方国家,送人鲜花要送单数。他们认为,自然的美是不对称的,花是自然的一部分,选择偶数的花缺乏审美感和鉴赏力。所以送花一、三、五、七者可以,奇数是吉利的象征,只有送13枝才是不吉利的。

在日本、韩国、朝鲜和中国南方的一些地区,由于发音或其他的原因,认为"4"是不吉利的,送鲜花时,数目不能是"4"枝。日本人还忌讳送花数目为"9",认为送他们"9"枝花,是将其视为强盗,也不能送日本人16瓣的菊花,因为这是日本皇室纹章的标记。

知识小看板 8-7

花　语

鸡冠花:表示爱情。　　紫丁香:表示初恋。　　柠檬:表示挚爱。
红郁金香:宣布爱恋。　黄郁金香:爱的绝望。　刺玫瑰:表示优美。
白百合花:表示纯洁。　蓝紫罗兰:表示诚实。　桂花:表示光荣。
水仙:表示尊敬。　　　白桑:表示智慧。　　　黑桑:表示生死与共。
橄榄:表示和平。　　　紫藤:表示欢迎。　　　垂柳:表示悲哀。
杏花:表示疑惑。　　　万寿菊:表示妒忌。　　红康乃馨:表示伤心。
黄康乃馨:表示轻蔑。

送花的搭配

新春佳节——大丽花、牡丹花、水仙花、桃花、吉庆果、金橘、富贵竹等。
祝贺开业——红月季、牡丹、一品红、发财树(生意兴隆)。
看望父母——剑兰、康乃馨、百合、满天星(百年好合)。
探望病人——马蹄莲、素色苍兰、剑兰、康乃馨(早日康复)。
送别朋友——芍药花(依依惜别)。

迎接亲友——紫藤、月季、马蹄莲（热情好客）。
祝贺新婚——鲜花（百合、玫瑰、牡丹等）。
长辈华诞——长寿花、大丽花、迎春花、兰花等（福如东海）。
同辈生日——石榴花、象牙花、红月季等（青春永驻、前程似锦）。
离退休——兰花、梅花、红枫、君子兰。

（2）果品

选送果品也有讲究，一般要暗含祝愿之意。

春节拜年，宜送红枣、红果、核桃、桂圆四样干果，两红两黄，色彩调和，很讨人喜欢。

探望老人，送上福橘、红杏、大蜜桃，用来祝愿老人吉祥如意、健康长寿。

探望病人，适宜选用苹果，不仅色调艳丽，营养丰富，而且寓有"祝君平安康复"之意。

四、位次礼仪

（一）位次礼仪概念

案例小故事 8-5

座次的风波

某分公司要举办一次重要会议，请来了总公司总经理和董事会的部分董事，并邀请当地政府要员和同行业重要人士出席。由于出席的重要人物多，领导决定用 U 字形的桌子来布置会议桌。分公司领导坐在位于长 U 字横头处的下首。其他参加会议者坐在 U 的两侧。在会议的当天开会时，贵宾们进入了会场，按安排好的座签找到了自己的座位就座，当会议正式开始时，坐在横头桌子上的分公司领导宣布会议开始，这时发现会议气氛有些不对劲，有些贵宾相互低语后借口有事站起来要走，分公司领导人不知道发生什么事或出了什么差错，非常尴尬。

小思考 8-7

为什么有贵宾相互低语后借口有事站起来要走？分公司的领导人为什么非常尴尬？失礼在何处？

交往艺术的核心在于向交往对象表达自己的尊重之意。而如何向对方表达这种尊重，却是我们在交往中经常遇到的一个现实问题。

位次，一般是指人们或其使用之物在人际交往中，彼此之间各自所处的具体位置的尊卑顺序。在正常情况下，位次的尊卑早已约定俗成，并广为人们所接受、所看中。

按照一般的交往规则，交往双方的位次是有一定之规的。位高者坐在上位，位低者就坐在下位。而哪里是上位，哪里是下位，这就是位次规范所要解决的问题。

（二）行进中的位次

所谓行进中的位次，指的是人们在步行时位次排列的顺序。

1. 常规位次

（1）并排行进时，应该是中央高于两侧，内侧高于外侧，右侧高于左侧。应让身份高者、长辈、女性、客人居于中间或右侧。

（2）单行行进时（一条线），通常讲究的是"以前为尊，以后为卑"。也就是讲，一般应当请客人、女士、尊长行走在前，主人、男士、晚辈与职位较低者则应随后。在单行行进时，还应注意：应自觉走在道路的内侧，以便于其他人通过。

（3）多人行进

两人或两人以上并排行走时，一般讲究"以内为尊，以外为卑"。即以道路内侧为尊贵之位。倘若当时所经过的道路并无明显内侧、外侧之分时，则可采取"以右为尊"的国际惯例，以行进方向而论，将右侧视为尊贵之位。

当三个人一起并排行进时，有时亦可以居于中间的位置为尊贵之位。以前进方向为准，并行的三个人的具体位次，由尊而卑依次应为：居中者，居右者，居左者。

2. 上下楼梯

（1）一般情况下，靠右侧单行行进，不宜多人并排行走。

（2）为人带路上下楼梯时，上楼梯应让上司、客人走在前面，随员走在后面；下楼梯时，随员在前，上司、客人在后。这样尊者居于上方，利于尊重。一般而言，女性上下楼梯时，应居于后面。

3. 乘坐电梯

（1）先下后上，不拥挤；上梯后，应往两侧及后壁站，后上的人居中；不大声谈论话题。

（2）陪同客人时，陪同者在有人管理电梯时，主动后进后出；进入无人管理的电梯时，陪同者则应先入后出。

4. 出入房门

一般情况，身份高者先进或先出；无灯或需引导时，陪同者先入后出。

（三）会客时的位次排列

图 8-1　相对式会客排位（1）

1. 相对式

相对式是宾主双方面对面而坐。这种方式显得主次分明，往往易于使宾主双方公事公办，保持距离。它多适用于公务性交往中的会客，通常又分为两种情况。

（1）双方就座后一方面对正门，另一方则背对正门。此时讲究"面门为上"，即面对正门之座为上座，应请客人就座；背对正门之座为下座，宜由主人就座（图8-1）。

（2）双方就座于室内两侧，并且面对面地就座。此时讲究进门后"以右为上"，即进门后右侧之座为上座，应请客人就座；左侧之座为下座，宜由主人就座（图8-2、图8-3）。

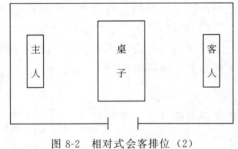

图 8-2　相对式会客排位（2）

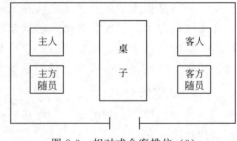

图 8-3　相对式会客排位（3）

2. 并列式

并列式是宾主双方并排就座，以暗示双方"平起平坐"，地位相仿，关系密切。它具体分为两类情况。

（1）双方一同面门而坐。此时讲究"以右为上"，即主人宜请客人就座在自己的右侧面（图8-4）。若双方不止一人时，双方的其他人员可各自分别在主人或主宾的侧面按身份高低依次就座（图8-5）。

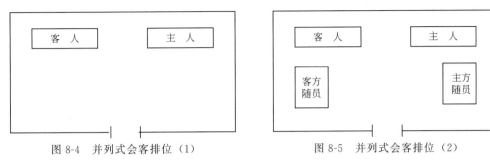

图8-4　并列式会客排位（1）　　　　　图8-5　并列式会客排位（2）

（2）双方一同在室内的右侧或左侧就座。此时讲究"以远为上"，即距门较远之座为上座，应当让给客人；距门较近之座为下座，应留给主人（图8-6、图8-7）。

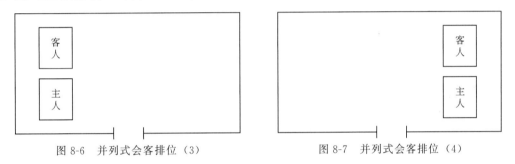

图8-6　并列式会客排位（3）　　　　　图8-7　并列式会客排位（4）

3. 居中式

所谓居中式排位，实为并列式排位的一种特例。它是指当多人并排就座时，讲究"居中为上"，即应以居于中央的位置为上座，请客人就座；以两侧的位置为下座，而由主方人员就座（图8-8、图8-9、图8-10）。

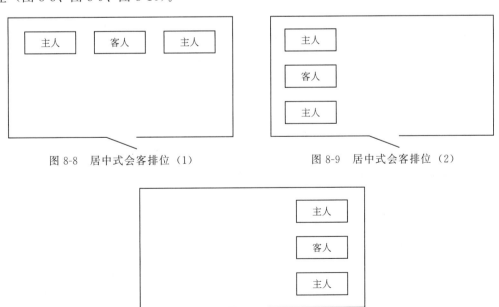

图8-8　居中式会客排位（1）　　　　　图8-9　居中式会客排位（2）

图8-10　居中式会客排位（3）

4. 主席式

主席式主要适用于在正式场合由主人一方同时会见两方或两方以上的客人。此时，一般应由主人面对正门而坐，其他各方来宾则应在其对面背门而坐。这种安排犹如主人正在主持会议，故称之为主席式（图8-11）。有时，主人亦可坐在长桌或椭圆桌的尽头，而请其各方客人就座在他的两侧（图8-12）。

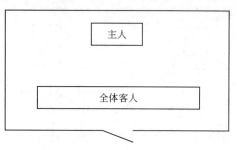

图8-11 主席式会客排位（1）

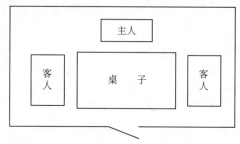

图8-12 主席式会客排位（2）

5. 自由式

会见时有关各方均不分主次，不讲位次，而是一律自由择座。进行多方会面时，此法常常采用。

小思考8-8

你是招待客人的，应该坐哪个位置？

（四）合影的位次

在正式的交往中，宾主双方通常要合影留念，以示纪念。尤其在涉外交往中，合影更是常见。然而，在合影中宾主如何排位，倒是一个比较复杂的问题。

正式的合影，既可以排列位次，也可以不排列位次。需要排列具体位次时，应首先考虑到方便拍摄与否。与此同时，还应兼顾场地的大小、人数的多少、身材的高矮、内宾或外宾等。

正式合影的人数，一般宜少不宜多。在合影时，宾主一般均应站立。必要时，可安排前排人员就座，后排人员梯级站立。但是，通常不宜要求合影的参加者蹲着参加拍照。

合影时，若安排其参加者就座，应先期在座位上贴上便于辨认的名签。

具体涉及合影的排位问题，关键是要知道内外有别。

1. 国内合影的排位

国内合影时的排位，一般讲究居前为上、居中为上和居左为上。具体来看，又有单数（图8-13）与双数（图8-14）分别。通常，合影时主方人员居右，客方人员居左。

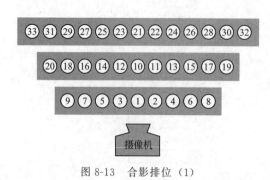

图8-13 合影排位（1）

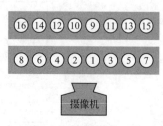

图8-14 合影排位（2）

2. 涉外合影的排位

在涉外场合合影时，应遵守国际惯例，宜令主人居中，主宾居右，令双方人员分主左宾右依次排开。简言之，就是讲究以右为上（图 8-15）。

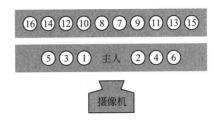

图 8-15　合影排位（3）

（五）谈判的位次

谈判是交往的一种特殊形式。由于谈判往往直接关系到交往双方或双方所在单位的切实利益，因此谈判具有不可避免的严肃性。

举行正式谈判时，有关各方在谈判现场具体就座的位次要求是非常严格的，礼仪性是很强的。从总体上讲，排列正式谈判的座次，可分为两种基本情况：双边谈判、多边谈判。

1. 双边谈判

双边谈判，指的是由两方面的人士所举行的谈判。在一般性的谈判中，双边谈判最为多见。双边谈判的座次排列主要有两种形式可供酌情选择：横桌式、竖桌式。

（1）横桌式　横桌式座次排列，是指谈判桌在谈判室内横放，客方人员面门而坐，主方人员背门而坐。除双方主谈者居中就座外，各方的其他人士则应依其具体身份的高低，各自先右后左、自高而低地分别在己方一侧就座。双方主谈者的右侧之位，在国内谈判中可坐副手，而在涉外谈判中则应由译员就座（图 8-16）。

（2）竖桌式　竖桌式座次排列，是指谈判桌在谈判室内竖放。具体排位时以进门时的方向为准，右侧由客方人士就座，左侧则由主方人士就座。在其他方面则与横桌式排座相仿（图 8-17）。

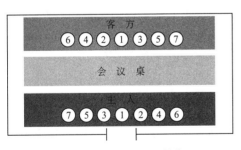

图 8-16　横桌式谈判排位

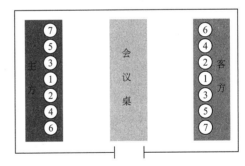

图 8-17　竖桌式谈判排位

2. 多边谈判

多边谈判，在此是指由三方或三方以上人士所举行的谈判。多边谈判的座次排列主要也可分为两种形式。

（1）自由式　自由式座次排列，即各方人士在谈判时自由就座，而无须事先正式安排座次。

（2）主席式　主席式座次排列，是指在谈判室内面向正门设置一个主席之位，由各方代表发言时使用。其他各方人士则一律背对正门、面对主席之位分别就座。各方代表发言后亦须下台就座（图 8-18）。

图 8-18　主席式签字排位

（六）乘车的位次

案例小故事 8-6

王先生乘车

某公司的王先生年轻肯干，点子又多，很快引起了总经理的注意并拟提拔为营销部经理。为了慎重起见，公司决定再进行一次考察，恰巧总经理要去省城参加一个商品交易会，需要带两名助手，总经理一是选择了公关部杜经理，一是选择了王先生。王先生自然同样看重这次机会，也想借机好好表现一下。

出发前，由于司机小王乘火车先行到省城安排一些事务尚未回来，所以，他们临时改为搭乘董事长驾驶的轿车一同前往。上车时，王先生很麻利地打开了前车门，坐在驾车的董事长旁边的位置上，董事长看了他一眼，但王先生并没有在意。

车上路后，董事长驾车很少说话，总经理好像也没有兴致，似在闭目养神。为活跃气氛，王先生寻一个话题："董事长驾车的技术不错，有机会也教教我们，如果都自己会开车，办事效率肯定会更高。"董事长专注地开车，不置可否，其他人均无应和，王先生感到没趣，便也不再说话。一路上，除董事长向总经理询问了几件事，总经理简单地作回答后，车内再也无人说话。到达省城后，王先生悄悄问杜经理：董事长和总经理好像都有点不太高兴？杜经理告诉他原委，他才恍然大悟，"噢，原来如此。"

会后从省城返回，车子改由司机小王驾驶，杜经理由于还有些事要处理，需在省城多住一天，同车返回的还是四人。这次不能再犯类似的错误了，王先生想。于是，他打开前车门，请总经理上车，总理坚持要与董事长一起坐在后排，王先生诚恳地说："总经理您如果不坐前面，就是不肯原谅来的时候我的失礼之处。"并坚持让总经理坐在前排才肯上车。

回到公司，同事们知道王先生这次是同董事长、总经理一道出差，猜测着肯定提拔他，都纷纷向他祝贺，然而，提拔之事却一直没有人提及。

小思考 8-9

请指出王先生的失礼之处。

在比较正规的场合，乘坐轿车时一定要分清座次的尊卑，并在自己适得其所之处就座。

1. 轿车的驾驶者

驾驶轿车的司机，一般可分为两种人：一是主人，即轿车的拥有者。二是专职司机。国内目前所见的轿车多为双排座与多排座，以下分述其驾驶者不同时车上座次尊卑的差异。

（1）由主人亲自驾驶轿车时，一般前排座为上，后排座为下；以右为尊。

在双排五人座轿车上，座位由尊而卑应当依次是：副驾驶座，后排右座，后排左座，后排中座（图 8-19 左）。

在双排六人座轿车上，座位由尊而卑应当依次是：前排右座，前排中座，后排右座，后排左座，后排中座（图 8-20 左）。

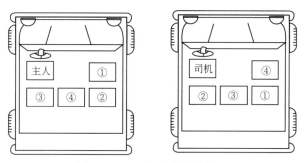

图 8-19 双排五人座轿车排坐

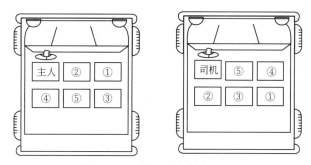

图 8-20 双排六人座轿车排坐

乘坐主人驾驶的轿车时，最重要的是不能令前排座空着。一定要有一个人坐在那里，以示相伴。由先生驾驶自己的轿车时，则其夫人一般应坐在副驾驶座上。由主人驾车送其友人夫妇回家时，其友人之中的男士，一定要坐在副驾驶座上，与主人相伴，而不宜形影不离地与其夫人坐在后排，那将失礼之至。

（2）由专职司机驾驶轿车时，通常仍讲究右尊左卑，但一般以后排为上，前排为下，右为尊，左为卑。

在双排五人座轿车上，座位由尊而卑应当依次为：后排右座，后排左座，后排中座，副驾驶座（图 8-19 右）。

在双排六人座轿车上，座位由尊而卑应当依次为：后排右座，后排左座，后排中座，前排右座，前排中座（图 8-20 右）。

2. 轿车的类型

上述方法主要适用于双排座，对于其他一些特殊类型的轿车并不适用。

（1）吉普车 简称吉普，是一种轻型越野客车，大都四座。不管由谁驾驶，吉普车上座次由尊而卑均依次是：副驾驶座，后排右座，后排左座。

（2）3 排 7 人座轿车 若是主人开，应是由尊而卑：副驾驶座，后排右座，后排左座，后排中座，中排右座，中排左座；若由司机开：后排右座，后排左座，后排中座，中排右座，中排左座，副驾驶座。

（3）三排九人座 若是主人开：前排右座、中座，中排右座、中座、左座，后排右座、中座、左座；若是司机开：中排右座，中排中座，中排左座，后排右座、中座、左座，前排右座、中座。

（4）多排座轿车 指的是四排以及四排以上座位的大中型轿车。其不论由何人驾驶，均以前排为上，以后排为下；以右为尊，以左为卑；并以距离前门的远近，来排定其具体座次的尊卑。

3. 轿车上座次的安全系数

某种意义上讲，乘坐轿车理当优先考虑安全问题。

（1）客观上讲，在轿车上，后排座比前排座要安全得多，最不安全的座位，当数前排右座。最安全的座位，则当推后排左座（驾驶座之后），或是后排中座。

（2）当主人亲自开车时，之所以以副驾驶座为上座，既是为了表示对主人的尊重，也是为了显示与之同舟共济。由专人驾车时，副驾驶座一般也叫随员座，通常坐于此处者多为随员、译员、警卫，等等。

有鉴于此，一般不应让女士坐于由专职司机驾驶的轿车的前排座，孩子与尊长也不宜在此座就座。在许多城市，出租车的副驾驶座经常不允许乘客就座。这主要是为了防范歹徒劫车，其实质也是出于安全考虑。

4. 轿车上嘉宾的本人意愿

通常，在正式场合乘坐轿车时，应请尊长、女士、来宾就座于上座，这是给予对方的一种礼遇。然而更为重要的是，与此同时，不要忘了尊重嘉宾本人的意愿和选择，并应将这一条放在最重要的位置。应当认定：必须尊重嘉宾本人对轿车座次的选择，嘉宾坐在哪里，即应认定那里是上座。即便嘉宾不明白座次，坐错了地方，也不要轻易对其指出或纠正。这时，务必要讲"主随客便"。

上面这几条因素往往相互交错，在具体运用时，可根据实际情况而定。而宾主不是乘坐一辆车，主人车在前，是为了开道和带路。若宾主不是一辆，应当主人车在前，主方派一辆车殿后。

5. 上下车礼仪

（1）上下车顺序

请女士、长者、上司或嘉宾先下后上；女士、长者、上司或嘉宾在双排座轿车后排就座，应请后者首先从右侧后门上车，随后绕到左侧后门登车；到达后，首先下车，从车后绕行到右侧后门，开启车门。

由主人亲自开车时，出于尊重，由主人先下后上。

（2）车上谈吐

不宜与司机交谈，不宜过多谈论隐私性内容；不要在轿车内整理妆容；不要在车内吃东西、喝饮料、吐痰等。

（七）公共场所礼仪

案例小故事 8-7

高雅音乐欣赏会

某学校在举办高雅音乐欣赏会。学生观众头脑中似乎还没有丝毫的"礼仪"意识，他们有的把会场当成休闲娱乐场所，时而乱走，时而使劲摇椅子；有的则带零食和饮料进场，演出进行中，还不时听到各种器物碰撞摩擦的声响，时而还有喧哗声和随意走动者。演出结束后，工作人员花了大量时间清理满地的易拉罐、果皮、包装纸等。一些演奏家说，因为秩序混乱，他们在台上很难进入角色，演出水准不免要大打折扣。

小思考 8-10

你参加过音乐会吗？你是怎样表现的？欣赏高雅音乐会的礼仪有哪些？

1. 电影院、剧院礼仪

（1）提前到达，男士或年轻者应为女士或年长者引路。

（2）从左侧入座，若座位在中间，应有礼貌地向边上就座者说"对不起"，通过就座者时要与之正面相对，手上东西不从观众头上拖过去。落座后摘下帽子。

（3）注意行为举止，不要发出大声的声响；衣着整齐，不能穿着背心、短裤入内；遇到熟人点头即可，不要鼓倒掌、吹口哨；不要交头接耳，窃窃私语，过分亲热；不宜中途退出，如需退场安排在幕间或一个节目结束后。

（4）有秩序退场，随身带走垃圾。

2. 商场、超市礼仪

不要大声喧哗，讲究卫生；排队购物；对营业员应礼貌客气；超市购物时要注意安全。

3. 游览名胜古迹礼仪

了解情况；保护自然环境，不随意攀摘；不宜躺在长椅上睡觉；处理好废弃物。

4. 音乐会礼仪

（1）着装庄重：男士穿深色西服，打领带；女士穿小礼服或大礼服，化妆；

（2）摘下帽子、手套，开始前就座；

（3）入场时，女士先行；

（4）开始后保持安静；

（5）每只乐曲演奏完毕后，应鼓掌向演奏者致谢；

（6）献花在音乐会后；

（7）退场时应起立向演奏者鼓掌。

（八）距离礼节

人际交往中，距离是一种无声的语言，它显示出人与人关系的亲疏远近。在商务活动中，人们更注重亲疏有别、距离有度。关系不同、场合不同，人与人之间的距离也不同。

1. 亲密距离（0 厘米～45 厘米）

亲密距离又称亲密空间。其语义为亲切、热烈，只有关系亲密的人才可能进入这一空间。如：夫妻、父母、子女、恋人、亲友等。

由于文化与风俗习惯的不同，对亲密距离的把握东西方略有差异。例如，东方女子对男子无礼地侵入其亲密距离的反应要比西方女子强烈的多。而当在一些公共场所，如火车、公共汽车上，素不相识的人挤在一起，人们被迫进入或处于亲密距离时，东方人完全能够容忍这种"亲密"的拥挤，而西方人则认为不可忍受。

2. 个人距离（46 厘米～120 厘米）

其语义为亲切、友好，其语言特点是语气和语调亲切、温和，谈话内容常为无拘束的、坦诚的，比如个人私事。在社交场合往往适合于简要会晤、促膝谈心或握手。这是个人在远距离接触所保持的距离，不能直接进行身体接触。

3. 社交距离（120 厘米～360 厘米）

其语义为严肃、庄重。这个距离已超出了亲友和熟人的范畴，是一种理解性的社交关系距离。适合于社交活动和办公环境中处理业务、谈判、会见客人等。

4. 公共距离（360 厘米以上）

这是人们在较大的公共场所保持的距离，其语义为"自由、开放"。它适用于大型报告会、演讲会、迎接旅客等场合。其语言特点为声音洪亮，措辞规范，讲究风格。

知识小看板 8-8

国外"一米线"面面观

美国人讲究个人隐私,所以,他们也尊重"一米线"。无论那"一米线"划着还是没划着,后一个人永远离前一个人一米开外,仿佛那条线早就刻在了他们脑子里。买东西交款,你尽可以放心拿出你的钱包,不会有双好奇的眼睛在离你20厘米的地方虎视眈眈地看着你。就连上洗手间,人们排队也是在大门口,而不是在"小单间"门口。

保持适当距离是澳大利亚人社交场合、日常交谈和茶余饭后闲聊时非常注意的细节。在银行、飞机售票处和海关出入口等处排队时一定要站在"一米线"以外,否则会被他人认为缺少文明修养。一般来说,两个人站着谈话,相互之间要保持适当距离,否则双方都会感到不舒服。

丹麦的人口很少,除非在闹市区、大街上和公园里,几乎没有机会看到成群的人。在银行、邮局、面包店等地方,如果人多,彬彬有礼的丹麦人都自觉地排队,没有插队的人,排在第二位的站在一米线外等候,充分尊重别人的隐私权。

在英国,买票排队、参观排队、上公共汽车排队,即使排队的人比较多,英国人的脾气也很温和,耐性非常好。尤其是在旅游观光的时候,不管游人多少,大家都主动排队。看室内展览比较花时间,前面参观的人步履缓慢,后面的人也会耐心地等前面的人让出位置后,再跟进去参观。

【实训设计】

项目名称:商务场合接待与拜访礼仪、位次礼仪、馈赠礼仪的训练。

项目目的:通过实训练习,掌握商务场合接待与拜访、位次排列及礼品馈赠的规范。

项目简介:A公司为提高员工素质,提升公司形象,邀请著名教授C先生到公司进行礼仪培训。4月28日C先生乘飞机到达,A公司总经理秘书李小姐接站,并陪同回到公司。A公司总经理王先生和培训部经理程先生、培训主管张小姐在公司等候。

项目要求:

(1) 请模拟A公司总经理秘书李小姐接站、上下车、介绍、引导的过程。

(2) 请模拟A公司总经理王先生和培训部经理程先生、培训主管张小姐在公司会客室等候迎接、双方问候、安排座位、馈赠礼品、送行的场景。

项目说明:

(1) 在适当虚拟的情节下,规范地演示整个礼仪程序。

(2) 学生每4人为一组,其中3人扮演A公司总经理王先生和培训部经理程先生、培训主管张小姐,1人扮演A公司总经理秘书李小姐,1人扮演C先生。

(3) 本实训要演示整个过程,内容可自由发挥,但要注意交际技巧和语言禁忌,时间约1课时。

【知识小结】

接待礼仪是商务工作中最为重要的内容,掌握了接待的整个礼仪过程,对于商务人员来讲,既是个人素质的体现,也是企业形象的展示。无论是接待与拜访都应有礼有节,"来有迎声;问有答声;去有送声"。

办公室是商务人员的工作场合,只有良好、和谐的办公室环境,才能创造良好的效益。在办公室中应遵循一定的礼仪规范,与上司、同事保持融洽的关系。

礼品的馈赠是现代沟通人际关系的润滑剂，送礼与受礼正确使用能增进彼此的感情，是社会生活中不可缺少的交往内容。作为商务人员，送礼与受礼都应注重方式、方法，善于选择礼品。

位次是人们或其使用之物在人际交往中，彼此之间各自所处的具体位置的尊卑顺序，体现了人的尊重友好之意。商务人员应该把握各种商务场合中的位次排列，以更加规范地与人交往。

【思考训练】

想一想

（1）接待工作要做好哪些准备？

（2）何谓"3S"原则？

（3）拜访时要做好哪些准备？

（4）如何做好奉茶工作？

（5）办公室中如何与上司及同事相处？

（6）馈赠礼品应遵循什么原则？

练一练

（1）在平时的工作学习中，搜集接待礼仪中的各种情况，并进行综合分析。

（2）我国有56个民族，请你搜集各民族的禁忌，并为他们选出符合民族习俗的礼品。

（3）两人一组，设置情景有迎接、生日、母亲节、送别、元旦等，模拟送礼、受礼和表示感谢。

（4）观察学校公共场所的人们的行为规范，写一份分析报告。

（5）请给下列在主席台就座的位置排列位次顺序。

（6）请给双排五座轿车安排位次顺序。

谈一谈

我的成功从电梯口开始

两年前，我到一家国外的化妆品公司参加面试。刚刚走出社会的我，没有丰富的面试经验，也不具备较好的外在条件。面试在市中心的写字楼里，看着出入大厅的靓丽都市白领，再瞅瞅自己特地从室友那借来的略显肥大的套裙，唉！

下午2时30分面试，我是提早15分钟到达的，面试在大厦的12层。

电梯来了，大家鱼贯而入，满满当当地挤了十几个，刚要关门，一个西装笔挺的人跑了进来，电梯间里立刻响起了刺耳的警告声，超载了。

大家都把目光投向了那个最后进来的人身上，但他丝毫不为所动。顿时，电梯间陷入了刹那的尴尬之中，虽然还有时间等下一班电梯，但谁也不愿意冒这个险，毕竟大家都想给主考人员留个不错的印象。

我站在靠边的位置，自然地走了出去，转过身，在关门的瞬间，不自觉地冲电梯中的人微扬了一下嘴角。

考试进行得紧张而顺利，每个人都回家等通知。第三天，我被这家公司正式聘用了。

上班后，我见到了面试那天那个最后跑上电梯的男人。他是我的同事，进公司已经两年了。当我问他那天面试时的详情，他说，他也只是依照上级老板的意思，在电梯门口等待时机，公司除了要看应聘人与主考人员的交流，还会参考很多因素，比如：到会场的时间，与周围人的沟通等。

他说："许许多多的测试都是无形之中就完成了的——面试在你一迈进大楼就已经开始了。"

思考：

（1）为什么说"面试在你一迈进大楼就已经开始了"？

（2）从本案例中你学到了什么？

任务九　商务活动礼仪

【学习任务】

（1）能按照礼仪规范要求进行会议的准备、主持、参会及商务谈判等。

（2）能按照礼仪程序举行开业典礼、剪彩仪式、庆典仪式、签字仪式。

（3）学会商务旅行过程中必备的礼仪要求。

（4）把握各种商务行业礼仪规范。

【情境设计】

欣欣公司与易慧公司即将开展某项目合作。欣欣公司邀请易慧公司老总一行三人到该公司总部洽谈访问。两公司总经理助理负责此项事务。一天，欣欣公司总经理助理张某打电话给易慧公司总经理助理路某，经过商量，敲定双方于4月24日在欣欣公司总部六楼会议室举行第一次洽谈，4月25日进行商务谈判，若无不妥，定于4月28日正式签订合作合同。商谈后，双方各自开始准备。

任务

欣欣公司张助理和易慧公司的路助理在这次商务活动中应做好哪些礼仪准备？

问题解决

商务活动是经济社会最普遍的社会活动。在商务活动中，要塑造良好的主体形象，必须遵循商务活动礼仪。这次洽谈从双方公司情况看，涉及商务会议礼仪、商务谈判礼仪、签字仪式规范和商务旅行过程中应遵循的礼仪要求。作为各自洽谈事务负责人，有必要做好相关的准备工作，才能使合作顺利进行，也才能展示双方的形象。

【核心知识】

一、商务会议礼仪

（一）一般商务会议礼仪

案例小故事 9-1

会场的"明星"

小刘的公司应邀参加一个研讨会，该研讨会邀请了很多商界知名人士以及新闻界人士参加。老总特别安排小刘和他一道去参加，同时也让小刘见识大场面。

开会这天小刘早上睡过了头，等他赶到，会议已经进行了 20 分钟。他急急忙忙推开了会议室的门，"吱"的一声脆响，他一下子成了会场上的焦点。刚坐下不到 5 分钟，肃静的会场上响起了摇篮曲，是谁放的音乐？原来是小刘的手机响了！这下子，小刘可成了全会场的"明星"……没多久，听说小刘已经离开了该公司。

小思考 9-1

小刘失礼的地方表现在哪里？参加各种会议应该注意哪些礼仪？

1. 会议前的礼仪准备

（1）明确会议的要素 4W

What——会议议题。会议议题是会议要讨论的问题。根据会议议题准备会议资料及邀请人员。议题要明确，会议组织者应提前将会议议题书面或电话通知会议的参加者。

When——确定会议开始时间、持续时间，并通知所有的参会人员。

Where——会议地点的确认。

Who——明确会议内容，确定邀请人员。

（2）及时、准确发出会议通知

会议通知的内容必须具备七要素，即会名和议题、会期、开始时间（月、日、星期，上、下午或晚上几时）、地点、参加会议人员及准备、入场凭证、筹办会议的联系单位等。异地召开的会议通知还应注明会议所需费用、有无接站、会场路线说明、联系方式、回执单。

异地会议应提前10天发出，一般会议提前1星期左右发出。通知可用书信、电子邮件、传真、电话等形式发出，接到通知后与会者也应通过相关方式反馈信息，以便及时进行会议安排。

（3）会场选择

交通便利。尽量让与会者方便前往。一般应靠近与会人员的工作场所或生活场所。

会场大小适宜。一般会场中每人平均有2~3平方米的活动空间比较适宜。场地大，显得空旷，落座分散，与会人员不宜集中精力。场地太小，显得拥挤。同时应考虑会议时间长短，时间短的可考虑会场小些，时间长的会议就应该有一些活动空间提供给与会者休息。

场地有良好的设备配置。会场的桌椅家具、通风设备、照明设备、空调设备、音像设备等配置齐全。若会议需要，应备有演示板、电子白板、放映设备、投影仪、计算机等。保密会议还要求有隔音装置，所有这些设备必须在会议前加以检修调试，确保开会时正常使用。

不受外界干扰。会场避开闹市区、工厂区，选择有良好的隔音、外界干扰小的地方。

考虑停车是否方便。

（4）会场的布置

① 会场气氛布置

根据会议内容布置会场。一般悬挂与会议主题相适应的横幅；喜庆会议，大门外可有充气拱门、彩旗、彩色气球配标语等。

会场装饰重点是主席台。

会标：多用宋体字书写，红底白字或红底黄字，写明会议全称，悬挂在主席台上方，或在主席台的底幕、背景墙上出现。

会徽：根据会议的不同性质，有时在底幕或背景墙上要出现国徽、党徽、会徽或公司的徽记。

旗帜：有时在底幕的两旁摆放红旗或彩旗。

盆景、盆花：发言人桌上摆放鲜花，其余应簇拥在主席台台口。一般会议放月季、茶花、菊花、杜鹃等；庄重会议放棕榈、万年青、君子兰。

色调选择应突出会议主色调。隆重热烈的会议多选择暖色调（红粉黄橙），而庄严肃穆的会议则选择冷色调（天蓝、绿、米黄）。

② 会议的格局

日常工作会议的会场形式，可以布置成圆形、椭圆形、长方形、马蹄形、T字形、三字形、六角形、八角形、回字形。

中型会议的会场形式，可以布置成而字形、倒山字形、半圆形。

座谈会会场形式布置成半圆形、马蹄形、六角形、八角形比较好。

大型茶话会、团拜会的会场形式以布置成星点形、众星拱月形为好。

③ 主席台的布置座次

a. 主席台座次的排列规则是台上就座的最高职位的人居中，然后向左右两边顺排。座次依职务高低和选举结果安排，或按字母顺序、姓氏笔画排列。主席台的座次必须事先安排好，并放好名签，以便按次序对号入座。

b. 主持人的座次依其职位大小确立，一般在前排边座或按顺序就座，应置于远离入口处、正对门处。

④ 会场设备准备

第一，桌椅配备要适宜、协调，视不同会议的需要决定是否用桌椅，用什么样的桌椅。

第二，附属性布置要妥善，比如音响布置、为不同民族准备的传译设备、有线话筒等。

第三，准备会议所需用品，会场上要准备一些基本资料、办公用品。

(5) 会前的接待礼仪

① 接待

接待工作要主动、热情、准时、周到。一般中大型会议组织者应按规定的时间在车站、码头、机场设立接待站，接待站应有醒目的标志。会前应引领进入会场。

② 签到

会议所在地，应设置签字台，配有1~2名熟悉会务情况、了解本地环境的工作人员。签字台应备有如下物品：签到本和签字用笔；会议出入证、房间门钥匙；会议文件、会议时间表、会议用的笔记本和笔等。

2. 会议进行中礼仪

(1) 主持人礼仪

主持人应衣着整洁，大方稳重，精神饱满；步履应稳健有力；入席后，站姿应双腿并拢，腰背挺直，右手持稿的底中部，左手五指并拢自然下垂，双手持稿时，应与胸齐高。坐姿应身体挺直，双臂前伸，两手轻按于桌沿，主持过程中，切忌搔头、揉眼、抖腿等不雅动作。

发言时应口齿清楚、语速适中、简明扼要。提前到达会场。主持中善于调节气氛，语言或庄重沉稳，或幽默活泼。

主持中应善于合理引导会议进程，给每个发言者平等机会，注意鼓励内向的与会者参与；偏离议题时应注意导引阻止，遇到干扰时，采取果断措施，保证会议的正常进行。

(2) 会议发言人礼仪

会议正式发言一般是领导报告。应衣冠整齐，步态自然，刚劲有力。发言时充满自信，口齿清晰，讲究逻辑。若是书面发言，避免照本宣科，要与听众交流，不时扫视全场。

自由发言较随意，但发言应讲究顺序和秩序，不能争抢发言；发言应简短，观点应明确；有分歧时，应以理服人，态度平和，听从主持人的指挥。

(3) 会议参加者礼仪

应衣着整洁，仪表大方，准时入场，进出有序，依会议安排就座。开会时应关掉相关通信设备或将设备设置为静音状态，认真听讲。发言人发言结束时，应鼓掌致意，中途退场应轻手轻脚，不影响他人。

(二) 会见和会谈礼仪

 案例小故事9-2

某公司要与外地某企业举行会谈，会上欲就双方技术合作事项达成协议。该公司总经理助理小萌做了大量准备工作。但就在这天临近中午时，小萌发现有关质量监督管理方面的资料没有准备。她急忙通过各种方式查找这类资料。资料终于找到了，可会谈也开始了，小萌只好提心吊胆地等待会谈结果。会谈开始后，双方就事先准备好的协议草案展开了充分的讨论。最后，外地某企业代表提出了质量监督管理方面的问题，因为这对于合作项目的成功有着重大的意义。然而，由于小萌所在公司的代表手中缺乏此方面材料，无法给对方以满意的答复，会议没有做出任何决定，只得暂时休会。

小思考9-2

小萌在此次会谈中，哪些工作没做好？

1. 会见和会谈概述

会见、会谈是两项较正规而又联系紧密的活动。会见，国际上一般称接见或拜会，凡身份较高的人士会见身份较低者，或是主人会见客人，一般都称为会见。凡身份较低的人士会见身份较高者，或是客人会见主人，一般称为拜会或拜见。

就会见的内容而言，有礼节性的、政治性的、私人事务性的会见。礼节性会见时间较短，通常是半小时左右，话题较为广泛，形式也比较随便。政治性会见一般要谈论双边关系、国际局势等重大问题，话题较为严肃，形式较为正规。事务性会见则涉及一般外交交涉、业务商谈和经贸、科技、文化交流等内容，有较强的专业性，时间较长，也较严肃。商务活动主要是事务性会见。

会谈是指双方或多方就某些重大的政治、军事、经济、文化问题以及其他共同关心的问题交换意见。也可以是指洽谈公务，或就具体业务进行谈判。商务会谈指洽谈业务，即就具体业务进行谈判、会商。会谈的内容较为正式，专业性较强。

会见与会谈相辅相成。上司出面会见客人，为正式会谈定下基调，或创造条件。会见中双方达成的原则性共识，要通过具体而细致的会谈加以系统化、条文化；有时会谈也是为上司之间的高峰会见做准备。

2. 会见和会谈的准备

会见和会谈是企业常见的商务活动，为上司做好会见会谈准备工作是秘书的必备技能之一。会见与会谈前的充分准备是保证会见与会谈成功的关键。

（1）资料的准备

会见与会谈总是为了达成某种目的而进行的。由于会见与会谈是双边的，为了达到目的，首先要了解对方的意图。

① 对方的求见目的。

② 对方的求见对象。

③ 对方相关社会背景，如习俗、禁忌、礼仪特征等。

④ 对方参加会见（会谈）的人数、姓名、职务等。

⑤ 主要求见人（对方主谈人）的详细资料等。

（2）提前通知

会见一般由上司出面，除单独会见外，一般还要安排陪同人员及译员。

① 通知主方接见人

接见人的确定要根据求见方的要求、双方的关系，以及会见的内容、性质而定。如果不能满足对方求见要求，应做好解释工作。

② 通知主方陪同人员

会见时主方陪同人员不宜过多，只要求有关人员参加。

③ 通知主谈人

主谈人的级别应与对方大致相等，并有权代表本企业。主谈人对谈判起主导作用，故应慎重选择。一般要求熟悉情况、擅长业务、老练稳重、机智敏捷、善于言辞和交际。

④ 通知其他会谈人员

其他会谈人员的群体结构也应当合理。要在确定主谈人的同时，确定其他参加人员。

在主方参加会见与会谈的人员确定后，要及早通知有关人员，并协助做好准备。

3. 会见和会谈的地点和时间

（1）会见的地点和时间

会见的地点一般安排在主人的办公室、会客室或小型会议室，也可在客人的住所进行。

会见的时间应根据会见的性质来定。礼节性的会见，一般安排在客人到达后的第二天或宴请之前；其他会见，则根据需要确定时间。

（2）会谈的地点和时间

会谈地点一般安排在客人所住的宾馆会议室；会谈的时间安排应先征求对方的意见。

会见与会谈的名单、地点、时间一旦确定，应及时通知对方。同时，还要了解客人抵达方式，以便告知主方的接送方式及接送人员。如果是重要的会见和会谈，事先应由秘书或其他工作人员进行预备性磋商，确定会见、会谈的具体日程。

4. 会见和会谈的座次安排

（1）会见的座次安排

会见，通常在专门的会客厅、会议厅、办公室等场所举行。我国习惯在会客厅会见，双方一般应分边而坐；主方坐左边，客方坐右边；主宾席靠近主人席；译员、记录人员安排坐在主人或主宾的侧后边。主方陪见人在主人左边一侧按身份高低依次就座，其他客人按礼宾顺序在主宾一侧就座。座位不够可在后排加座。

会见时应遵循"主左客右"的原则，即客人坐在主人的右边。座位通常排成扇形或半圆形。

如图9-1、图9-2所示。

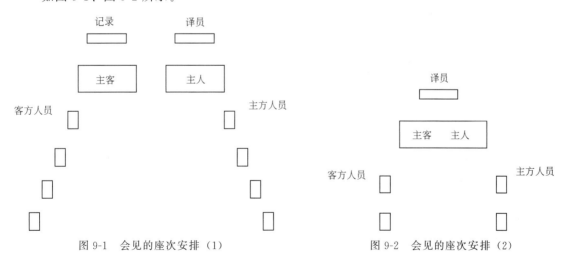

图9-1　会见的座次安排（1）　　　　图9-2　会见的座次安排（2）

（2）会谈的座次安排

只有两方参加的会谈叫双边会谈；有多方参加的会谈称多边会谈。双边会议通常采用长方形、椭圆形或圆形桌子，宾主相对而坐，以正门为准，主人应位于背门一侧或门的左侧，来宾面对正门而坐或位于门的右侧，双方主谈人居中。我国习惯把译员安排在主谈人右侧，但有的国家让译员坐在后面,一般应尊重主人的安排。其他人按礼宾顺序左右排列。记录员一般安排在后面,参加会谈的人数不多时,也可安排在前面就座。

如会谈桌一端向正门,则以入门的方向为准,右为客方,左为主方。多边谈判,座位可摆成圆形、方形等。小范围会谈时,有时不用长桌,只设沙发,双方座位按会见座位安排。

如图9-3、图9-4所示。

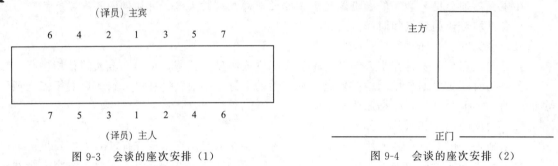

图9-3 会谈的座次安排(1)　　　　　图9-4 会谈的座次安排(2)

5. 会见和会谈的基本程序

(1) 迎接

会见、会谈时,主人应提前到达。

① 迎接地点:大楼正门口;接见厅、会见室门口迎候。

② 迎接人员:接待人员在大楼门口迎候客人,并引入会见厅。重要来宾进门后,应由代表团团长向主人一一介绍代表团成员;对一般来宾可以在入座后分别介绍宾主双方。

(2) 致辞、赠礼、合影

① 致辞:主宾双方均可致辞。

② 赠礼:双方简单的致辞后,互赠礼品,礼品不一定很昂贵,能表达敬意与友谊即可。

③ 安排合影:如有合影仪式,应事先安排好合影图,准备好必需的摄影器材。合影图一般是主人居中,主人的右侧为上,主客双方按礼宾顺序排列合影。第一排人员既要考虑身份,也要考虑能否都摄入镜头。通常由主方人员分站两端。

(3) 会见或会谈

合影完毕,参加会见、会谈的人员即可落座。主人可请客人首先入座,或双方一起落座,但主人不能够自己抢先坐下。

双方入座安排就绪开始会谈时,除陪同人员和必要的翻译、记录员之外,其他工作人员即应退出。在会见、会谈的整个过程中,不允许其他人员随意出入。

主谈人交谈时,其他人员不得交头接耳,也不能翻看与此会谈无关的材料,不允许打断他人的发言,也不允许使用过于粗鲁的语言。

正式会谈如允许新闻记者采访,通常也只是在正式谈话开始前采访几分钟,新闻摄影通常是在主人和主宾站立握手、面向新闻记者时拍摄,然后,新闻记者一同离开会场,会谈正式开始。

(4) 记录

会见或会谈时,均要有人做专门记录。

(5) 会见与会谈结束

会见或会谈结束后,主人应将客人送至门口或车前,握手道别,目送客人离去后才可退回室内。整个会见、会谈的程序工作暂告一段落。

（三）商务谈判礼仪

1. 谈判概述及礼仪原则

（1）什么是商务谈判

所谓的商务谈判，是指在商务交往中，彼此存在着某种关系的有关各方，为了进行合作、拟定协议、签署合同，或是为了处理争端、消除分歧，而坐在一起进行面对面的讨论与协商，以求达成某种程度上的妥协。正规、正式的谈判，在礼仪方面是很注意的。大多数正式的商务谈判，本身就是按照约定俗成的礼仪程序进行的，因此对待礼仪方面绝对不可以轻视。

（2）商务谈判的三A原则

三A原则的出发点，就是告诉商务人员，在日常的商务交往中不能只见到物而忘记人，应强调人更加重要，这是三A原则的基本立足点。即：Accept（接受对方）；Appreciate（重视对方）；Admire（赞美对方）。

知识小看板 9-1

谈判的类型

按照谈判地点的不同来进行分类，谈判可分为如下四类。

1. 主座谈判

所谓主座谈判，指的是在东道主单位所在地所举行的谈判。通常认为，此种谈判往往使东道主一方拥有较大的主动性。

2. 客座谈判

所谓客座谈判，指的是在谈判对象单位所在地所举行的谈判。通常认为，此种谈判显然会使谈判对象占尽地方之利。

3. 主客座谈判

所谓主客座谈判，指的是在谈判双方单位所在地轮流举行的谈判。此种谈判对谈判双方都比较公正。

4. 第三地谈判

所谓第三地谈判，指的是谈判在谈判双方所在地之外的第三地点进行。此种谈判，较主客座谈判更为公平，更少干扰。

2. 谈判的准备工作

谈判在礼仪方面的准备是要求谈判者在安排或准备谈判时，应当注重自己的仪表，谨慎选择谈判的场所，安排好谈判的座次，通过礼仪方面的准备工作来显示我方对于谈判对象的尊重及我方对此次谈判的重视。

（1）仪表准备

对于正式出席谈判的人员在仪表上有严格的要求和统一的规定。男士应当理发、剃须、吹头发，不准蓬头垢面，不准留胡子或长鬓角。女士应该选择端庄、素雅的发型，并且化淡妆，但是不可做超前的发型，不可染彩色头发，不可化艳装或使用香气过浓的化妆品。

在服饰方面，谈判者应穿着传统、简约、高雅和规范的正式的服装。男士最好选择西装，不能选择夹克衫、牛仔裤、短袖衬衫、旅游鞋等；女士最好选择套裙，不能选择运动装、休闲装或比较性感的服装，也不能浑身上下戴满饰品，不宜穿细高跟的皮鞋。

（2）场所准备

谈判地点可选择主方单位或宾馆、酒店的会议室，小规模谈判可安排在会客室。通常安排2~3个房间，除一间作为主要谈判室外，另一间作为双方单独进行内部协商的密谈室。

谈判室布置应以高雅、宁静、和谐为宜，环境安静，光线充足，装饰陈设简洁、实用、美观。

(3) 谈判的座次

在谈判中，除了做好相关的准备工作之外，还应该注重礼仪性很强的座次问题。在举行正式的谈判时，座次问题既涉及谈判者对规范的尊重，也是谈判者给予对手的尊重。

举行双边谈判时，应使用长桌或椭圆形桌子，宾主应分坐于桌子两侧。若桌子横放，则面对正门的一方为上座，应属于客方；背对正门的一方为下座，应属于主方。若桌子竖放，应以进门的方向为准，右侧为上，属于客方；左侧为下，属于主方。

在进行谈判时，各方的主谈人员应在自己一方居中而坐。其余人员则应遵循右高左低的原则，依照职位的高低自近而远地分别在主谈人员的两侧就座。假如需要译员，则安排其就座于仅次于主谈人员的位置，即主谈人员之右。

举行多边谈判时，为了避免失利，按照国际惯例，一般均以圆桌为谈判桌，这样尊卑的界限就被淡化了。但在具体就座时，依旧讲究有关各方的与会人员尽量同时入场，同时就座。至少，主方人员也不应该在客方人员之前就座。

3. 谈判过程中的礼仪

(1) 握手　在谈判时要主动和对方握手表示友好。在主场谈判的人应先同客场谈判的人握手。在离别和谈判结束时，作为主方的谈判人员切忌主动先和客场谈判人员握手，应由客方伸手，其意在表达再见或对接待的感谢。

(2) 介绍　谈判活动中的介绍与自我介绍也是十分重要的一个环节。介绍时要自然大方，不可露傲慢之意，被介绍到的人应起立微笑示意，可以礼貌地说"幸会""请多关照"之类的话。询问对方要客气，如"请教尊姓大名"等。如有名片，要双手接递。介绍完毕，可选择双方共同感兴趣的话题进行交谈，稍做寒暄，以沟通感情，为谈判创造温馨轻松的氛围。

(3) 姿态动作　谈判之初的姿态对把握谈判气氛起着重大作用，用目光注视对方时，目光应停留在对方双眼至前额的三角区域正方，这样使对方感到被关注，觉得你诚恳严肃。手势自然，不宜乱打手势，以免造成轻浮之感。切忌双臂在胸前交叉，那样会显得傲慢无礼。

案例小故事 9-3

中国某公司与阿拉伯某公司谈判出口纺织品的合同。中方给阿方提供了报价条件，阿方说要研究，约定次日9点到某饭店咖啡厅见，第二天中方到了指定饭店，等到10点还未见到阿方人影，咖啡喝了好几杯。一直等到10:30，阿方人员才晃晃悠悠来了，一见中方人员就高兴地握手致敬，但未讲一句道歉的话。在咖啡厅谈了一个小时，没有结果。阿方沉思了一下，提出下午3点到他家谈。

下午3点中方人员准时到了他家，并带了几件高档丝绸衣料做礼物送给他妻子。阿方代表说："我邀你们到家里来，是把你们当作朋友，希望我们谈判顺利。"然后开始谈判，这期间，不停地有人进进出出打断阿方代表的谈判，但是阿方代表一点不在乎。

小思考 9-3

如何看中方人员对对方迟到的处理？为什么对方未就迟到的事道歉？在下午谈判过程中不停有人打断，中方要怎样做才符合规范？

二、商务仪式礼仪

仪式是举行典礼或重要活动的程序。商务仪式是企业或其他社会组织向社会公众展示实力、进行公关宣传、塑造企业形象的一种方式。遵守相应的礼仪规范,有利于商务仪式活动的顺利进行。

(一) 商务开业庆典仪式

开业庆典仪式是指商业企业在正式营业时举行的热烈的庆祝仪式,有时亦称作开业典礼、开幕仪式。当举办各种展览会、交易会、文化节、艺术节、联欢节、电影周、宣传周、技术周等重大活动时,一般都要举行隆重的开幕仪式;重大的工程开工、竣工或交接,公司建立、商店开张、分店开业、写字楼落成等活动,也要举行隆重的开工、竣工典礼或交接仪式。

开业仪式的目的是扩大企业知名度、树立企业形象,因此要求气氛热烈、隆重。

1. 开业庆典仪式的准备工作

(1) 做好舆论宣传工作

① 企业可运用传播媒介在报纸、电台、电视台广泛发布广告或在告示栏中张贴开业告示,以引起公众的注意。

② 广告或告示的内容一般包括:开业典礼举行的日期;开业典礼地点;企业的经营范围及特色;开业的优惠情况。

③ 开业广告或告示发布时间一般在开业前的3~5天内。

④ 邀请记者在开业仪式举行时到现场进行采访、报道,予以正面宣传。

(2) 拟订出席庆典仪式人员名单

① 政府相关部门领导。主要是表达企业对上级机关的感谢及希望能继续得到支持,其次是为了提高庆典活动的影响力。

② 社会知名人士。通过他们的名人效应,更好地提升企业的形象层次。

③ 合作伙伴。希望能与他们同舟共济、彼此合作、促进友谊、共谋发展。

④ 社区负责人及客户代表。搞好企业与社区关系,求得与社区的共同繁荣,表明企业与客户的亲密合作关系。

⑤ 单位员工。邀请部分员工参加,作为一种荣誉。

⑥ 大众传媒。加深社会公众对本单位的了解。

(3) 发放请柬

一般提前一周发出请柬,便于被邀者及早安排和准备。请柬的印制要精美,内容要完整,文字要简洁,措辞要热情。被邀者的姓名要书写整齐,不能潦草马虎。

一般的请柬可派员送达,也可通过邮局邮寄。给有名望的人士或主要领导的请柬应派专人送达,以表示诚恳和尊重。

(4) 做好场地布置工作

① 地点的选择。在选择具体地点时,应结合庆典的规模、影响力以及本单位的实际情况来决定。现场的大小,应与出席者人数的多少成正比。一般在开业现场。可以是正门之外的广场,也可以是正门之内的大厅。

② 不置主席台或座椅。按照惯例,举行开业典礼时宾主一律站立,一般不布置主席台或座椅。

③ 现场装饰:为显示隆重与敬客,可在来宾尤其是贵宾站立之处铺设红色地毯;在场地四周悬挂横幅、标语、气球、彩带、宫灯;在醒目处摆放来宾赠送的花篮、牌匾。

(5) 做好各种物质准备

① 用品准备:精心准备来宾的签到簿;本单位的宣传材料;彩带、剪刀、托盘;待客的饮料等。

② 设备准备:对于音响、录音录像、照明设备以及开业典礼所需的各种用具、设备,

必须事先认真进行检查、调试，以防在使用时出现差错。

(6) 精心安排接待工作

主办方要热心细致地做好接待工作。在举行开业典礼的现场，要有专人负责来宾的接待服务工作。主要任务是：来宾的迎送；来宾的引导；来宾的陪同；来宾的茶水服务。

在接待贵宾时，须由本单位主要负责人亲自出面。在接待其他来宾时，则可由本单位的礼仪小姐负责。若来宾较多，须为来宾准备好专用的停车场、休息室，并应为其安排饮食。

(7) 做好礼品馈赠工作

举行开业仪式时赠予来宾的礼品，一般属于宣传性传播媒介的范畴之内。根据常规，向来宾赠送具有本单位特色的、具有宣传性、荣誉性、独特性的礼品。

2. 开业庆典仪式的程序

(1) 迎宾　接待人员就位在会场门口接待来宾，请来宾签到后，引导来宾就位。若不设座位，则告诉来宾其所在的具体位置。

(2) 典礼开始　主持人宣布开业典礼正式开始，全体起立，奏乐，宣读重要嘉宾名单。

(3) 来宾贺词　由上级领导和来宾代表致贺词，主要表达对开业单位的祝贺，并寄予厚望。贺词由谁来致辞事先要定好，以免当众推来推去。对外来的贺电、贺信等不必一一宣读，但对其署名的单位或个人应予以公布。

(4) 致答词　由本单位负责人致答词。其主要内容是向来宾及祝贺单位表示感谢，并简要介绍本单位的经营特色和经营目标等。

(5) 揭幕　由本单位负责人和一位上级领导或嘉宾代表揭去盖在牌匾上的红布，宣告企业正式成立。在场全体人员在音乐声中热烈鼓掌祝贺同庆。在非限制燃放鞭炮的地区还可燃放鞭炮庆贺。

(6) 迎客　揭牌后，会有大批顾客随出席开业仪式的嘉宾一道进入公司或商场，边参观边采购或进行业务接洽。公司或商场的工作人员应恭敬热情地欢迎他们，并赠以开业纪念小礼品（如印有公司名称、电话、开业日期的购物袋、印刷品、小挂件等）。当日销售，大多数企业都实行让利优惠。

(7) 安排文艺演出、参观、就餐　如有必要可安排来宾就餐、看文艺节目等，但要注意不能冲淡庆典主题。

3. 参加开业典礼的礼仪要求

对于开业典礼的组织者来说，整个仪式过程就是礼待宾客的过程，每个人的仪容、仪表都要重视。应做到如下几点。

(1) 服饰要规范，仪容要整洁　有条件的单位最好穿统一式样的服装，没有条件的，应要求每个人穿着礼仪性服装。一般男士穿着深色正装，女士穿深色套裙或套装、花色素雅的连衣裙。仪容仪表要整洁干净，精神饱满。

(2) 准备要周到　请柬的发放应及时，不得有遗漏；席位的安排要讲究，一般来说，按照身份与职务的高低确定主席台座次和贵宾席位；为来宾准备好迎送车辆等。

(3) 时间要遵守　仪式的起始时间应该遵守，不要拖延，以免让人觉得言而无信。出席者要准时，不得无故退席或缺席。

(4) 态度要友好　开业典礼的特点是营造喜庆气氛。遇到来宾要主动热情问候，对来宾问题要予以友善答复。来宾发表贺词，要主动鼓掌。

(5) 行为要自律　不要随意乱走；不要与人窃窃私语；不要东张西望，让人感觉心不在焉。

(6) 发言要简短　发言者上下场时要沉着冷静、不慌不忙；讲话时要平心静气。要讲究礼貌，发言完毕要欠身施礼，对于大家的鼓掌，要以自己的掌声回礼。发言要在规定的时间结束，宁短勿长。

（二）剪彩仪式

案例小故事 9-4

在一次商务活动中，我国企业代表与外国商务代表协商签订了一份商务合同后，举办了一场有关商品的剪彩仪式。在仪式中，当我国企业代表致辞时，他说："先生们、女士们，大家下午好，我非常高兴……"此时，外国商务代表中有两位女士、三位男士，他们均表现出不愉快的表情，但没有做出太大的举动。后来，在剪裁过程中，这位企业代表不小心把剪下的红绸带大花掉落在主席台上。虽然他一再地解释是自己的疏忽造成的错误，但外国商务代表仍然非常生气，离席而去。

小思考 9-4

外国商务代表为何要离席而去，我国企业代表在剪彩仪式上有何不妥当之处？

1. 剪彩概述

剪彩仪式是指有关组织为了庆贺公司的设立，工程的奠基、竣工，大型建筑物的启用，道路桥梁的开通，博览会的开幕等举行的一种隆重的庆祝活动和宣传活动。因其主要活动内容是邀请专人使用剪刀剪断被称为"彩"的红色缎带，故被人们称为剪彩。

剪彩的意义在于，其一，剪彩活动热闹、喜庆，给主人喜悦，又能令宾客产生吉祥如意之感；其二，剪彩不仅是肯定和祝贺，也是鞭策和鼓励；其三，剪彩也可获得各界的关注和支持。

知识小看板 9-2

剪彩的由来

剪彩源于 20 世纪初的一个美国小镇，有一家商店即将开业，店主为了阻挡拥挤的人群涌入店内，在门前拉了一条布带子，同时也为了吸引更多的顾客。正在顾客迫不及待地要拥入店内采购货物的时候，店主的小女儿牵着一条小狗突然从店里跑了出来，那条"不谙世事"的可爱的小狗若无其事地把店门上拴着的布条子碰落了下来，等候在店外的顾客误以为是店主搞的"新花样"，便一拥而入，争相抢购。从此，小店顾客盈门，财源茂盛。店主从这次偶发的事故中得到启迪，在后来开的几家"连锁店"开张时如法炮制。于是，人们纷纷模仿，并赋予它一个美妙的名称"剪彩"。现在，剪彩已风靡全球，从最初人们用来促销的一种手段发展成为商务活动中的一种重要仪式，并形成了一整套礼仪规范和要求。

2. 剪彩的准备

（1）红色缎带　红色缎带，即剪彩仪式中的"彩"，由一整匹未曾使用过的红色绸缎，在中间结成数朵花团而成。现在为节约起见，一般使用约两米左右的红带与彩球联结而成即可。

一般来说，红色缎带上所结的花团不仅要生动、硕大、醒目，而且其具体数目往往还同现场剪彩者的人数直接相关。花团的数目要和现场的剪彩者人数相当。

（2）剪刀　为显示隆重热烈，应选用新的剪刀，讲究的单位选用金色的剪刀。剪刀应每个现场剪彩者人手一把，崭新、锋利、顺手，确保剪彩者在正式剪彩时可以刀落彩开，寓意着开张的吉祥顺利，一帆风顺。仪式结束后，剪刀经过包装可送给对方留作纪念。

（3）白纱手套　在正式的剪彩仪式上，剪彩者在剪彩时最好每人戴上一副白色薄纱手套，以示郑重其事。准备时，除了要确保其数量充足之外，还须使之大小适度、崭新平整、洁白无瑕。

（4）托盘　托盘是在剪彩仪式上托在礼仪小姐手中，用作盛放红色缎带、剪刀、白色薄纱手套的工具。一般应该华贵而醒目、大小适中、质地考究，通常选用银色的不锈钢制品。为显示正规，使用时用红绒布衬垫。剪彩时，可以用一只托盘依次向各位剪彩者提供剪刀和手套，并同时盛放红色缎带；也可为每一位剪彩者配置一只专用托盘，每个盘中放置新剪刀一把，白色薄纱手套一副。使用时由礼仪小姐双手托上递送给剪彩者。专门准备一只大的托盘供接剪下彩球之用。

（5）红色地毯　主要用于铺在剪彩者正式剪彩时的站立之处，其长度可视剪彩者人数的多少而定，其宽度则不应少于1米。

3. 剪彩人员的确定及剪彩者的礼仪要求

（1）剪彩人员

主要在应邀的来宾中产生，其身份和影响应与剪彩仪式的内容和规格相统一。一般为上级领导、部门主管、社会名流以及专家顾问、合作伙伴和本单位代表，视情况确定一人或多人参与剪彩。

剪彩人员确定后，对本单位以外的剪彩人员，必须由本单位的负责同志亲自出面或委派代表前往邀请。现场剪彩人员如果不止一位，应在邀请时向被邀请人员讲清，征得几位剪彩人员同意共同剪彩时，这些人员才能被正式确定下来。

剪彩者应着正式服装，男士着套装，女士着套裙，不允许戴帽和墨镜。

剪彩者为一人时，剪彩时居中而立。剪彩者为多人时，位次排列应遵循"中间高于两侧，右侧高于左侧，近高远低"原则。

（2）助剪者——礼仪小姐

礼仪小姐是剪彩仪式中负责引领宾客、拉牵彩带、递剪接彩等工作的服务人员，在仪式中担任着重要角色。礼仪小姐，既可从公关公司、旅游公司及礼仪公司中聘请，或向社会招募，也可以在本单位女职工中挑选。条件一般是容貌姣好、仪态端庄大方，还要有一定的文化素养和气质、比较年轻和健康等。

① 仪容要高雅。剪彩仪式上的礼仪小姐，多数情况下统一身着中华民族传统的礼仪服装——旗袍（也有穿西式套装的），脚穿黑色高跟皮鞋，化上淡妆，盘起头发，面带微笑，步履轻盈。做到典雅大方，光彩照人。

② 举止行为要规范。在仪式进行中，礼仪小姐应训练有素，走有走姿，站有站相，整齐有序，动作一致，始终保持应有的微笑。如果在仪式进行中有点小意外（比如剪了几次，仍未能剪断彩带）发生，礼仪小姐应平静地处理，不可手忙脚乱、大呼小叫，以确保仪式顺利进行。

③ 礼仪小姐分为迎宾者、引导者、拉彩者、捧花者、托盘者。一般情况下，迎宾者与服务者应为数人，负责迎来送往和提供茶水、安排休息；引导者负责引领剪彩者登台或退场，可以是一人，也可以各配一名。拉彩者负责展开拉直红色缎带，通常为2人；捧花者的任务是剪彩时手托花团，一般一花一人；托盘者可为一人，也可为每位剪彩者各配一人。

4. 剪彩的程序

（1）就座　在一般情况下，会场座席只安排剪彩者、来宾及本单位主要领导和部门负责人的座位，剪彩者应就座于前排，按剪彩时的顺序就座。

（2）正式开始　主持人宣布剪彩仪式开始后，全体鼓掌，请乐队演奏欢快热烈的乐曲以烘托气氛，同时，礼仪小姐应排成一行率先登场，从两侧同时登台或从右侧登台均可。拉彩者与捧花者站成一行，拉彩者处于两端拉直红色缎带，捧花者各自双手捧一朵花团。托盘者须站立在拉彩者与捧花者身后1米左右，并自成一行。此后，主持人介绍重要来宾并向他们表示感谢。

（3）奏国歌　全场起立。有时也可演奏本单位标志性歌曲。

（4）宾主致辞　发言者有东道主单位的代表、上级主管部门的代表、地方政府的代表、合作单位的代表等。内容应言简意赅，重点在介绍、道谢和致贺。每人不超过3分钟。

（5）开始剪彩　主持人向全体到场者介绍剪彩者，后者应面带微笑向大家致意，全场人员热烈鼓掌，还可奏乐或燃放鞭炮，以烘托气氛。

（6）剪彩结束　不管是剪彩者还是助剪者在上下场时，都要注意井然有序、步履稳健、神态自然。在剪彩过程中，更是要表现得不卑不亢，落落大方。待剪彩者退场后，其他礼仪小姐方可列队由右侧退场。剪彩仪式结束后，东道主通常以自助餐的形式招待来宾，或以纪念性的礼品赠送来宾。

5. 剪彩过程的礼仪标准

宣布剪彩后，礼仪小姐应排成一排从两侧同时登台，或是从右侧登台。登台后，拉彩者与捧花者应站成一行，拉彩者处于两端拉直红色缎带，捧花者各自双手捧一朵花团。托盘者须站立在拉彩者及捧花者身后1米左右，自成一行。

剪彩者在礼仪小姐引导下走向剪彩位置，应让中间主剪者走在前面，其他剪彩者紧随其后走向自己的剪彩位置。到达后应向拉彩者、捧花者含笑示意。托盘者在剪彩者均已到达既定位置之后，应前行一步，到达剪彩者的左后侧，呈上白手套、新剪刀。

剪彩者应微笑致谢并表情庄重地将缎带一刀剪断。如有几位剪彩者共同剪彩，则应协调好彼此的行动。

按照惯例，剪彩时，剪彩者还应和礼仪小姐配合，让彩球落入托盘内。剪彩者在剪彩成功后，可以右手举起剪刀，面向全体到场者致意。然后放下剪刀、手套等物，举手鼓掌。接下来，可依次与东道主进行礼节性的谈话并握手道喜，并在引导者的引领下从右侧下台退场。待剪彩者退场后，其他礼仪小姐才可列队由右侧退场。

（三）签字仪式

1. 签字仪式概述

商务活动中，双方经过业务洽谈、讨论，就某项重要交易或合作项目达成一致，就需要把谈判成果和共识用准确、规范、符合法律要求的格式和文字记载下来，经双方签字盖章形成具有法律约束力的文件。围绕这一过程，一般都要举行签字仪式。它一般发生在社会团体、商业机构或涉外机构之间，是一种比较隆重、正式的礼仪，礼仪规范比较严格。

2. 签字仪式的准备

签字仪式是由双方正式代表在有关协议或合同上签字并产生法律效力，体现双方诚意和共祝合作成功的庄严而隆重的仪式。因此，主办方要做好充分的准备工作。

（1）布置签字厅

现场布置的原则是庄重、整洁、清静。

① 签字桌的陈设。

设一加长型条桌在签约现场的厅（室）内，桌面上覆盖着深绿色台布（应考虑双方的颜色禁忌）。座椅根据签字方情况来摆放。

签署双边合同时，面门一边放两张椅子，供双方签字人签约时用。礼仪规范为客方席位在右，主方席位在左。签署多边合同，则可在面门一边中间放一张座椅，供各方签字人员轮流就座，或为每人配备一张椅子。

② 文具用品。

桌上放好双方待签的文本，上端分别置有签字用具（签字笔、吸墨器等）。如果是涉外签约,在签字桌的中间摆一国旗架,分别挂上双方国旗。插放国旗时,有关各方的国旗须插放在该方签字人座椅的正前方。如果是国内企业之间的签约,也可在签字桌的两端摆上写有企业名称的席位牌,签字桌后应有一定空间供参加仪式的双方人员站立,背墙上方可挂上"××(项目)签字仪式"字样的条幅。

(2) 确定参加仪式的人员

双方应商定主签人、助签人员,并安排双方助签人员洽谈仪式程序和其他有关细节。双方主签人的身份、地位应大体对等。在通常情况下,各方参加仪式的人数应大致相同,一般是双方参加会谈的全体人员,有时为了表示对签字仪式的重视,往往还邀请主方或双方的高级人士出席仪式,以示正式和庄重。

(3) 待签文本的准备

签约文本一旦签订即具有法律效力。按照惯例,待签文本应由双方与相关部门指定专人,分工合作完成好文本的定稿、翻译、校对、印刷、装订等工作。除了核对谈判内容与文本的一致性以外,还要核对各种批件、附件、证明等是否完整准确、真实有效以及译本副本是否与样本正本相符。如有争议或处理不当,应在签约仪式前,通过再次谈判以达到双方谅解和满意方可确定。作为主办方,应为文本的准备过程提供周到的服务和方便的条件。

待签的合同文本,应以精美的白纸印制而成,按大八开的规格装订成册,并以高档质料如真皮、金属、软木等作为其封面。

涉外合同,依照国际惯例应同时使用签约各方的官方语言撰写,或者采用国际通用的英文、法文撰写。

(4) 座次安排

① 签署双边性合同

应请客方签字人在签字桌右侧就座,主方签字人则应同时就座于签字桌左侧。双方各自的助签人应分别站立于己方签字人的外侧,以便随时对签字人提供帮助。

双方其他随员,可以按照一定的顺序在己方签字人的正对面就座;也可依照职位的高低,依次自左至右(客方)或是自右至左(主方)排成一行,站立于己方签字人的身后。如图 9-5 所示。

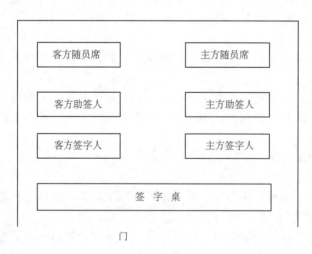

图 9-5　签署双边性合同座次安排

② 签署多边性合同

各方签字人签字时,须依照有关各方事先同意的先后顺序依次上前签字。助签人应随之一同行动。在助签时,依"右高左低"的规矩,助签人应站立于签字人的左侧。有关各方的随员应按照一定的序列,面对签字桌就座或站立。

(5) 服饰的规范

按照规定,签字人、助签人以及随员在出席签字仪式时,应当穿着具有礼服性质的深色西装套装、套裙或中山装套装,并且配以白色衬衫与深色皮鞋。男士还必须系上单色领带,以示正规。

在签字仪式上露面的礼仪人员、接待人员,可以穿自己的工作制服,或是旗袍一类的礼仪性服装。

3. 签字仪式的程序

(1) 签字仪式正式开始　有关各方人员共同进入会场,相互致意握手,在既定的位次上入座。签字人入座后,助签人在其外侧协助打开合同文本和笔。

(2) 签字人正式签署合同文本　商务活动规定每个签字人在己方保留的合同文本上签字时,按惯例应当名列首位。因此每个签字人均应首先签署己方保存的合同文本,然后再交由他方签字人签字。这一做法,在礼仪上称为"轮换制"。他的含义是在位次排列上,轮流使有关各方均有机会居于首位一次,以显示机会均等、各方平等。

(3) 签字人正式交换已经有关各方正式签署的合同文本　签字人起身离座至桌子中间,正式交换各自签好的合同文本;热烈握手,互致祝贺,并相互交换各自一方刚才使用过的签字笔,以示纪念。其他人员应鼓掌表示祝贺。

(4) 共饮香槟酒互相道贺　交换已签的合同文本后,服务人员及时用托盘送上香槟酒。有关人员,尤其是签字人,当场干一杯香槟酒是国际上通行的用以增添喜庆色彩的做法。然后合影留念。最后客方来宾退场,主方人员随后退场。

三、商务旅行礼仪

(一) 出行礼仪

案例小故事 9-5

某商贸公司经理小武为了与新亚公司洽谈一笔重要生意,即将前往新亚公司所在的 A 城。小武准备乘火车去 A 城,顺便给他在 A 城的朋友带些土特产。上了火车,小武找到自己座位后便急忙将行李和两袋子土特产平行摆了一排,然后又将放洗漱用品的袋子挂在了衣帽钩上。列车启动了,小武想喝水,可暖瓶中水不多,他便不断地喊叫列车员。喝过水后,小武又拿出些水果来吃。吃了水果,他顺手将果皮扔到窗外。火车继续前行,小武感到有些疲乏,于是脱了鞋,把脚放在席位上,鞋与袜子立时散发出一股难闻的气味。周围的乘客厌恶地皱着眉头,捂着鼻。坐在他对面的中年男士目睹了这一切。到了 A 城,小武几经周折终于找到了新亚公司。进了经理室,小武发现端坐在老板席上的竟是火车上坐在他对面的那位男士。这时,中年男士也认出了他。接下来任小武把话说得天花乱坠,中年男士也不同意与他合作。

小思考 9-5

请分析小武此次洽谈未取得成果的原因。

1. 乘坐公共汽车

(1) 上下车礼仪

① 上车依次排队。要自觉地以先后为顺序,排队候车,排队上车。公共汽车进站停稳后,先让客人下车,然后按顺序依次上车,不能拥挤。上车时,要礼让他人,对老人、孕妇、病人、残疾人以及妇女、孩子加以帮助。

② 下车提前准备。在下车的前一站,要向车门靠近。不能上车后就等在门口,准备下车时,如需他人让道,应有礼貌地先打一声招呼。

③ 物品安放到位。上了公共汽车后,应将随身所带的物品放到适当的位置,不要放在座位上或挡在过道上。

④ 不要在车上吃东西。上车前未吃完的东西,应进行必要的处理。

⑤ 雨雪天上车后,应把雨伞、雨衣等雨具放入塑料袋中,或是提前抖掉身上的雨水和雪花,以免弄湿他人。对已经湿了的物品,应妥善处理。

（2）座位选择

① 长途公共汽车对号入座。一般按座售票,对号入座。

② 短途公共汽车通常讲究就座时先来后到。坐这种车时,不要与人争抢座位,更不要为座位与他人发生口角。

③ 主动让座。遇上老人、病人、残疾人、孕妇、抱孩子的人,应主动让出自己的座位。当他人为自己让座时,应立即道谢。

④ 留出特殊座位。不少公共汽车的前门附近,或中门附近,都有老、弱、病、残、孕专座。这些座位即使空着,也不应坐。

⑤ 不随处乱坐。公共汽车上窗沿、地板、扶手、发动机等处,均不能就座。挤坐他人座位,也是不雅之举。

（3）乘车表现

① 忌勾肩搭背。与恋人、配偶乘车时,不应表现得过分亲热,否则,会被别人看不起。

② 忌碰撞他人。应与其他人的身体保持一定距离。万一因为车辆摇晃或自己不小心碰撞、踩踏了别人,应立即道歉。反过来,他人因此向你道歉,就应大度地表示"没关系"。

③ 忌设置路障。不管是坐是站,均应坐有坐相,站有站相。不要把腿伸在过道上。别人从你身边经过时,要主动相让。

2. 乘坐火车

乘坐火车的礼仪包括上车、就座、用餐、交际、下车等几个方面。

（1）上车

① 持票上车。乘坐火车,应预先购票,持票上车。来不及买票,可购一张站台票上车,预先声明,并尽快补票。

② 排队上车。在候车室等候检票要排队,在站台上待火车停稳,方可在指定车厢前排队上车。不要拥挤,更不要从车窗上车。

③ 行李定量。火车上对乘客所携物品内容、数量均有规定。必要时,应办理托运手续。当工作人员检查行李时,应主动予以配合。

（2）就座

① 乘坐指定车次。坐车一定要乘坐车票上所指定的车次,不要上错车次。为防止上错车次,明智的做法是上车时再问一下乘务员,确保车次无误。

② 乘坐指定座位。座位因车票价格不同而有所差别,如卧铺与座席、硬座与软座、有无空调,等等。

③ 中途上车找座。中途上车找座时,应先礼貌地向他人询问,不要硬挤、硬抢、硬坐。

④ 处理身边空位。身边有空位时,则应主动请无位者就座,不要占着不让,对他人的询问不理睬,或说假话骗走对方。

⑤ 让出自己座位。发现有老人、孩子、病人、孕妇、残疾人无座时,应尽量挤出地方请其就座,或让出自己的座位来给对方坐。

⑥座位的尊卑。火车上座位的尊卑是，靠窗为上，靠边为下；靠右为尊，靠左为卑。面向前方为上，背对前方为下。

（3）用餐

①在餐车用餐。用餐时，应节省时间，不要大吃大喝，猜拳行令。用餐后，应立刻离开，不要趁机休息、谈天占着座位影响他人就餐。

②在车厢用餐。可在自己的车厢内享用自己所带的食物，或购买服务员送来的盒饭。不应该要他人的东西吃。当他人请自己品尝时，应当婉言谢绝。不要在车上吃气味刺鼻的食物。吃剩的东西不要扔到过道上，或投出窗外。在公用茶几上，不要过多地堆放自己的食物。

（4）交际

①主动问候。上车后，应主动向邻座打招呼问好。如果有必要，可简单地进行自我介绍。对方反应一般的话，只需点头微笑一下就行了。

②交谈适度。与邻近的乘客交谈，要注意分寸。当他人兴致不高或准备休息时，应话到为止。有人交谈，不要置之不理；与异性交谈，不要涉及个人情况。

③相互关照。在火车上，彼此要相互关心，相互照顾。别人行李拿不动时，应援之以手。有人晕车或病了，应多加体谅。他人帮助了自己，要多加感谢。

（5）下车

①提前准备。在到达目的地的前10分钟，应开始准备下车，以免仓促之间手忙脚乱。不要坐过了下车的站，或下车时少带了行李。

②与人道别。在下车前，相互道别，但没有必要主动要求与之交换地址或电话号码。遇上乘务员，应主动说一声"再见"。

3. 乘坐地铁

（1）遵守规定　不能携带易燃易爆有毒等危险品、或有刺激性气味的物品；不能携带枪械弹药和管制刀具；不要携带动物、家禽以及其他可能危及人身安全或影响地铁设施安全的物品。

（2）文明乘车　不要在地铁车站、地铁车厢内吸烟、吐痰、乱丢杂物；乘客可由站厅层的人行扶梯进入站台层候车；要正确使用自动扶梯，乘自动扶梯时，应握紧扶手，靠右；不要多人挤占同一级扶梯或在扶梯上打闹、奔跑。按指示方向购车票乘坐列车，不要损坏车票和遗失车票。

（3）注意安全　乘坐地铁发生紧急情况，应保持镇静，不得擅自打开车门或强行下车。地铁发生停电或中途停车，不要慌乱，更不能制造紧张气氛，应听从指挥。

4. 乘飞机

案例小故事 9-6

某公司职员小斌第一次乘坐飞机到上海出差，飞行过程中，小斌打开座位前的小桌板，放倒座位靠背，一边吃午餐，一边听音乐。吃完饭，他又站起来东看西瞧，还把座位下面的救生衣拿出来摆弄；又从前排到后排来回走动，总想发现点什么。

小思考 9-6

小斌的做法合适吗？

（1）登机前的要求

①提前到达。提前一段时间去机场。国内航班提前30分钟，国际航班提前1小时。抵

达机场后，凭机票和身份证前往机场前台办理更换登机牌手续。

行李尽量轻便。手提行李不超过 5 千克，托运行李一般为 32～64 千克；金属物品装在托运行李中；国外开会可携带西装挂袋。

② 机场候机

a. 在黄线外排队等候进行边检。

b. 将登机牌和身份证交给边检人员进行检查，核对无误加盖边检印章后进行人身和物品安检。

c. 在安检员引导下，将手机、传呼机、钥匙和小刀等金属物品放入指定位置，手提行李放入传送带。从人身安检区通过，接受安检员的人身安检，安检人员使用金属探测手持物按照由上到下、由前至后的顺序进行安检。

d. 安检结束后，乘客整理好随身携带的物品及行李，前往规定的候机室候机。

e. 候机时要安静等候，不要大声说笑。

（2）乘机时的规则

① 上下飞机时，会有机组乘务人员在机舱门口列队迎送，并主动向你打招呼、道问候，此时，你一定要友善地回应。

② 按座位标号对号入座。携带物品放在头顶行李箱内。

③ 飞机起飞前，关闭移动电话、AM/FM 收音机、便携式电脑、游戏机。

④ 按照乘务人员示范表演动作，起飞和降落时系好安全带；服从乘务人员检查。

⑤ 乘务人员送来饮料、食物、报刊，或是引导方向、帮助你搬放行李时，应主动说一声"谢谢"。

⑥ 飞机着陆停稳后，解开安全带，打开手机电源，拿取物品或行李，按顺序走出飞机舱门。托运的行李应在物品传送区等候，并按物品传送的顺序领取。

知识小看板 9-3

乘飞机礼仪细节

（1）不侵占别人的位置。上飞机后，应在登机牌上指定的座位就座。坐好之后，腿、脚不要乱伸乱动，更不要伸向别人的座位下。

（2）不贪图小便宜。阅读用的书刊、洗手间的卫生纸、座位底下的救生衣、座位上方的氧气面罩均不可取走。

（3）不乱动乱摸。对机上的一切禁用之物、禁动之处，不可因好奇而乱摸乱动，不然，很有可能危及飞机上全体乘客的生命安全。

（4）不使用违禁物品。在机上不准吸烟，不准用移动电话、激光唱机、手提电脑、调频收音机、电子游戏机以及电子玩具等有可能干扰无线信号的物品，否则极有可能危害自己和他人的生命安全。

（5）不破坏环境卫生。在机上绝对不能乱扔、乱吐东西。如果因晕机呕吐，应及时使用专用的呕吐袋。

（6）万一遇上飞机晚点、停飞、返航或改降其他机场，不要向乘务人员大发脾气，尤其不要骂人、侮辱人，更不能动手打人。

（7）在上下飞机，或使用卫生间时，应自觉排队等候。下飞机之后领取本人行李时，也要注意这一点。

（8）飞机飞行期间，尤其是飞机夜间飞行，或身边的乘客休息时，不要高谈阔论，以免影响他人休息。

（9）在飞机上，不要反复打量、窥视其他乘客。尤其对女士，不应当这样做。这样会令对方感到不适；没事情时，也不要到处乱走瞎逛。

（10）在座位上，不要晃动不止，以免妨碍身边的人；不要把靠背调得太靠后，妨碍身后的人活动。

（二）差旅住宿礼仪

 案例小故事 9-7

小雪到北京参加某贸易展览会，会议中与某贸易公司小丽同住一个房间。小丽性格开朗活泼，很快就与小雪熟悉了，交谈中，小丽不停地询问小雪关于男友、婚姻、家庭等方面的问题，小雪面露难色。

 小思考 9-7

小丽的问题在哪里呢？

1. 住宿礼节

（1）办理入住登记

① 在酒店前台进行登记，遇到多人办理时，应排队等候。

② 事先预订房间时，一定要带上旅馆确认预定的传真或其他书面证明，到达旅馆后，需凭证明材料得到预订的房间。

③ 前台办理住宿登记时，应主动出示有效登记证件（身份证、临时身份证、机动车驾驶证）并认真填写或介绍关于个人的基本信息和资料，并领取房卡或钥匙。

④ 问清旅馆每天的结账时间和房费结算方法。一般在中午 12 点以前退房者，当天不收房费，超过 12 点则要交半天或一天费用。

（2）单独居住礼仪

① 熟悉环境。每个人出差入住一个新的环境都要熟悉和适应环境，特别是自己房间所处的地理位置、楼层位置，还应熟悉和了解电梯（楼梯）以及安全出口的位置。对于居住房间内物品的摆放位置、物品使用功能和作息时间都应尽快熟悉和了解，这样可以方便居住。

② 文明住宿。应妥善保管和爱护房间内的设施和物品，不应故意破坏和损坏设施和物品。

（3）共同居住礼仪

① 床位礼仪。在标准的双人间中，床位的选择通常是两人同住的首选问题，在选择床位时，应主动将临窗明亮、噪声较小、房间内侧的床位让与同住的人，将临近房门、噪声较大、房间外侧的床位留给自己。

② 及时沟通。为避免尴尬和矛盾，同住的人应及时沟通，并客观真实地向对方介绍自己的某些生活习惯和作息方式，以期在共同居住过程中能够彼此了解相互谅解。

③ 尊重隐私。同住一室要相互尊重，对方的禁忌要特别注意。攀谈时，应围绕对方谈论的话题循序渐进地进行攀谈，尽量不提出与对方观点相矛盾的观点，可保留自己的意见和观点。

2. 用餐礼节

（1）问清用餐情况

通常情况下，客人住宿的酒店一般会为住宿客人提供免费的早餐，部分酒店会为客人提供全日餐券，客人凭早餐券或全日餐券到指定餐厅就餐。作为住宿客人在领取早餐券或全日餐券时，应向酒店服务员认真询问酒店提供早餐或全日餐的起止时间和地点，这样利于安排作息时间和方便住宿就餐。

(2) 就餐注意事项

免费早餐要带好就餐凭证。如果是中晚餐也需要在宾馆里解决，就要当场付费或采取记账的方式。

参加会议餐时，应多与人交流，但是声音不能太大。可在就餐前或就餐后交换名片。

3. 涉外住宿礼节

在涉外交往中，有关住宿方面的礼仪主要包括两个方面的基本内容，其一，是安排来宾的住宿；其二，是出访外国时自己的住宿。

（1）安排来宾住宿礼仪　接待外国来宾时，安排其住宿问题应根据礼仪规范与国际惯例，在为外国来宾安排住宿的具体过程中，一般应当注意三个方面的问题。

① 必须充分了解外宾的生活习惯。不同的国家有不同的风俗，每一个人也有自己独特的生活习惯。一般而论，外宾对于个人卫生大都十分重视。应安排单独使用的卫生间。

② 必须慎重选择外宾的住宿地点。在国内所接待的外宾，通常应当被安排在条件优越、设施完备的涉外饭店里住宿。

a. 外宾安排住宿所需的经费预算状况；

b. 拟住宿地点的实际接待能力；

c. 拟住宿地点的口碑与服务质量；

d. 拟住宿地点的周边环境；

e. 拟住宿地点的交通条件；

f. 拟住宿地点距接待方及有关工作地点的距离的远近。

③ 必须热情照顾外宾的生活需要。

（2）出访国外住宿礼仪

① 讲究礼貌。在饭店里住宿，对于自己所遇到的一切人，都应当以礼相待。通过走廊、出入电梯，或是接受饭店里所提供的各项服务时，要懂得礼让他人。在许多国家里，人们在住宿饭店时，必须付给为自己提供了服务的客房服务员、行李员、餐厅侍者一定数目的小费。

② 保持肃静。在饭店内部的公共场所，个人进行休息、消费，或者与客人相会时，一定要注意调低自己说话的音量，走路要轻。一般情况下，进入自己所住的客房之后，即应关闭房门，以防自己活动的声音传播出去，打扰其他人。

③ 注意卫生。在饭店内，不要吸烟。在本人住宿的客房内，不要开火做饭，或是任意点火焚毁个人物品；不要洗涤、晾晒个人衣服，尤其是不要将其悬挂在公用的走廊里，或是临街的窗子外、阳台上；不要乱丢乱扔私人物品，或是将废弃物扔到地上和窗外；不要随地吐痰，或是随意损坏、污毁公用物品。不要到处乱涂、乱抹、乱刻、乱写、乱画。

④ 严守规定。在国外的饭店下榻时，首先要对有关的规定有所了解，然后需要对此严格遵守。在外国人家里住宿时，应当注意以下几点。

一是应当支付费用。对一般人来说，不论是在什么状况下在外国朋友家里住宿，均应自觉地为此而支付一定数额的费用。

二是遵守约定。对于住客与房东之间的约定，不管是书面的还是口头的，大到交付房租的日期，小到对于住客生活习惯上的具体要求，都要严格遵守。

三是尊重房东。不要有碍其私生活。不要擅自闯入其室内，或是乱拿、乱动、乱用其私人物品。

 小思考9-8

现在你和上司将到上海出差三天，你知道要做好哪些准备吗？

知识小看板 9-4

涉外住宿礼仪禁忌

不允许两名已经成年的同性共居于一室之内。唯有一家人，方可例外。

不允许住客在自己住宿的客房内随意留宿其他外来人。

不提倡住客在自己住宿的客房内会晤来访的人士，特别是不提倡住客在自己的客房内会晤异性来访者。在一般情况下，饭店的前厅或咖啡厅被视为住店客人会客的理想去处。

不提倡互不相识的住店客人相互登门拜访。

不允许住店客人身着内衣、睡裙、背心、裤衩之类的"卧室装"在饭店内部的公共场所活动。

不允许将客房或饭店内其他场所的公用物品随意带走。

（三）差旅礼仪

1. 需要了解的情况

（1）商务旅行的原因　商务旅行的原因包括参加行业会议、与某公司洽谈业务，或是其他商业活动。会议不同，需要准备的资料不一样的，还影响到对服装的选择。

（2）地点　一次旅行可能要到几个城市，在一座城市也会到不同的地方活动，特别是商务考察。根据地点预定车票、飞机票，要准备当地的地图，并根据当地气候建议上司带合适的衣物，还应向上司介绍当地特别的风俗，以免无意之中冒犯别人。

（3）时间　差旅时间包括启程时间、路途所用时间、抵达时间、返程时间、各项活动时间，这些都要事先做好计划和安排。

（4）人员安排　明确本次出差的人员情况，以便做好住宿、餐饮、商务活动安排。

2. 差旅的准备

（1）选择、预订交通工具　根据要求和工作的需要选择交通工具，可以采用电话预订、上网预订等。

① 预订车票。要告知目的地、日期、车次（或自己希望的时间）、座位档次（软卧、硬卧、硬坐）。

预订飞机票。信息包括目的地、日期、时间、航班、座位、人名、姓名一定要清楚。要根据公司规定确定机票的等级，是头等舱、公务舱还是经济舱。如有需要可同时预订返程机票（应在规定时间内向航空公司确认座位）。

② 明确接送站的交通工具。若出差有人接待，应事先做好交通工具安排。

（2）预订旅馆

① 预订途径。可通过旅行社、各旅游网、目的地商会或有合作关系的公司预订。

② 预订方法。告诉旅馆客人姓名、性别、到达和离开的时间。预订房间的类型、朝向以及其他要求。

提前几个月预订，入住前几天或一两周再确认；索取确认预订收据或认可书，与旅行日程表放在一起；取消预订，应在旅馆结账前通知对方，否则要付当天的费用。

（3）预支差旅费　外出商务差旅活动可用现金、旅行支票、信用卡等方式结算。

（4）准备资料和行装　对于需要携带的资料和用品，按类列出，让上司过目。并检查有否遗漏。

① 资料文件：演讲稿、谈判提纲、合同草本、备忘录、合同草本、意向书草本、报价资料、工程图表、公司宣传资料、对方公司的背景资料、领导层人事资料等。

② 办公用品：笔记本电脑、空白和装有资料的磁盘和光盘、笔、笔记本、印有公司标

志的信签和信封、邮票、快译通。

③ 旅行资料：地图或交通图、介绍信、请柬、通知、日程表。与此次商务旅行有关的人的通讯录。旅馆确认凭证。

④ 个人用品：包括机票、身份证、工作证、手机、手机备用电池及充电器、照相机或摄影机、信用卡、旅行支票、现金、换洗衣物、洗漱用品、常用药品、衣物（根据上司的商务旅行日程建议带何种服装）。

3. 做好旅行计划

旅行计划是出差是否能顺利完成工作任务的重要前提，一份合理、周全、程序规范的旅行计划，能保证在最短的时间内完成工作任务。一份周密详细的旅行计划主要从以下几方面进行考虑。

（1）时间　一是指旅行出发、返回的时间，包括因商务活动需要到两个或两个以上地点的抵离时间和中转时间；二是指旅行过程中各项活动的时间；三是指旅行期间就餐、休息时间。

（2）地点　一是指旅行抵达的目的地（包括中转地）。目的地名称既可详写（即哪个地区、哪个公司），也可略写（即直接写到达的公司名称）；二是指旅行过程中开展各项活动的地点；三是指食宿地点。

（3）交通工具　一是指出发、返回的交通工具；二是指商务活动中使用的交通工具。这要求秘书了解这方面知识，如识别火车种类等。

（4）具体事项　一是指商务活动内容，如访问、洽谈、会议、宴请、娱乐活动等；二是指私人事务活动。

（5）备注　记载提醒出差应注意的事项，诸如抵达目的地需要中转、中转站名称、休息时间、飞机起飞时间，或需要中转时转机机场名称、时间、为旅客提供的特殊服务，或开展活动及就餐时要注意携带哪些有关文件材料、应该遵守的对方民族习惯等。

知识小看板 9-5

中国公民出境旅游文明行为指南

中国公民，出境旅游；注重礼仪，保持尊严。
讲究卫生，爱护环境；衣着得体，请勿喧哗。
尊老爱幼，助人为乐；女士优先，礼貌谦让。
出行办事，遵守时间；排队有序，不越黄线。
文明住宿，不损物品；安静用餐，请勿浪费。
健康娱乐，有益身心；赌博色情，坚决拒绝。
参观游览，遵守规定；习俗禁忌，切勿冒犯。
遇有疑难，咨询领馆；文明出行，一路平安。

【实训设计】

项目名称：商务活动礼仪。

项目目的：掌握商务洽谈、商务签字仪式、商务旅行等安排及礼仪规范。

项目简介：禹诚汽车贸易公司与新城公司就合作销售汽车进行商洽，双方初步确定10月20日～27日进行商务洽谈，若洽谈细节能达成，就签署相关协议。新城公司董事长张某、生产部经理王某、财务总监陈某、总经理秘书小丽与小娜一行5人受邀到禹诚汽车贸易公司总部洽谈。禹诚汽车贸易公司派出总经理李某、销售部经理吴某、财务部经理叶某、公关部经理小珊和助理小黄负责接待。双方商定先举行商务洽谈，然后举行签字仪式并当场为商品销售剪彩。

项目要求：

（1）情景一：请你为禹诚汽车贸易公司和新城公司的商务洽谈及旅行、签字仪式做好计划。

（2）情景二：演示新城公司秘书小丽与小娜做商务旅行准备的情境。

（3）情景三：演示商务洽谈会情景，从迎客到就座、洽谈、告别等过程清晰。

（4）情景四：演示双方签字仪式场景。

（5）情景五：演示整个剪彩仪式。

项目说明：

（1）借用学院会议室，准备长桌椅。桌椅摆放要符合商务活动位次安排的礼仪，适当布置会场。

（2）学生每10人为一组，分别扮演禹诚汽车贸易公司和新城公司人员。

（3）本实训要演示整个过程，交谈内容可自由发挥，但要注意交际技巧和语言禁忌、服饰及行为举止。时间约3课时。

【知识小结】

商务活动是一个社会组织在其运作过程中与其他方面谋求合作互动过程的总称。在商务活动中有许多特别的礼仪规范，应当遵循以体现职业形象和组织形象。

商务会议、洽谈是商务过程中的经常性活动，应把握其举行程序和相关礼仪要求，尤其是会见、会谈和商务谈判的礼仪要求。要慎重选择场所，注重仪表，安排好座次，透过礼仪工作表达尊重之意并取得商务洽谈成功。

商务活动中为向社会公众展示实力，塑造企业形象，会适当举行开业庆典、剪彩仪式、签字仪式等。作为商务人员应学会商务仪式的程序，能组织相关仪式，能遵守仪式礼仪规范。

出行是我们必不可少的生活方式，为展示职业形象，商务人员应注意选择出行方式并注意礼节。出差旅行中，要做好旅行准备，把握住宿的礼节，这些虽不属于正式场合的商务活动，但却与商务活动密切相关。

【思考训练】

想一想

（1）如果组织大型的商务活动，如何排列来宾的次序？

（2）是否只能由来宾一方提出会见要求？提出会见要求后需要做什么工作？

（3）在商务谈判中，谈判场所的布置和服饰有哪些要求？

（4）简述剪彩者应遵循的礼仪规范。

（5）简述会议参加者、会议发言者的基本礼仪。

（6）出差旅行要做好哪些准备？

（7）分析案例，指出开业典礼的程序

开业典礼方案
——天地公司开业庆典剪彩

时间：2002年9月9日上午10时。

地点：天地公司。

商务礼仪

活动名称：天地公司开业庆典剪彩。

活动简介：

天地公司于9月9日在公司所在地隆重举行开业剪彩仪式，届时会有许多当地的商业人士、新闻媒体及市府领导出席。活动中，大家可以了解到公司代理的各种酒类产品，同时公司准备了丰盛的晚宴款待各位嘉宾，另外还有内容丰富的娱乐活动请大家共享欢乐。

10:00～10:30　　醒狮，礼仪小姐迎宾。
10:30～11:00　　开业典礼正式开始，邀请张总经理致辞，邀请嘉宾剪彩。
11:00～11:30　　参观公司。
12:00～14:00　　公司在亚洲大酒店设宴，请嘉宾共进午餐。
17:30～18:00　　在度假村酒店星光厅迎宾。
18:00　　　　　晚宴正式开始入席。
18:10　　　　　司仪邀请张总经理致辞，致辞完毕，晚宴正式开始。
19:00～20:30　　精彩的节目表演及黄金抽奖活动。
20:30～02:00　　世纪之星夜总会活动。

练一练

（1）组织学生参加本校举行的重要仪式并组织学生参加相关的礼仪服务。

（2）组织学生在班级内进行会务组织模拟练习。

（3）学生上网或打电话预定差旅票。

谈一谈

签字仪式

7月15日是国能电力公司与美国PALID公司在多次谈判后达成协议，准备正式签字的日期。国能电力公司负责签字仪式的现场准备工作，国能电力公司将公司总部十楼的大会议室作为签字现场，在会议室摆放了鲜花，长方形签字桌上临时铺设了深绿色的台呢布，摆放了中美两国的国旗，美国国旗放在签字桌左侧，中国国旗放在右侧，签字文本一式两份放在黑色塑料的文件夹内，签字笔、吸墨器文具分别置放在两边，会议室空调温度控制在20℃，办公室陈主任检查了签字现场，觉得一切安排妥当，他让办公室张小姐通知国能电力公司董事长、总经理等我方签字人员在会议室等待，自己到楼下准备迎接客商。

上午9点，美方总经理一行乘坐一辆高级轿车，准时驶入国能电力公司总部办公楼，司机熟练地将车平稳地停在楼前，陈主任在门口迎候，他见副驾驶坐上是一位女宾，陈主任以娴熟优雅的姿势先为前排女宾打开车门，并做好护顶姿势，同时礼貌地问候对方。紧接着，陈主任迅速走到右后门，准备以同样动作迎接后排客人，不料，前排女宾已经先于他打开了后门，迎候后排男宾，陈主任急忙上前问候，但明显感觉女宾和后排男宾有不悦之色。陈主任一边引导客人进入大厅，来到电梯口，一边告知客人，董事长在会议室等待，电梯到达十楼后，陈主任按住电梯控制开关，请客商先出，自己后出，然后引导客人到会议室，在会议室等待的国能电力公司的签字人员在客人进入会议室时，马上起立鼓掌欢迎，刘董事长急忙从座位上站起，主动向对方客人握手，不料，美方客人在扫视了会议室后，似乎非常不满，不肯就座，好像是临时改变了主意，不想签字了，问题出在哪里呢？

思考：

（1）国能电力公司安排的这次签字活动有不当之处吗？请对其进行评判。

（2）陈主任在迎接礼仪的安排和自己的迎送过程中是否有不到之处？

（3）外方客人不悦和临时变卦的主要原因是什么？

情境五
商务交往国际礼仪的运用

【训练目标】

知识目标

◎ 了解涉外商务礼仪的原则,掌握涉外礼仪中的礼宾次序等一般礼仪知识;
◎ 了解并掌握各国的风俗习惯以及禁忌。

能力目标

◎ 提升涉外接待素质和能力,能承担并完成简单的涉外接待任务;
◎ 通过了解其他国家的风俗和禁忌,学以致用,养成尊重他人的良好习惯。

素质目标

◎ 培养学生学习涉外礼仪的意识,增强学生的综合素质。

任务十　涉外商务礼仪

【学习任务】

（1）了解涉外商务礼仪的原则和要求。
（2）掌握礼宾次序、外事接待、出入国境等涉外礼仪。
（3）了解不同国家的礼俗文化。

【情境设计】

有一年，国内一家企业前去日本寻找合作伙伴。到了日本后，经过多方努力，这家企业终于寻觅到了自己的"意中人"——一家具有国际声望的日本大公司。经过长时间的讨价还价，双方商定，首先草签一个有关双边实行合作的协议。当时，在中方人士看来，基本上可以算是大功告成了。

到了正式草签中日双方合作协议的那一天，由于种种原因，中方人员阴差阳错，抵达签字地点的时间比双方预先约定的时间大约晚了一刻钟。当他们气喘吁吁地跑进签字厅时，但见日方人员早已衣冠楚楚地排列成一排，正在恭候他们的到来。不过，在中方人员跑进来之后，还没容他们做出任何有关自己迟到的解释，日方人员便整整齐齐、规规矩矩地向他们鞠了一躬，随后便集体退出了签字厅。就这样，双方的合作竟然搁浅了。

任务

中日合作搁浅的原因何在？如果是你首先应该为这次协议的签订准备哪些商务礼仪知识？

解决问题

在这一事件中，日方没有任何错误，错在中方。中方的最大错误是，在涉外商务交往中没有认真做到"信守约定"，违背了这一国际惯例。日方的解释是："我们绝不会为自己寻找一个没有时间观念的合作伙伴。不遵守约会时间的人，永远都是不值得信赖的。"可见，在涉外商务交往中，讲究礼仪，实非小事。

要顺利签订协议，作为参与方的准备者首先必须收集相关的涉外礼仪资料，以免出现尴尬。

【核心知识】

一、涉外商务礼仪的原则和要求

（一）涉外商务礼仪的原则

涉外商务礼仪是指在对外交往、涉外商务活动中所涉及的礼仪活动以及各种礼节、仪式的规范化做法。它是维护自身形象，向外宾表示尊重、友好的交际形式。

涉外商务礼仪的原则是指在国际商务活动中应遵循的基本准则。一般来说，涉外商务人员在日常工作中，应遵循以下原则。

1. 维护形象原则

根据惯例，在国际交往中，人们普遍对交往对象的个人形象倍加关注，因为个人形象既能够真实地体现个人的教养和品位，又能代表组织的形象甚至国家的形象。因此，在涉外交往中，商务人员必须时时刻刻注意维护自身形象，充分展现个人良好的修养和优秀品质，以最佳的个人形象呈现在世人面前。根据常规，要维护好个人形象，重点要注意仪表、表情、举止、服饰、谈吐和待人接物六个方面的问题。

2. 不卑不亢原则

商务人员形象体现国家和民族的尊严，不卑不亢原则是每一名涉外商务人员必须高度重视的大问题。在涉外商务场合，言行应当从容得体、坦诚乐观，既不畏惧自卑，也不狂傲自大；既要尊重外国的风俗习惯，又要自尊、自爱、自重、自信。

3. 求同存异原则

在涉外交往中，由于宗教、文化、历史等复杂的原因各个国家的礼仪与习俗都存在着一定程度的差异性，正确的做法是遵守求同存异原则。

"求同"，就是要遵守国际惯例，要重视礼仪的"共性"。"存异"，则是要求对个别国家的礼俗不可一概否定，不可完全忽略礼仪的"个性"，并且要在必要的时候，对交往对象国礼仪与习俗有所了解，并表示尊重。比如见面礼节中国际通用握手是"遵守惯例"；而有时到泰国、印度等佛教国家为表示尊重可以采用合十礼，这是"存异"。

4. 入乡随俗原则

要真正做到尊重交往对象，首先就必须学会尊重对方所独有的风俗习惯。在涉外交往中注意尊重外国友人所特有的习俗，容易增进中外双方之间的理解和沟通，有助于更好地、恰如其分地向外国友人表达我方的友善和尊重之意。当自己身为东道主时，通常讲究"主随客便"；当自己是客人时，则又讲究"客随主便"。

遵守入乡随俗原则要注意两个问题，一是必须充分地了解交往对象的风俗习惯，包括衣食住行、言谈举止、待人接物等方面所特有的讲究与禁忌；二是必须无条件地对交往对象所特有的习俗加以尊重，不可少见多怪、妄加非议，更不能以我为尊、我行我素。

案例小故事 10-1

红玫瑰要送对人

波兰公司的老总请中方何经理到家里做客，何经理在花店买了一束红玫瑰，正好 36 朵。没想到，波兰老总的夫人一点也不高兴。"难道波兰人没有好运的概念？"何经理有些糊涂了。

小思考 10-1

波兰老总夫人不高兴的原因是什么？

5. 信守约定原则

信守约定原则是指在一切正式的国际交往中，必须认真而严格地遵守自己的所有承诺，说话务必要算数，许诺一定要兑现，约会必须要守时。对商务人员而言，要真正做到信守约定，必须在以下三个方面身体力行，严格地要求自己。

（1）谨慎许诺　在涉外交往中，许诺必须谨慎，量力而行，以免因做不到而失信，切勿开"空头支票"。

（2）如约而行　承诺一旦做出，要如约而行，必须兑现，应尽可能地避免对已有的约定任意进行修改变动，随心所欲地乱做解释。力争做到"言必信，行必果"，只有这样才能赢得交往对象的好感与信任。

（3）失约致歉　万一由于难以抗拒的因素，致使失约，或是有约难行，需要第一时间向有关各方进行通报，如实地解释，并且还要郑重其事地向对方致以歉意，主动负担按照规定和惯例给对方造成的某些物质方面的损失，千万不能得过且过，一味推诿，或避而不谈。

6. 不宜为先原则

在涉外交往中，对自己一时难以应付、举棋不定，或者不知道到底怎样做才好的情况，最明智的做法是尽量不要急于采取行动，应该按兵不动，再静观周围人的所作所为，并与他们采取一致的行动。例如，西餐宴会上女主人是采取行动的"法定的"第一顺序，任何人抢在她的前面行动，都是没有礼貌的。

7. 尊重隐私原则

隐私是指一个人出于个人尊严和其他某些方面的考虑，不愿意公开、不希望外人了解或是打听的个人秘密、私人事宜。在涉外交往中，普遍讲究尊重个人隐私，并且将尊重个人隐私与否视作一个人在待人接物方面有无教养、能不能尊重和体谅交际对象的重要标志之一。

8. 热情有度原则

案例小故事 10-2

杨安琪被派到一位意大利来京工作的专家家里做服务性工作。因为她热情负责、精明能干，起初专家夫妇对她的印象很是不错，她也把自己当成了专家家庭中的一名成员。

有一个星期天，那位意大利专家偕夫人外出归来。小杨在问候了他们以后，如同对待老朋友那样，随口便问："你们去哪里玩了？"专家迟疑了良久，才吞吞吐吐地相告："我们去建国门外大街了。"小杨当时以为对方累了，根本未将人家的态度当回事，于是她接着话茬儿又问："你们逛了什么商店？"对方被迫答道："友谊商店。""你们为什么不去赛特购物中心看看？秀水街的东西也不错。"小杨好心地向对方建议说。然而，她的话还没说完，专家夫妇已转身走了，两天后，杨安琪就被辞退了。

小思考 10-2

杨安琪被辞退的原因是什么？

所谓热情有度，是指既要对交往对象热情友善，又要注意"度"，不能有碍于人，影响于人，骚扰于人。

（1）关心有度　中国人习惯关心他人比关心自己更重要。然而在与外国客人打交道时，"关心"要适当。由于大多数外国人都强调个性独立，绝对自由，过分的关心会让人感觉碍手碍脚、多管闲事，所以礼待外国客人，不该关心的事不能关心。

（2）谦虚有度　中国人推崇谦虚为做人的一种美德，在对自己的行为进行评价时，大都主张自谦，不提倡多做自我肯定。在外国人看来，过分的谦虚不是没有实力、缺乏自信，就是虚伪做作。在涉外交往中要注意谦虚有度。

商务人员在涉外场合应做到以下几点：①当外国友人赞美自己的相貌、衣饰、手艺时，一定要大大方方地说："谢谢"。②当外国友人称道自己的工作、技术或服务时，要高兴地认可。③当需要进行自我介绍时要敢于并善于实话实说自己的工作、学习、能力、特长等。不要随意说自己是"瞎忙""混日子"。因为中国人的客气性"过谦"，外国人不理解不习惯。

（3）距离有度　距离有度，是指与交往对象之间彼此要保持适当的空间距离。中国人讲究亲密无间，外国人主张人与人之间关系和场合不同时，距离亦应有别。在涉外交往中，人们的普遍性做法是强调亲疏有别，距离有度。与对方距离过近，会让对方产生被"侵犯"、不自在的感觉；距离过远，又会使对方感觉被冷遇。

（4）举止有度　在涉外交往中，商务人员一定要注意自己的行为举止。一方面不要随便采取有意显示热情的动作。在国内，朋友相见时，彼此拍拍肩膀；两名同性在街上携手而行司空见惯，但是，外国人却接受不了。另一方面不要有不文明不礼貌的动作，如当众脱鞋、挖鼻孔等。

9. 女士优先原则

女士优先，是指在社交场合，一个有教养的成年的男士应该以自己的言行举止尊重女士、照顾女士、保护女士、关心女士、体谅女士，并且想方设法为女士排忧解难。

女士优先适用于社交场合。换而言之，在公务活动中，强调男、女平等，不考虑"女士优先"，即便是在西方国家也是如此。

小思考 10-3

当女士穿着喇叭裙，上螺旋式楼梯时，男士应走在女士的前面还是后面？

知识小看板 10-1

女士优先细节

（1）行走　男女并排走，男士应请女士走在人行道的内侧，自己主动行走在外侧。不允许男女并行时，男士通常应请女士先行，自己与之保持一步左右的距离。

（2）乘车　上车时，男士应先把右侧的车门打开，让女士先坐进去，男士再绕到车的左边，坐到左边的座位上。下车时，男士要先下车，协助女士下车。

（3）见面　参加聚会时，男宾应先向女主人问好，然后问候男主人。女士在场，男士不得吸烟。主人介绍时，首先把男士介绍给女士，以示尊重。男女双方握手时，只有当女士伸过手来之后，男士才能与之相握。

（4）上下楼　在上楼梯时，男士要在女士的后面，相隔一两级台阶的距离；下楼梯时，男士应该先下。

（5）进餐馆　如果男士预先预订了餐桌，则应走在前面为女士引路，如果不是这样，行进的顺序应该是：侍者—女士—男士。在餐桌旁，男士应该为女士拉出椅子。坐定后，男士应把菜单递给女士，把选择菜单的权力先交给女士。一般餐毕也总是由男士付账。

（6）助臂　男士应该帮助他所陪伴的女士携带属于她的较重的或拿着不方便的物品，如购物袋、旅行包、伞等。

10. 以右为尊原则

在国际交往中，大到政治磋商、商务往来、文化交流，小到私人交往、社交应酬，但凡有必要确定并排列具体位置的主次尊卑时，都要遵循"以右为尊"的原则。在国际交往中，只要我们遵循"以右为尊"原则，就不会失礼于人。

小思考 10-4

我国的党和国家领导人在正式会晤国际友人时，宾主之间所就座的具体位置如何？

（二）涉外商务礼仪的要求

1. 忠于祖国，尊重国格

忠于祖国、尊重国格，是涉外商务人员应具有的基本素养。作为我国涉外商务人员，首先应热爱自己的祖国，牢固树立民族自尊心、自信心和自豪感，时刻牢记祖国的利益高于一切，坚决维护国家的主权和民族的尊严，绝不能做出任何有失国格、人格的事情。每一名涉外商务人员不仅应在思想上重视，而且还应付诸工作中。在任何一项涉外活动中，涉外商务人员都应以自尊、自爱和自信为基础，坚持自立、自强的精神面貌，维护国家、民族的利益和尊严。

2. 尊重外宾国格、人格

在涉外商务交往中，我们既要维护本国的尊严，又要充分尊重外宾的国格、人格，这是国际商务活动中友好往来的基本条件。具体地说，就是不论外宾国家大小、肤色、种族、宗教信仰有何差异，我们都要充分尊重外宾、理解外宾、礼待外宾。

3. 尊重各国的风俗习惯

不同的国家、民族，由于不同的历史、文化、宗教等因素，各有其特殊的风俗习惯和礼节，不仅中外有别，而且外外有别，在涉外商务交往中均应予以重视。如新到一个国家或者初次参加涉外活动，应多了解、多留意、多观察，不懂或不会做的事情可效仿别人，以免出错。

4. 友好相处，平等互利

对任何交往对象，无论国家大小、强弱、穷富都应一视同仁，平等对待，给予同等的尊重与友善，一律做到待人接物热情周到、举止文雅、文明礼貌。对外交往要以宽阔的胸怀，在互利互惠的原则下进行相互合作与交流。即使由于条件所限而难以达成互利协议时，也不应该采取欺诈、强制手段来谋取自身的利益。

5. 严守机密，依法办事

在涉外商务活动中，要严格遵守外事活动纪律，严守国家机密和商业秘密，维护国家、企业利益。在外商面前，切忌信口开河，切忌在利益驱动下泄露商业机密或偷窃外商秘密。在处理进出口业务时，严格把关，警惕国际贸易诈骗。在自身利益受到侵害时，注意遵守国际惯例和国际条约，善于拿起法律武器，维护自己的合法权益。

6. 注意言谈举止

由于中外地理环境、文化背景、风俗人情各异，在涉外商务交往中要特别注重言谈举止，处处显得彬彬有礼。言谈的态度要诚恳、自然、大方，表达要得体，谈话内容要事先有所准备，言谈中手势不要过大，要注意倾听；在谈话时要神情专注，运用眼睛与对方交流，以传达一种友善和情感。即使为各自利益发生必要的争论也不要忘记礼让三分。举止要落落大方，端庄稳重，表现自然，和蔼可亲。唯此，才能在国际商务场合体现出良好的修养。

7. 爱护环境

在涉外商务礼仪中，"爱护环境"的主要含义是：在日常生活中，每一个人都有义务对人类赖以生存的环境自觉地加以爱护。在国际交往中，能否以实际行动爱护环境，已被视为一个人有没有教养、讲不讲社会公德的重要标志之一。中国商务人员在涉外交往中，应严于律己，树立环保意识，并付诸行动。多注意维护身边的环境，在宴请中不吃国家级保护动物，不在大众场合大声说话、打手机，不随手丢弃废弃物等。在这个问题上，千万不要认为无所谓而我行我素。

二、涉外商务一般礼仪

（一）礼宾次序

1. 礼宾次序的概念

礼宾次序，是指在国际交往中对出席活动的国家、团体、各国人士的位次，按某些规则和惯例进行排列的先后次序。一般来说，礼宾次序体现东道主对各国宾客所给予的礼遇，在一些国际性的集会上则表示各国主权平等的地位；礼宾次序安排不当或不符合国际惯例，则会引起不必要的争执与交涉，甚至会影响国家关系。因此在组织涉外活动时，对礼宾次序应给予高度重视。

2. 礼宾次序的排列方法

按照国际惯例，常见的礼宾次序有下列三种排列方法。

（1）按身份与职务的高低顺序排列　这是礼宾次序排列的主要根据。一般的官方活动如会见、会谈、宴请等，经常是按身份与职位的高低安排礼宾次序。如按国家元首、副元首、政府总理（首相）、副总理（副首相）、部长、副部长等顺序排列。各国提供的正式名单或正式通知是确定职务的依据。由于各国的国家体制不同，部门之间的职务高低不尽一致，要根据各国的规定，按相当的级别和官衔进行安排。在多边活动中，有时按其他方法排列。但无论按何种方法排列，都要考虑身份与职务的高低问题。

（2）按字母顺序排列　多边活动的各方或参加者不便按身份与职务的高低排列的，可采用按字母顺序排列的方法。按字母顺序排列是将所有参加活动的组织或个人按其名称或姓名的组合字母顺序依次排列。如果第一个字母相同，则依第二个字母，第二个字母相同，依第三个字母，以此类推。

一般涉外商务活动按英语字母顺序排列居多，也可视具体情况按法语、西班牙语等其他语种的字母顺序排列。但不能一次按两种或两种以上语种的字母顺序排列。

（3）按通知代表团组成的日期先后排列　有时在多边活动中，采用通知代表团组成的日期先后排列礼宾次序的方法。东道国对同等身份的外国代表团，按派遣国通知代表团组成的日期排定次序，或按代表团抵达活动地点的时间先后排定，或按派遣国决定应邀派遣代表团参加该活动的答复时间先后排列。采用何种排列方法，东道国在致各国的邀请书中，都加以注明。

在实际工作中，遇到的情况往往是复杂的。所以，礼宾次序的排列常常不能按一种排列方法，而是几种方法的交叉，并考虑其他特殊因素。例如，在某一多边国际活动中，首先是按代表团团长的身份高低来确定与会代表团的礼宾次序；在同级代表团中，按派遣国通知代表团组成日期的先后来确定；对同级和同时收到通知的代表团按国名英文字母顺序排列。此外还应考虑其他因素，诸如国家之间的关系，地区所在，活动的性质、内容和对于活动的贡献大小，以及参加活动人的威望、资历等。

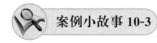

小思考 10-5

假如有一个会议在中国召开，参加会议的人员除了中国外，还有其他六个国家的人员，他们分别来自德国、匈牙利、日本、俄罗斯、泰国、美国。请问应如何安排礼宾次序。对待这些国家应分别采取什么样的接待方式？

（二）外事接待

案例小故事 10-3

接待工作如何到位

我国南方某公司来了位意大利客人。他来前三周就发来传真，要求我方办好签证、订好旅馆。我方秘书立即做好这一切。但因传真上未写明要为客人安排好来回接送的车子，秘书便没有帮他安排。意大利客人却按照他们的惯例，认为秘书会把一切安排妥当，于是他下了飞机后，就等车来接，可是左等右等，没有等到，他想，也许中方考虑到旅途劳累，要等第二天才安排相关活动。于是他就先回旅馆。第二天一大早，他就在旅馆内等中方的车来接他去公司。可是等了好久，连影子也没有。他一气之下打电话给该公司的总经理,抱怨秘书工作,总经理听了很生气,秘书为此受到严厉批评。

> **小思考 10-6**
> 秘书工作的失误在哪里?

1. 接待准备

外事接待准备工作主要包括以下几个方面。

(1) 成立接待班子　接待班子由外事、翻译、安全警卫、后勤、医疗、交通、通信等方面的工作人员组成。

(2) 收集、了解信息　为了做好外事接待工作,接待班子成员应该事先了解接待对象的有关情况,安排相关礼仪活动。主要包括以下内容。

① 了解来访人员基本信息,如姓名、性别、身份、年龄、国籍、职业、专长、偏好、生活习惯、饮食习惯和禁忌等;必要时,还需要了解其婚姻、健康状况以及政治倾向与宗教信仰。

② 了解来访目的、任务,对会谈、参观访问、签订合同等事项的具体要求。

③ 了解来访者的具体行程安排,如前来的路线、交通工具、时间等。

不同国家、民族的风俗习惯、生活方式各不相同。了解来宾的一些基本情况,有意识地安排一些具有民族特色和文化特点的服务、一些来宾感兴趣的会见活动和参观旅游,将会使外宾感到十分满意。

(3) 拟订接待方案　为了做好接待工作,应该认真拟订接待方案。包括各项活动的项目、日程及详细时间表,项目负责人和接待规格、安全保卫措施等。接待方案应该做到安排细致,时间、地点、内容、人员等都要明确,确保万无一失。

(4) 准备工作　按照拟订好的接待方案,安排好接待人员、礼仪活动、来宾下榻之处、迎送车辆,布置好接待环境等。

接待服务人员要进行必要的教育和培训,内容主要涉及来宾所在国的概况、文化背景、宗教信仰、生活习俗以及禁忌等。

对于会见、会谈、宴请、舞会、礼仪活动等要求定时、定点、定人员、定座次、定程序,宴会活动中所使用的食品、饮料要求严格把关,确保安全。

根据来访者的身份、地位、接待条件安排好下榻之处。注意其环境的整洁、安静,房间设备齐全,服务质量上乘等。

在良好的环境中接待来宾,是对来宾表示尊重与礼貌。接待室的环境应该明亮、安静、整洁、幽雅。应配置沙发、茶几、衣架、电话,以备接待客人进行谈话和通讯联络之用。室内还应适当点缀一些花卉、字画、绿色植物等,增加雅致的气氛。

2. 接待礼仪

在国际交往中,对外国来宾通常视其身份、地位、访问性质以及双方之间的关系等因素,确定相应的接待活动。

(1) 接待的安排　接待活动的安排主要有两种不同档次:一是隆重的接待仪式,这主要适用于外国国家元首、政府首脑、军方高级领导人的访问;二是一般接待,适用于一般来访者。

(2) 接待规格的确定　在确定接待规格时,主要依据来访者的身份、访问的性质和目的,并且适当考虑两国之间的关系,同时还要注意国际惯例,综合平衡。确定接待规格主要是确定由哪一级人员出面接待,一般按照国际惯例的"对等原则",主要接待人员应与来宾的身份相当。如果由于各种原因而不能完全对等时，由职位相当的人士或副职出面，并向对方做出解释。

（3）掌握抵达时间　为了更顺利地接待客人，接待人员必须准确掌握来宾所乘坐的交通工具的班次以及抵达时间，应在来宾乘坐的飞机（火车、轮船）抵达之前到场迎候，绝对不能出现让客人等候的现象。

（4）献花　献花是常见的迎接外宾时用来表达敬意的礼仪之一。献花应安排在主要领导人与客人握手之后进行，通常由儿童或女青年将花献上，有的国家由女主人向女宾献花。献花必须用鲜花，并注意保持花束整洁、鲜艳，在使用鲜花的时候要注意花语，以及各民族对鲜花的禁忌等。

（5）介绍　接待外宾时，宾主见面要相互介绍、引见。一般由礼宾交际人员、接待翻译或接待人员中身份最高者，率先将接待人员一一介绍给来宾，也可以作自我介绍。客人初到，一般较拘谨，主人应主动与客人寒暄。

（6）陪车　客人抵达后，从机场到住地，以及访问结束由住地到机场，有的安排主人陪同乘车，也有不陪同乘车的。如果主人陪车，应请客人坐在主人的右侧。如是三排座的轿车，译员坐在主人前面的加座上；如是双排座，译员坐在司机旁边。上车时，应先请客人从右侧上车，主人再从左侧上车。若客人先上车，坐到了主人的位置上，则不必请客人挪动位置。待外宾和陪同人员全部上车后，再驱动车辆。

（7）其他迎接中的事项　迎接贵宾时，应事先在机场（车站、码头）安排好贵宾休息室，准备好饮料。客人的住处、膳食应事先订好。

指派专人协助办理入出境手续及机票（车、船票）和行李提取或托运手续等事宜。重要代表团，人数众多，行李也多，应将主要客人的行李先取出（最好请对方派人配合），及时送往住地，以便更衣。客人到达后，一般不要立即安排活动，应让客人稍事休息，倒换时差。

迎接的整个活动安排要热情周到、无微不至、有条不紊，使客人有宾至如归的感觉。

（8）食宿安排　外宾来访期间的生活接待十分重要，要尽量使其舒适、方便、安全。住地应当选择在环境优美、安静的地段，以便使来宾在繁忙紧张的活动之后得到适当的休息。住房的分配，应视代表团的人数和组成情况恰当安排。一般来说，主宾身边的工作人员，如秘书、译员、近身警卫和服务人员等应住在靠近主宾的房间。对代表团中的高级官员亦应妥善安排。除非不得已，单身人士亦应安排单独房间，而不要安排两人合住。住房可由东道主安排分配后，再征求客人意见；也可将房间位置图提前交给对方，请对方自行安排。

（9）礼貌送别　在为外宾送行时，要按照迎接的规格来确定送别的规格，主要迎候人应参加送别活动。一般情况下送行人员可前往外宾住宿处，陪同外宾一同前往机场、码头或车站，也可直接前往机场、码头或车站恭候外宾，必要时可在贵宾室与外宾稍叙友谊，或举行专门的欢送仪式。在外宾临上飞机、轮船或火车之前，送行人员应按一定顺序同外宾一一握手话别，祝愿客人旅途平安并欢迎再次光临。飞机起飞或轮船、火车开动之后，送行人员应向外宾挥手致意，直至飞机、轮船或火车在视野里消失，送行人员方可离去，切不可在外宾刚登上飞机、轮船或火车时，送行人员就立即离去。

3. 国旗悬挂的礼仪

国旗是一个主权国家的标志。国旗悬挂，是指在国际会议或外交场合将国旗挂起。人们往往通过悬挂国旗表示对本国的热爱或对他国的尊重。

（1）悬挂国旗的要求

① 制旗规范，旗面完好、整洁。各国国旗的图案、式样、颜色、比例均按本国宪法规

定。不同国家的国旗在并排悬挂时应按同一规格略放大或缩小。不仅如此，旗面还要完好、整洁，不能使用有污损的国旗。

② 在建筑物上，或室外悬挂国旗，应日出升旗，日落降旗。参观升降国旗仪式者，要服装整齐、立正，脱帽行注目礼。升旗一定要升至杆顶。

③ 悬挂双方国旗，按国际惯例，以右为上，以左为下。两国国旗并挂，以旗本身面向为准，右挂客方国旗，左挂本国国旗。汽车上挂旗，则以汽车行进方向为准，驾驶员左手为主方，右手为客方。所谓主客，不以活动举行所在国为依据，而以举办活动的主人为依据。

需要同时悬挂多国国旗时，通行的做法是以国旗自身面向为准，让旗套位于右侧。越往右侧悬挂的国旗，被给予的礼遇就越高；越往左侧悬挂的国旗，被给予的礼遇就越低。在悬挂东道国国旗时，可将其悬挂在最左侧，以示东道国的谦恭。

④ 国旗不得倒挂、反挂。一个国家的国旗由于文字和图案的原因，不能竖挂、反挂。因此，正式场合悬挂国旗宜以正面（即旗套在旗的右方）面向观众，不用反面。如挂在墙壁上，应避免交叉挂和竖挂。

⑤ 悬旗致哀，应降半旗。降半旗的方法是先将旗升至杆顶，再下降至离杆顶相当于杆长 1/3 的地方。降旗时，也应先将旗升至杆顶，然后再下降。此外，还有的国家不降半旗，而在国旗上方挂黑纱致哀。

(2) 国旗的几种悬挂法

① 两面国旗并挂（图 10-1）

图 10-1　两面国旗并挂

② 三面以上国旗并挂（图 10-2）

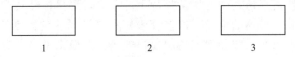

图 10-2　三面以上国旗并挂

注意：多面并挂，主方在最后。如是国际会议，无主客之分，则按会议规定的礼宾顺序排列。

③ 并列悬挂（图 10-3）

④ 交叉悬挂（图 10-4）

⑤ 交叉挂（图 10-5）

图 10-3　并列悬挂　　图 10-4　交叉悬挂　　图 10-5　交叉挂

⑥ 竖挂（客方为反面，主方为正面）（图 10-6）

⑦ 竖挂（双方均为正面）（图 10-7）

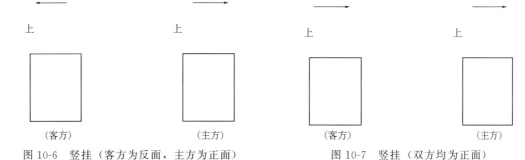

图 10-6　竖挂（客方为反面，主方为正面）　　　图 10-7　竖挂（双方均为正面）

（三）出入国境

 **小思考 10-7**

公司派小鸥到美国进行商务洽谈，小鸥应办理何种护照？到何处办理？

1. 出国前的准备

出国前的准备工作主要涉及办理护照、签证、黄皮书、预购机票（车、船票）以及行李等。依照国际惯例，各国公民在出国时，必须持有本国政府所颁发的护照。与此同时，还需要获得目标国颁发的签证。商务人员出国时自然要取得上述两道证明文件。

（1）取得护照

护照是各主权国家发给本国公民出入境和在国外的身份证件。凡出国人员均持有护照，以便有关当局检验时出示。任何国家都不允许没有护照的人进入其国境。各国对护照的检验也较严格，防止持有过期、失效，甚至伪造护照的人进入该国国境。

我国的护照分为外交护照、公务护照和普通护照。普通护照又分为因公普通护照和因私普通护照。外交护照主要发给具有一定职级的人员和具有外交官身份的驻外人员；公务护照和因公普通护照主要发给因公出国工作、访问学习的人员；因私普通护照发给我国侨民、留学生和因办理私人事情出国的人员。因公出国人员的护照，由外交部或由外交部授权的机关办理；因私出国人员的护照，由公安部授权的相关机关办理。

拿到护照后，应核查姓名、出生年月、地点是否填写正确，并在签字格上签名。出国前要凭护照去办理所去国家和中途经停国家的签证，凭护照购买国际航班机票和车船票等；在国外要凭护照住旅馆、办理居留手续等。护照的有效期一般为五年，期满后要办理延长手续。护照必须妥善保管，不得污损、涂改，严防遗失。

（2）获得签证

签证是一国政府主管机关依照法律规章为申请入境、出境或过境的外国人颁发的一种书面许可证明。有的国家对出入境的本国公民也要颁发签证。签证均做在护照或其他身份证件上。如前往未建交国，则用单独的签证，称另纸签证，与护照同时使用。

签证的等级分为外交签证、公务签证和普通签证。入出国境的签证分为入境、入出境、出入境、过境签证，另外还有居留签证。

出国前必须办妥必要的签证，也就是办理所去国家的入境或入出境签证和中途经停国家的过境签证。如持中国因私普通护照，还须向发照单位申办我国签证。办外国签证，须向有关国家驻华使、领馆申请办理。在我国没有使、领馆，也没有第三国使馆代办签证业务时，则前往有办理该国签证机关的国家办理。在国外，如需办理签证，可请我国驻外使、领馆协助。

有些国家规定，凡停留不超过二十四小时或一定期限的，可以免办过境签证。有些国家之间订有互免签证的协议，则可不办签证。各国的签证内容大体相同，都规定有效期和居留期限等。

（3）黄皮书

黄皮书即国际预防接种证书。为防止国际间某些传染病的流行，各国都对外国人进入本国国境所需某些接种作出规定。主要有种牛痘、防霍乱和防黄热病的接种等。这些接种的有效期限是：牛痘自初种后八日，复种后当日起三年内有效；预防霍乱自接种后六日起，六个月内有效；预防黄热病自接种后十日起，十年内有效。

根据不同时期、不同地区和疫情的分布情况，各国对预防接种的要求也有所不同。如天花，目前在世界范围内已基本得到控制，因此很多国家已开始不要求必须接种牛痘了。有时某一地区发现霍乱，凡出入该地区的人必须注射防霍乱疫苗。所以说，出国人员办理接种手续前，应做必要的了解。

（4）预购机票（车、船票）

出国前，应根据实际情况，选择方便、经济、合理的路线。各国航空公司给长途旅客二十四小时以内转机提供食宿的方便，因此在选择换乘飞机的时间、地点时，要考虑这一因素。

购买机票，可通过旅行社代办，也可直接到所乘班机的航空公司、营业处购买。购买机票的同时，要确认机座。拿到机票后，应检查机票填写的飞机班次、日期、途经城市、到达城市是否正确，座位是否确认（即"OK"）。只有机座"OK"，才可搭乘飞机。机票上都注有姓名，不可转让。

如旅行人持联程（或往返）机票，即使购票时全程机座均已办妥，但因某些航空公司对联运衔接的时限规定不尽相同，如果搭乘续程（或回程）飞机的间隔时间超过其规定的时限，须在续程（或回程）地点提早办妥机座"再证实"（reconfirm）手续。否则就等于自动放弃已确认的机座，承运部门可以合法地将机座让予其他旅客。这一点往往被人们忽视。因此，要特别注意了解有关机场及航空公司的规定，以免给旅行造成困难。

（5）行李

乘飞机，一般可免费托运行李 20 千克（头等舱机票可托运 30 千克）。有少数航空公司规定，可托运 30 千克。行李超重部分要付超重费。近年来，某些航空公司为提高竞争能力，在超重行李收费方面做法灵活，有时甚至不收超重费。但在满员飞行的情况下，则要求严格，所以准备行李时，以不超重为好。

行李箱最好是用轻便牢固的旅行箱，便于搬运，不怕碰压。个人的行李应有明显的标记，写上中外文姓名、到达的目的地等。集体的行李可用统一标记，以便识别。如有过多、过大的行李、物品、仪器等，除随身托运外，还可提前分离托运，运费比一般航运便宜。

出国旅行往往还要添置衣物，可事先了解一下所去国家的气候条件、风俗习惯等情况，以便置装时参考。

知识小看板 10-2

签证有效期限

签证有效期限指的是由签证机关的规定与申请人的实际需要所确定的，在申请人签证上标明的，准予持证人进入发证国国境的期限。一般而言，签证有效期不得超过所签护照的有效期。中国现行规定如下。

一次或二次签证，有效期一般为 1～3 个月，最长不超过 6 个月；多次签证，有效期一般为 6～12 个月。

签证停留期限指的是签证持有者在签证有效期内，自入境之日算起，被准予在该国停留的期限。中国规定，它应根据申请人的实际需要，并按照有关规定或主管部门通知确定。具体而言，一次签证的停留期限最长不超过180天；二次签证的停留期限一般为每次30天，最长不超过90天；多次签证的停留期限一般为每次30天，最长不超过120天；过境签证的停留期限一般为每次7天，最长不超过10天。如途经一国的过境签证有效期为1个月，过境逗留时间3天。也就是说，在有效期间的任何日子里均可入出该国国境，但只能逗留3天。又如，前往某国的入出境签证有效期为半年，居留期限为1个月，入出境一次。即在有效期半年内可入境并可在签证有效期内逗留1个月。如超过1个月，则需向有关单位再办理延长签证的手续。

2. 出境手续

（1）卫生检疫　出国人员在出境时，须向国境卫生检疫部门交验黄皮书，如前往检疫传染病和监测传染病疫区的国家，还必须提供《健康证书》。

（2）海关检查　一般要询问一下有无需申报的物品，如需申报，应填写携带物品出境申报单，必要时海关有权开箱检查所带物品。各国对入、出境物品管理规定不一，一般烟、酒等物品均限量放行；武器、毒品、动植物、本地货币、涉密物品等属违禁品，未经特许不得携带出境。

小思考 10-8

为什么动植物属违禁品？

（3）安全检查　为防止有人秘密携带武器弹药武装劫持飞机或从事其他非法活动，目前世界上绝大多数机场在旅客上下飞机前后均对其进行安全检查。进行安全检查的方式主要有搜身、使用磁性探测器、使用红外线透视仪、通过安全门及开箱检查等几种。上述几种方式往往同时采用。按照惯例，不论是外交代表还是外交护照的持有者，都有义务接受有关的安全检查。不过由于各国安全形势不同，其安全检查的程度也有松有紧。

（4）行李托运及领取登机牌　出国人员将要托运的行李通过安全检查后，办理托运手续，领取登机牌。

（5）边防检查　出国人员填写好出境登记卡片，连同有效护照、登机牌交工作人员检查。不少国家还规定，出境人员须缴纳机场税之后再去办理护照检查手续。

3. 入境手续

出国人员到达出访国家机场，入该国国境时，需办理以下手续。

（1）边防检查　很多国家由移民局负责这项工作。出国人员将入境登记卡（有时在飞机上填写）、有效护照等交给边防检查人员予以核查。

（2）海关检查　各国海关对外国旅客或非当地居民的检查通常有以下四种情况：①免检，如西欧一些机场在海关处写明"无须报关"，或者在海关处根本无人办公；②口头申报，不需要填写海关申报表，过海关时，海关人员只是口头询问带了什么东西；③须填写海关申报单，但在通过海关时，海关人员也只是口头上问问是否带了海关所限制的物品，很少开箱检查；④填写海关申报单，通过海关时还要开箱检查。

知识小看板 10-3

出入境时需要注意的具体问题

1. 出境时需要注意的具体问题

(1) 严格遵守各国海关的有关规定，携带物品应考虑对外影响。
(2) 尽量减少手提行李，不要将金属物品置于手提行李之内，因为对手提行李的检查通常较为严格。
(3) 妥善保管好本人的护照、黄皮书，以备随时交付检查。
(4) 出国团、组应集体行动，登上飞机前应清点人数，依次登机，以防失散。
(5) 认真填写海关申报单与入境卡片，不明白之处应及时向有关人员咨询，免得填错或漏填。

2.入境时需要注意的具体问题

(1) 尽量选乘与中国建交的国家的航班，在直接过境机场应尽量不下飞机，以免发生意外。必要时，可在候机室内休息。
(2) 尽量在飞机上填写好海关申报单和入境登记卡。
(3) 到达目的地后，依次到其边防检查处接受检查。
(4) 妥善保管好本人护照与黄皮书。接受边防检查时，可每人手持自己的护照和黄皮书交验，亦可将有关证件集中交验。抵达住宿之处后，最好将全体人员的护照、黄皮书交付专人统一保管。
(5) 接受边防检查后，通常应先去取回本人行李，然后再去海关办理有关手续。
(6) 人数较多的出访团、组，在全体人员入境后，应当整理好自己的队伍，清点好人数，然后有秩序地进行集体行动。若无特殊事由，出访人员在入境时切忌擅自离队或独自行动。

【实训设计】

项目名称：外事接待。

项目目的：通过本实训，使学生掌握外事接待的一般礼仪程序和方法。

项目简介：这是一个需要大家共同协作才能进行的训练项目，因为这个项目是模拟外事接待工作，因此需要同学们自己设计一个场景，并根据不同的来宾进行相应的接待，不仅要求自己表演到位，同时要和同组同学相互配合。

项目要求：

人数：40人。

时间：90分钟。

场地：会客厅或实训室。

用具：根据自己需要准备用具。

训练步骤：

① 授课老师采用随机方法进行分组，每5个人一组。

② 同组同学共同设计一个外事接待的场景。

③ 学生根据自己组设计的场景，分配组员所饰演的角色并分配任务。其中：

A 了解信息（了解来访人员信息，了解接待的任务、目的）和献花；

B 制订计划（制订接待计划，安排时间、地点、接待方式和接待人员）和介绍；

C 准备工作（安排好礼仪活动、布置接待环境、来宾下榻之处、迎送车辆等）和开车；

D 外宾（男）；

E 外宾（女）。

④ 每一组同学分别上台演示。包括：设计的场景说明（何国何人于何时来中方何地做何事、中方何人接待）、饰演角色介绍、共同演绎一个小情节（迎候、见面礼节、礼仪称呼、

献花、介绍、陪车、送别等)。

⑤ 授课老师组织台下学生进行点评，看哪组表演最到位。

项目说明：

组织学生模拟外事接待活动，通过对外事接待流程的演练，可以提高学生的学习兴趣，加强学生的团结协作能力，使学生在充满乐趣的体验中轻松掌握知识。

【知识小结】

涉外商务礼仪是指在对外交往、涉外商务活动中所涉及的礼仪活动以及各种礼节、仪式的规范化做法。

涉外商务礼仪的原则是在国际交往活动中应遵循的基本准则。涉外商务人员在日常工作中，应遵循维护形象、不卑不亢、求同存异、入乡随俗、信守约定、不宜为先、尊重隐私、热情有度、女士优先、以右为尊的原则。

涉外商务礼仪要求商务人员：忠于祖国，尊重国格；尊重外宾国格、人格；尊重各国的风俗习惯；友好相处，平等互利；严守机密，依法办事；注意言谈举止；爱护环境等。

礼宾次序，是指在国际交往中对出席活动的国家、团体、各国人士的位次，按某些规则和惯例进行排列的先后次序。常见的礼宾次序有下列三种排列方法：按身份与职务的高低顺序排列；按字母顺序排列；按通知代表团组成的日期先后排列。

在外事接待时应充分做好接待准备工作，对外国来宾通常视其身份、地位、访问性质以及双方之间的关系等因素，确定相应的接待礼仪；国旗和国歌都是一个主权国家的标志，应正确运用国旗悬挂和国歌演奏的礼仪。

商务人员在赴国外参与涉外商务活动时，通常要进行出国准备和出入境手续的办理。

【思考训练】

想一想

(1) 基本概念

涉外商务礼仪　　礼宾次序　　护照　　签证　　礼俗

(2) 涉外商务礼仪的原则有哪些？

(3) 涉外商务礼仪的基本要求是什么？

(4) 礼宾次序的排列方法有哪几种？

(5) 同时使用中国国旗和外国国旗时，有哪几种排列方式？

(6) 如何进行外事接待？

练一练

(1) 请练习涉外商务交往中的主要礼仪称呼、见面礼节。

(2) 礼仪测试

请判断下面说法是否正确。

① 在对外交往中，要注意"不卑不亢"的原则。(　　)

② 在涉外交往中，礼宾次序的总原则是"以右为尊"。(　　)

③ 悬挂双方国旗，以右为上，左为下。(　　)

④ 一外商与A男士通电话："我们今天下午14点整在咖啡厅见。"咖啡厅内，一外商看表，大钟指向14点半，A男士赶至。(　　)

谈一谈

一家日本公司和一家美国公司的代表将在夏威夷进行商务洽谈，双方都想表示对对方的风俗和文化的尊重。

美国公司的总裁要求其代表团成员穿着三件套西装,并且在会晤时行鞠躬礼,因为日本人着装一般比美国人正统,而且见面鞠躬是日本的传统问候礼节。而日本总裁则向他的代表强调美国人很随便,要求着装要随便些,见面时同他们握手就可以了。

可想而知,双方的第一次会面有多么幽默,当穿着夏威夷花衬衫的日本代表伸出手的时候,那些西装笔挺的美国人正准备鞠躬。双方都意识到,尽管彼此的行为方式不同,但都显示出愿与对方合作的诚意,从而使双方的关系更为融洽。

思考:
(1) 为什么尽管双方初次见面的场景十分滑稽,但却使合作顺利进行?
(2) 这个案例体现了涉外商务礼仪的哪个要求?

附录一　自我形象检测

男性
（1）头发是否短而整齐？
（2）早上是否剃过胡须？
（3）领带花纹是否耀眼？
（4）西装上衣和裤子颜色是否搭配？
（5）衬衣和上衣、裤子是否搭配？
（6）工作服是否清洁无破损？
（7）手是否干净，指甲是否修剪过？
（8）裤子拉链、纽扣是否完好？
（9）袜子有无破损？
（10）皮鞋是否擦拭干净？
（11）身上有无异味？
（12）用餐过后，口腔是否清洁，口气是否清新？

女性
（1）头发是否经常整理？
（2）化妆是否过浓？
（3）衬衣纽扣是否有脱落？
（4）服装是否怪异？
（5）内衣有无外露？
（6）指甲颜色是否过于艳丽？
（7）裙子拉链有无异常？是否有斑迹？
（8）丝袜是否破露？
（9）皮鞋是否过高？
（10）是否佩戴过于前卫招摇的小饰品？

附录二　常用英文礼仪用语

一、介绍客人选用称谓的礼节

1. 正式场合

称谓和姓名用 Dr/Professor/Mr/Mrs/Ms/Miss/Ma'am＋First Name 和 Last Name。
（1）向地位较高的已婚女士介绍男士
Mrs Carton, May I introduce James Harding. Jame, this is Mrs Roger Carton (or Mrs Jane Carton).
卡尔顿夫人，请让我介绍詹姆斯·哈定。詹姆斯，这位是罗杰·卡尔顿夫人（或：简·卡尔顿夫人）。
（2）向年长者介绍年轻的女士
Mr Brown, this is Miss Patricia Haley. Patty, this is Mr Edgar Brown.
布朗先生，这位是帕特里霞·哈利小姐。帕蒂，这位是埃德加·布朗先生。

(3) 向长者介绍年轻的男士
Mr Baker, this is Robert Green. Robert, this is Mr John Baker.
贝克先生,这位是罗伯特·格林。罗伯特,这位是约翰·贝克先生。
(4) 向年长者介绍18岁以下的女孩
This is Linda Bell, Mr and Mrs Alan Ross.
艾伦·罗斯先生和夫人,这位是琳达·贝尔。
① 向长者介绍一方就行了,琳达即可向罗斯夫妇问候。② 有时向地位高、年龄大的人介绍自己的伙伴时,不用称谓和姓。如:Allow me, Sir, to introduce you to my fellow-travellers. 先生,请容许我向你介绍我的旅伴。

2. 较正式场合

用上述称谓＋姓氏。如被介绍者是青年男女,通常用 First Name 和 Last Name,不加用称谓。介绍顺序依照第1项。如:Marie Green, let me introduce Professor Banks. Professor Banks, this is Marie Green. She's here to study for her doctorate in Law. 玛丽·格林,让我向你介绍班克斯教授。班克斯教授,这位玛丽·格林,是来这里攻读法律博士学位的。

下面是较正式场合常用的介绍用语。
Rosa Morison, I'd like you to meet Bruce Read. 罗莎·莫里森,我想请你见见布鲁斯·里德。
Rosa Morison, have you met Bruce Read? 罗莎·莫里森,你见过布鲁斯·里德吗?
Rosa Morison, do you know Bruce Read? 罗莎·莫里森,你来同布鲁斯·里德认识一下好吗?

3. 非正式场合

用被介绍者的 First Name,特别是美国人,介绍其父母时也只用名字。
(1) "John, these are my parents, George and Sylvia." "Pleased to meet you."
"约翰,这是我的父母,乔治和西尔维娅。""认识你们很高兴。"
(2) "Dad, this is my boyfriend, Kevin." "Hello, Kevin. Andrea's told me all about you."
"老爸,这是我的男朋友凯文。""你好,凯文。安德莉总在我面前提到你。"
(3) "Hi, Jack, meet my brother Tom." "Hi, Tom! I didn't expect to see you here."
"你好,杰克,这位是家兄汤姆。""你好,汤姆!未料到今儿见到你。"

4. 自我介绍的用语

(1) 用于正式的和较正式的场合
May I introduce myself. My name is Frank Darney, legal advisor to the Netcape Com.
容许我来自我介绍。我叫弗兰克·达尼,是网景公司的法律顾问。
(2) 用于非正式场合
Hello, I'm Alan Simmons. I work in the Forbes Parent Company.
大家好,我叫艾伦·西蒙斯。我在福布斯总公司工作。

二、英语请求用语常用表达

(1) Should the consignment not yet have been shipped we must request you to send it by air.
如果货物仍未发运,我方必须请求空运发货。

(2) Herewith I ask for your help.

在此我请求您的帮助。

(3) We ask for your understanding and look forward to having good cooperation with you.

我们请求您的理解并希望能和您合作愉快。

(4) May I have your name, please?

请问尊姓大名?

(5) May I have your check-out time, please?

请问您什么时候结账离开?

(6) May I see your passport, please?

请让我看一下您的护照好吗?

(7) May I know your nationality, please?

请问您的国籍是什么?

(8) 麻烦客人时，可使用 Could you…

① Could you fill out the form, please?

请您填写这张表格好吗?

② Could you write that down, please?

请您写下来好吗?

③ Could you draft the fax, please?

请您写下传真的草稿好吗?

④ Could you hold the line, please?

请不要挂电话好吗?

(9) 询问客人的喜好或是做什么时，可使用 Would you…

① Would you like tea or coffee?

请问您要喝茶还是咖啡?

② Would you like to take a taxi?

请问您要搭计程车吗?

③ Would you mind sitting here?

请问您介意坐在这里吗?

(10) When would you like to visit Foshan?

请问您想要何时参观佛山?

(11) When would you like to have lunch?

请问您想在哪里用餐?

(12) What time would you like to eat?

请问您想何时用餐?

(13) Who would you like to contact?

请问您想和谁联络?

(14) Which kind of room would you prefer?

请问您喜欢哪一种房间?

(15) How would you like to settle your bill?

请问您的账单如何处理?

(16) How long would you like to stay?

请问您要逗留多久?

(17) How many tickets would you like to buy?

请问您要买几张票?

(18) Shall I draw the curtains?

请问需要我把窗帘拉上吗?

(19) Shall I draw you a map?

请问要我为您画一张地图吗?

(20) Shall I make the reservation for you?

请问要我为您安排预约吗?

三、常用招呼语

(1) Good morning. (用于中午以前)

(2) Good afternoon. (用于中午至下午六点以前)

(3) Good evening. (用于下午六点过后)

(4) Good morning, sir. Are you checking-out?

早上好,先生,请问您要退房吗?

(5) Good afternoon, sir. Welcome to FOSHAN Electrical Hotel.

中午好,先生,欢迎光临佛山电子宾馆

(6) Good evening, Ms.. May I help you?

晚上好,小姐,请问我能为您服务吗?

(7) Good morning, sir. This is the Front Desk. May I help you?

早上好,先生。这里是服务台,请问您需要服务吗?

(8) Just a moment, please.

请稍等。

(9) Thank you for waiting.

您久等了。

(10) I am very sorry to have kept you waiting.

很抱歉让您久等了。

(11) Could you wait a little longer, please?

请您稍候好吗?

(12) I am afraid I can't do that.

不好意思,我恐怕没办法那样做。

(13) Excuse me, sir. Please let me pass.

不好意思,先生,麻烦让我过一下。

四、常用祝贺用语

(1) Congratulations on your promotion!

祝贺您的升迁!

(2) Congratulations on winning the contract!

祝贺你获得了这个合同!

(3) I would like first to congratulate you and to wish you much success on the opening of your business.

首先祝贺您公司新张，并祝您取得更多的成功。

（4）On the occasion of your company's anniversary, we would like to express our warmest congratulations. We hope to be able to continue our business relationship for many years to come.

在贵公司周年纪念之际，我们表达最热烈的祝贺。希望我们在未来的若干年中能继续保持业务联系。

（5）I wish to convey my warm congratulations on this success.

我为您取得如此成就表示真诚祝贺。

（6）We congratulate you on the opening of your business.

我们祝贺贵方开业大吉。

参 考 文 献

[1] 季辉.商务礼仪.重庆：重庆大学出版社，2008.
[2] 金正昆.现代商务礼仪.北京：中国人民大学出版社，2008.
[3] 徐觅.现代商务礼仪教程.北京：北京邮电大学出版社，2008.
[4] 王颖，王慧.商务礼仪.大连：大连理工大学出版社，2008.
[5] 万锦虹，李英.商务与社交礼仪.北京：北京师范大学出版社，2008.
[6] 谢迅.商务礼仪.北京：对外经济贸易大学出版社，2007.
[7] 张兰平，罗元.商务礼仪实训指导.北京：化学工业出版社，2007.
[8] 吕维霞，刘彦波.现代商务礼仪.北京：对外经济贸易大学出版社，2006.
[9] 李波.商务礼仪.北京：中国纺织出版社，2006.
[10] 史锋.商务礼仪.合肥：中国科学技术大学出版社，2006.
[11] 刘国柱.现代商务礼仪.北京：电子工业出版社，2005.
[12] 金正昆.商务礼仪教程.北京：中国人民大学出版社，2005.
[13] 马飞.现代商务礼仪规范手册.北京：金城出版社，2004.
[14] 薛建红.旅游服务礼仪.郑州：郑州大学出版社，2004.
[15] 段建国，李莉.旅游接待礼仪.北京：中国人民大学出版社，2002.
[16] 王水华.公关与商务礼仪.南京：东南大学出版社，2001.
[17] 左惠.新编现代礼仪现查现用.呼和浩特：内蒙古人民出版社，2005.
[18] 黄曼青.社交礼仪教程.广州：广东高等教育出版社，2004.
[19] 张岩松.现代交际礼仪.北京：经济管理出版社，2002.
[20] 金正昆.社交礼仪教程.北京：中国人民大学出版社，1998.
[21] 陈冠颖.现代交际礼仪.商务篇.广州：广东人民出版社，2002.
[22] 陆予圻.秘书礼仪.上海：复旦大学出版社，2002.
[23] [加拿大] 路易·迪索.礼仪——交际的工具.高叶译.北京：外语教学与研究出版社，2005.
[24] 姜桂娟.公关与商务礼仪.北京：北京大学出版社，2005.
[25] 周鹏.秘书礼仪.合肥：合肥工业大学出版社，2005.
[26] 黄海.办公室工作实务.北京：电子工业出版社，2009.
[27] 向多佳.职业礼仪.成都：四川大学出版社，2006.
[28] 徐晶.现代职场形象设计.北京：中信出版社，2007.